Hansgeorg Stengel

Seegang, Satan, Sansibar
Als ich mal in Japan war
Jetzt als Doppelexemplar

Eulenspiegel Verlag

Seegang, Satan, Sansibar

EIN DÜSTERES KAPITEL

Wenn ich nunmehr vor die Weltöffentlichkeit trete, dann geschieht das zu einem Zeitpunkt, da ich mich freigekämpft habe von Komplexen, die mich lange bedrückten. Nachdem sich ein ganzes Jahr zwischen die mir zugefügte Unbill und den Beginn dieser Aufzeichnungen geschoben hat, schreibe ich mit der kühlen Tinte objektivierender Distanz und redlicher Vorurteilslosigkeit. Was ich zu enthüllen habe, mag den Leser entsetzen – sei's drum! Die Wahrheit muß endlich an den Tag. Sie diktiert gebieterisch Kapitel um Kapitel, wenn ich selbst wollte, daß alles Unheimliche und Schreckliche im Trikot einer idyllischen Romanze einherschreiten möchte.

Seinerzeit hatte ich das sichere Gefühl, Besitzer einer uneingeschränkt spontanen und großen Initiative zu sein. Ich glaubte, das Besteigen der Gangway des Achttausendtonners »Chimborazo« sei die Krönung meiner feingesponnenen Strategie gewesen. Anhaltspunkte, mich in diesem Glauben zu wiegen, gab es viele. Beispielsweise galt und gilt die »Chimborazo« weithin nicht als gewöhnliches Frachtschiff, sondern als ein von Poseidon verhätschelter Schönwetterpott. Des weiteren verfügt die »Chimborazo« über einen vorzüglich trompetenden Ingenieur, der aus einem gewöhnlichen Plast-Schlauch den Marsch der finnländischen Reiterei so hinreißend klangrein zu blasen versteht, daß man ihn gar nicht oft genug hören kann. Es gibt noch eine lange Liste von Anhaltspunkten für die Außergewöhnlichkeit der »Chimborazo«. Sie alle zusammengenommen erwiesen sich in der Vergangenheit immer wieder als unbezwingbare Passagier-Barriere. Kein Wunder: Die »Chimborazo«-Schiffsbesatzung wollte ihre Perlen nicht vor die Säue werfen, und Schiffszimmermann Pausniak formulierte diese Geisteshaltung einmal so: »Eher kommt ein Matrose in die Hölle als ein Passagier auf unsere ›Chimborazo‹!« Wer nur eine vage Vorstellung von der profunden Christlichkeit der Seefahrt hat, wird begreifen, wie leicht es mir fiel, das Vordringen in die Passagierkabine der »Chimborazo« als Triumph meiner überdurchschnittlichen Gewitztheit zu deuten.

Allerdings hätte mich schon an jenem 22. November 1964, als ich mit betonter Lässigkeit übers Oberdeck der »Chimborazo« schritt, der Anflug eines diabolischen Grinsens im Gesicht des Stewards Amigo stutzig machen müssen. Aber das ist heute leicht gesagt. Damals trübte nicht der Schimmer bösen Verdachts meine naive Linse. Ich war einfach Passagier, stolzgeschwellt und seefahrtstrunken. Sonst nichts.

Das Komplott gegen mich, eine Koproduktion von Reisebüro und Reederei, war in den vorausgegangenen Sommermonaten eingerührt worden. Arglos breitete ich vor Herrn Schwedt in der Berliner Charlottenstraße meine Papiere aus: Personalausweis, Genehmigung der Schiffsreise und Ausreiseerlaubnis.

»Sie wollen also nach Ostafrika fahren?« sagte Herr Schwedt gedehnt und tat so, als ob er in diesem Augenblick mit einer taufrischen Neuigkeit konfrontiert würde. In Wirklichkeit hatte bereits wenige Tage zuvor, wie ich inzwischen ermittelt habe, ein Telefongespräch Rostock-Berlin mit etwa folgendem Dialog stattgefunden:

»Hier Schwedt, Reisebüro.«

»Guten Tag, Herr Schwedt! Schremmer, Rostock, am Apparat!«

»Ahoi, Käptn! Wo brennt's denn?«

»Alle Mann an Deck, Herr Schwedt! Habe da vorhin

kleinen Wink vom Verkehrsministerium bekommen. Ein Greenhorn namens Steckel oder Steffel will als Pässentscher auf dem Ostafrikatörn mitmischen und kreuzt demnächst bei Ihnen auf.«

»In Ordnung. Was soll ich mit ihm machen?«

»Verschreiben Sie ihm die ›Chimborazo‹, klar?«

»Ausgerechnet Ihr Schmuckstück, Käptn?«

»Unter Brüdern, Herr Schwedt, auf der ›Chimborazo‹ macht doch jetzt Amigo den Steward, Sie wissen doch!«

»Amigo? Ach der! Dem haben Sie doch seinerzeit, als Sie auf der ›Monte Rosa‹ Haifische tranchierten, das Geschirrspülen beigebracht!«

»Ha,ha – so ungefähr. Der Amigo ist ein As. Der wird dem Stentzel die Fischsuppe schon versalzen. Wiedersehen, Herr Schwedt!«

»Reise, Reise, Käptn Schremmer!«

Natürlich war von diesem Telefonat jetzt nicht die Rede. Herr Schwedt erkundigte sich wohlwollend nach meinen Wünschen, machte sich eifrig Notizen, warf prüfende Blicke in den Terminkalender und stellte schließlich die Kernfrage: »Und wann soll die Reise losgehen?« – »Am liebsten im Oktober oder im November«, sagte ich, »da könnte ich Weihnachten und Silvester auf See erleben, was ich schon immer wollte, und außerdem dem Winter, nicht wahr, ein Schnippchen schlagen!« Herr Schwedt tat so, als böten sich auf der Ostafrikalinie zu dem von mir vorgeschlagenen Zeitpunkt riesige Herden von Schiffsleibern an, die eine Auswahl ohne Zuhilfenahme des Computers schier unmöglich machten. »Ich könnte Ihnen die ›Matterhorn‹ empfehlen, ein sehr schönes Schiff, riecht allerdings ein bißchen«, bemerkte Herr Schwedt scheinheilig. »Wieso?« fragte ich blöde. »Nun ja, die ›Matterhorn‹ nimmt wahrscheinlich wieder Kamele und Schafe an Bord in Port Sudan oder Djibouti.« Ich rümpfte die Nase. »Dann wäre noch die ›Nanga Parbat‹, auch ein schönes Schiff, aber ...« – »Aber, Herr Schwedt?« – »Ich lese hier«, sagte Herr Schwedt mit gekünstelter Gewissenhaftigkeit, »daß die ›Nanga Parbat‹ siebenundsiebzig Jahre alt und schon zweimal abgesoffen ist. Wenn Ihnen das nichts weiter ...« Es machte mir aber etwas aus. Und wer beschreibt mein Wohlgefühl, als mir endlich die »Chimborazo« dargeboten oder, um genau zu sein, untergeschoben wurde. »Mit der ›Chimborazo‹ haben Sie einen guten Fang gemacht«, sagte Herr Schwedt beim Abschied jovial, und ich ahnte nicht, daß ich in diesem Moment die Laufbahn eines Schiffbruch-Aspiranten eingeschlagen hatte.

ICH KOMME IN DIE WOCHEN

Bis zum Auslaufen der »Chimborazo« im Spätherbst war ich mit Kofferpacken und der Konservierung meiner Gesundheit in solchem Maße beschäftigt, daß mir zu nichts anderem Zeit blieb. Krankheit oder auch nur die Ahnung des Heranziehens einer Unpäßlichkeit konnten meine Reisepläne samt und sonders über den Haufen werfen. Einer ärztlichen Untersuchung war nicht zu entgehen. Mißtrauisch befühlte ich meine Bandscheiben. Einstweilen sagten sie keinen Mucks. Aber noch war Sommer, da muckten sie selten. Im Herbst, sinnierte ich, könnte mir Gevatter Ischias einen Strich durch die Rechnung machen. Vielleicht in trauter Verbindung mit einer Grippe. Dazu eine zarte Angina und eine Handvoll Stalagmiten in der Stirnhöhle. Die Palette aller von der Humanmedizin erfundenen Leiden und Gebrechen erschien mir nie so groß wie in den Wochen vorm Auslaufen der »Chimborazo«.

Noch ein Drittes mußte vor meiner Abreise getan werden. Wollte ich ganz sichergehen, für ein Vierteljahr gegen alle Unwägbarkeiten und Fährnisse der Seefahrt gewappnet zu sein, war eine genaue Kenntnis aller Bedingungen und Umstände des bevorstehenden Abenteuers unumgänglich. So fuhr ich schon im frühen Herbst nach Rostock und begab mich zur Reederei.

Käptn Schremmer – kein richtiger Kapitän, aber viele Jahre als Chefsteward zur See gefahren und jetzt als Passagierbetreuer bei der Reederei tätig – sah aus wie ein Diplomand, der soeben das Staatsexamen in Seemannslatein bestanden hat. Er war zwischen neunzehn und einundsechzig Jahre alt und verfügte über jene durch Wind und Salzwasser verwitterten Gesichtszüge, die eine exakt Bestimmung des Alters nicht zulassen. »Da sind Sie ja, Herr Stempel«, sagte Käptn Schremmer. »Stengel«, korrigierte ich bescheiden. »Ach ja, na ja – also Stengel, die ›Chimborazo‹ is'n fein' Ship!« Ich schätze die etwas kurvenreiche, doch immer zum Hauptsächlichen führende Redeweise Käptn Schremmers, der nichts lieber sagte als »Ship« und damit bekundete, wie sehr ihm die traditionelle Gepflogenheit, dem seefahrenden Britannia sprachlich Reverenz zu erweisen, am Herzen lag. »Wollen Sie nicht«, fuhr Käptn Schremmer etwas unvermittelt fort, »lieber nach Indien fahren?« – »Nein, nein«, beteuerte ich fast unwillig, denn ich ahnte nicht, daß Schremmers gönnerhaft klingende Floskel eine Finte war, »ich will mit der ›Chimborazo‹ nach Ostafrika. Es ist alles schon überlegt und unumstößlich!« Käptn Schremmer nickte und bemerkte etwas verschroben: »Das ist die Frage!« Bevor ich mich gegen diese vermeintliche Durchlöcherung meiner Reisepläne zu wehren entschloß, ließ ich mir den Tonfall der Schremmerschen Bemerkung noch einmal durchs Ohr gehen und kam zu dem Ergebnis, daß die Worte des Reedereibeauftragten einen anderen als den herkömmlichen Sinn hatten. Meine Vermutung wurde später mehrfach bestätigt. Immer, wenn Käptn Schremmer »In Ordnung!« meinte, formulierte er den Satz: »Das ist die Frage!« – »Wir könnten doch«, schlug ich Käptn Schremmer vor, »in die Kantine gehen oder in eine Kneipe und alles besprechen. Ich hab ’ne ganze Menge Fragen und so.« – »Das ist die Frage«, sagte Käptn Schremmer, und wir verabredeten einen Dämmerschoppen.

Wir saßen im »Blauen Seehund« und erörterten mein Thema. In Abständen von jeweils einer Viertelstunde brachte der Ober einen doppelten Pfefferminzlikör, den grünsten, den man sich ausmalen kann, und kredenzte ihn meinem Gesprächspartner. »Schießen Sie los«, sagte Käptn Schremmer, »was wollen Sie wissen?« Ich lüftete mein Notizbuch, in das ich ein paar Dutzend Stichworte eingetragen hatte, und fragte Käptn Schremmer die Seele aus dem Hals. Ob man sich elektrisch rasieren könne an Bord, ob die Matrosen in Hängematten schlafen, ob es immer stürmisch ist im Golf von Bis-kaya, ob der »Chimborazo«-Kapitän freundlich sei oder unwirsch, ob ein Tropenhelm zum Reisegepäck gehöre und ob er, Käptn Schremmer, überhaupt gewillt und in der Lage sei, in allen Punkten Auskunft zu geben. Schremmer begehrte unmutig auf: »Du alter Brummochse! Warte nur erst ab, bis dir der Wind um die Ohren pfeift und dir die Nudelsuppe aus den Nasenlöchern tropft!« Das sagte er natürlich nicht laut, sondern nur leise mit innerer Stimme. Hörbar äußerte er sich mit geschickter Verstellung in auffallend konzilianter Weise: »Das ist die Frage! Ich bin in der ganzen Welt rumgekommen, und ich sage Ihnen als alter Fahrensmann, auf der ›Chimborazo‹ sind Sie aufgehoben wie das Amen in der Kirche. Ich gebe Ihnen Amigo mit, meinen besten Mann damals auf der ›Monte Rosa‹. Der ist wie eine Mutter zu Ihnen, Berliner übrigens wie Sie, ein dufter Junge – und jetzt halt dein Maul, du gehst mir auf die Nerven!« Letzteres sagte Käptn Schremmer wieder mit innerer Stimme.

Auf dem Weg ins »Haus der Hochseefischer«, wo mich die Reederei einquartiert hatte, zog ich das Fazit meiner Unterredung mit Käptn Schremmer und fand es äußerst dürftig. Gewiß, der Wirt des »Blauen Seehunds« mochte sich nicht beklagen (die insgesamt vierundzwanzig Pfefferminzlikör schlugen zu Buche), aber die Seefahrt war mir ein Logbuch mit sieben Siegeln geblieben. Es war nicht ausgeschlossen, daß mich der Storekeeper nach Auslaufen der »Chimborazo« anranzen würde: »Und Bettwäsche haben Sie wohl keine mitgebracht, was?« Auch mußte ich darauf gefaßt sein, vor Beginn der großen Fahrt von einem gewissenhaften Angestellten der Zollverwaltung auf die Unmöglichkeit hingewiesen zu werden, eine Reiseschreibmaschine ohne Bescheinigung des Schriftstellerverbandes aus- und wieder einführen zu wollen.

Am nächsten Morgen frühstückte ich in der Kantine des Hochseefischer-Hotels. Fast alle Tische waren besetzt, und die Musiktruhe schluckte einen Groschen nach dem anderen. Besonderer Beliebtheit erfreute sich der damals in Hochseefischerkreisen grassierende Schlager »Hallo, Mister Watson, was ist nun wieder los?«, der mir als Dauergenuß auf die Nerven ging. Erst zwischen Rotterdam und Antwerpen dämmerte es mir, daß der bis zum Exzeß ausgefragte Mr. Watson nichts anderes war als ein Glied jener Schikanenkette, an deren Ende nach einem teuflischen Plan meine völlige Demoralisierung, wenn nicht gar mein Ableben auf hoher See stehen sollte. Herr Schremmer hatte also auch die Hochseefischer auf mich gehetzt, und ich Gimpel setzte mich brav in die Kantine, die zu nichts anderem ausersehen war, als mich durch erste kleine Nadelstiche ins Trommelfell mürbe zu machen.

Immerhin hatte ich durch meine Rostocker Reise mit dem nassen Element insofern erste wertvolle Erfahrungen gemacht, als ich, wieder in Berlin angekommen, resümieren konnte: »Das war ein Schlag ins Wasser!« Meine Ignoranz war wieder mal um ein paar Grad gestiegen. Ich wog die im Warenhaus gekaufte Matrosenmütze auf dem Handteller, unfähig zu entscheiden, ob ich einen nützlichen oder einen lächerlichen Kauf gemacht hatte. Dann verfiel ich in längeres stummes Nachdenken und entschloß mich, zur Hauptwetterdienststelle nach Potsdam zu fahren.

Herr Dr. Künnemann begegnete meinem Anliegen mit der karitativen Hingabe, wie man sie Neuropathen entgegenbringt. Ein Schlieffen der Passate und Monsune, breitete er auf einem Ausziehtisch Wetterkarten beider Hemisphären vor meinen Augen aus. Dr. Künnemanns Lektion war sehr tiefschürfend und erreichte das Nahziel, mich meteorologisch vollends zu verwirren, nahezu perfekt. Unfähig zu erkennen, daß auch Dr. Künnemanns Vorlesung Teil der gegen mich ins Werk gesetzten Verschwörung war, versuchte ich Gezeiten und Meeresströmungen in meinem Kopf zu ordnen. Mein Dank an Dr. Künnemann war rein rhetorisch und von keinem Aufatmen gewonnener Erkenntnis begleitet. Nach wie vor erschien mir das äquatoriale Wettergeschehen so undurchdringlich und unkalkulierbar wie der Nebel jener abgefeimten Intrige, in die ich längst tolpatschig hineingetreten war.

So um den zwanzigsten November herum, hatten mir Reederei und Reisebüro prophezeit, sei mit der Rückkehr der »Chimborazo« aus Westafrika zu rechnen. Also begab ich mich, eine leichte Angina durch mein nach außen gekehrtes sonniges Gemüt geschickt verbergend, acht Tage vor diesem Termin zur medizinischen Passagier-Reifeprüfung, die unbedingt bestanden werden mußte. Mir wurde von der Ärztin ausgerechnet in dem Augenblick uneingeschränkte Seetauglichkeit bescheinigt, als meine Bandscheibe LWS 4 oder 5 (so genau weiß ich das nicht mehr) gerade ein wenig aus ihrer Halterung gehüpft und offensichtlich gesonnen war, mir das ganze Konzept zu verderben. Doch es ging alles gut. Auch die anschließende Pokkenschutzimpfung verlief ohne Zwischenfälle. Auf Koffern und ein wenig auf Kohlen sitzend, harrte ich sodann am heimischen Telefonhörer des erlösenden Anrufs aus Rostock.

Er kam wirklich genau am 20. November. »Guten Tag, Herr Stengel«, meldete sich Käptn Schremmer, »die ›Chimborazo‹ nimmt Kurs auf Warnemünde!« – »Hurra!« jubelte ich fernmündlich, »ich fahre dann also übermorgen los, wie?« – »Das ist die Frage!« bestätigte Käptn Schremmer, und seine innere Stimme wieherte: »Nimm Abschied von Weib und Kind, alter Kartoffelkäfer, deine Tage sind gezählt!«

BERLIN IST EINE ABREISE WERT

Am Zweiundzwanzigsten verließ ich Berlin per Auto, in das ich nicht nur mein Gepäck, sondern auch meinen Freund Zabel verstaut hatte, dem die ehrenvolle Aufgabe zugedacht war, das Fahrzeug später wieder nach Berlin zurückzulenken. Unterwegs war des frohen Scherzens kein Ende. Zabel, zwischen zwei Koffern unglücklich eingeklemmt, hatte dennoch Puste genug, mir ausführlich von seiner Seekrankheit zu berichten, die ihm als Reporter auf einem Segelschulschiff widerfahren war. »Im Karibischen Meer?« fragte ich neugierig. »Nö«, widersprach Zabel verlegen, »im Greifswalder Bodden. Wir mußten ankern, die Ostsee hatte nämlich Windstärke neun.« – »Das kann ja gut werden«, wollte ich sagen, aber dann beschränkte ich mich darauf, es zu denken.

Im Reedereigebäude war Käptn Schremmer nirgends zu finden. Er erwarte mich, sagte Fräulein Lehmpuhl, Schremmers rechte Hand in Passagierangelegenheiten, direkt im Überseehafen, wo die »Chimborazo« bereits gestern nachmittag festgemacht habe.

Ich hatte das Wort »Chimborazo« in den vergangenen Wochen und Monaten an die hundertmal gehört oder es selber ausgesprochen. Aber nie empfand ich die Buchstabenfolge eines Schiffsnamens so wohltönend und verheißungsvoll wie aus dem Munde des Fräuleins Lehmpuhl um die Stunde meines in vielen Träumen herbeigewünschten Auszugs aus Europa. »Chimborazo« – das war von nun an der Notenschlüssel zu einer pathetischen Sinfonie unendlicher Glückseligkeit. Mir wurde bewußt, wie kurz die Zeit bemessen war, letzte, endgültig letzte Vorbereitungen zu treffen, um während der aufregenden Monate auf See gerüstet und stabil zu sein.

Wir fuhren zum Überseehafen. Das Wort »Überseehafen« tollkühn mit Superseehafen gleichzusetzen hieße die Dimensionen der noch jungen Rostocker Frachtschiff-Flottenbasis zu weit spannen. Rostock kann schon wegen der keinesfalls idealen geographischen Lage und Struktur der Warnowmündung mit den Hafengiganten Westeuropas nicht konkurrieren. Dennoch wollen wir unser Licht nicht unter den Scheffel stellen. Der Überseehafen ist ein Phänomen des Wachstums. Er ähnelt dem Kaninchen aus dem Zylinder, ist also ein unübersehbares respektables Etwas, geschlüpft aus dem gähnend leeren Loch der Vergangenheit. Soweit die Hafenphilosophie.

Käptn Schremmer stand wie ein Verkehrspolizist am Hafentor und wies mir den Weg zur Sanitätsbaracke. Dort kam ich mit einer durchaus nicht dramatischen Gelbfieberspritze davon. »Der Trouble kommt noch – nach drei Tagen«, beunruhigte mich Käptn Schremmer in seiner feinen englischen Art. Um es gleich zu sagen: Der »Trouble« läßt bis zum heutigen Tag auf sich warten, und Käptn Schremmer glaubte wohl auch gar nicht so recht an seine Prognose, er wollte mich nur entnerven. Dann fuhren wir zum Pier (Pier ist tatsächlich ein sehr männliches Wort, obwohl ich Seeleute immer nur von »der Pier« sprechen hörte, vermutlich, weil die Matrosenmenschen ein intimeres Verhältnis zum Weib haben als die Philologen) – der »Chimborazo« entgegen.

Ein Schwärmer – das gestehe ich nun freimütig – war ich mein Leben lang, wenn ich nur mit einem Ästlein meines peripheren Nervensystems den Ozean und seine romantikumspülten Flottillen witterte. Nun, da sich alle Romantik zur

Realistik der mächtigen »Chimborazo« vor mir auftürmte, wurde mir auf einmal bewußt, wie sträflich sparsam ich bisher teilgenommen hatte an den ganz großen Vergnügungen, die der Globus dem Menschen zu bieten hat. Die »Chimborazo« schien mir nun Inbegriff alles Wohlfährtigen und Erhabenen, was die Welt uns verkümmerten Kriechtieren des flachen Landes zu bieten vermag. Natürlich war die »Chimborazo« nicht das einzige Schiff am Pier. Wenigstens ein Dutzend – die Tanker im benachbarten Ölhafen nicht gerechnet – ozeantrotzender Frachter, zwischen sechshundert und zwölftausend Tonnen etwa, befanden sich in seiner Gesellschaft, aber ich sah nur die »Chimborazo«, ein herrliches, schrecklich zerzaustes Schiff, dessen Schminke vom Atlantik ruchlos weggeküßt worden war.

»Das wird alles wieder fein gemalt«, sagte Käptn Schrem mer. »Und sehen Sie mal die Nieten am Steven, Her Stengel, die halten das Ship noch hundert Jahre zusammen . Das ist die Frage!« Ich lernte verstehen, daß die ungenietete, nur geschweißte »Kilimandscharo« trotz ihrer größeren Ausmaße ein Dreck ist gegen die wunderschöne »Chimborazo« und daß die Schrotthändler meinen Achttausendtonner fürchterlich verfluchten, denn seine Unverwüstlichkeit ließ keinerlei Geschäft erhoffen.

ZWISCHEN LAND UND MEER

Ich ging an Bord – was sage ich: Meine Schritte die steile Gangway der »Chimborazo« hinauf glichen einer wohleinstudierten Diplomatenkür, das heißt, ich setzte meine Füße mit berechneter Nonchalance und in der eingebildeten Gewißheit, eine ergriffene Volksmenge am Kai zurückzulassen. Nach Stunden – so kam es mir vor – hatte ich das Hauptdeck der »Chimborazo« erreicht. Obwohl ich schon hier und schon jetzt allen möglichen Leuten begegnete, die zur Besatzung des Schiffes gehören mochten oder auch Ladearbeiter und Handwerker waren, nahm niemand Notiz von mir, möglich, daß ich schwer zu identifizieren war, ein Umstand, der mir im Augenblick nur recht sein konnte, denn ich wollte zunächst einmal sehen, ohne gesehen zu werden. »Wir gehen gleich zu Amigo«, kommandierte Käptn Schremmer, der mir folgte wie ein Straßenbahnanhänger.

In einem früheren Kapitel wies ich schon auf einen wichtigen Knotenpunkt meines Reiseabenteuers hin, nämlich auf den Gesichtsausdruck Amigos bei unserer ersten Begegnung. Nun, die spätere Rekonstruktion meiner Passion stellt diese Begegnung freilich in ein so klares Licht, daß man meine spontane Einschätzung der Vorzüge Amigos belächeln mag, doch wo war der weise Salomo an diesem 22. November, der mich warnen konnte: »Vorsicht! Dieser Amigo-Mensch ist ein Satan, nur der Speck einer bösen Falle!« Weder sah ich das Augurenzwinkern, das zwischen Käptn Schremmer und Amigo ausgetauscht wurde, noch schien mir der Umstand verdächtig, daß Amigo, kaum hatte er mir mit betonter Herzlichkeit die Rechte geschüttelt, momentane Unabkömmlichkeit vorschützte, weil er mit dem Verstauen von Bierkästen vollauf beschäftigt sei. Amigo deuchte mich jedoch ein solches Muster an Güte und Aufrichtigkeit, daß ich seine Ausrede nicht sogleich richtig analysierte und entlarvte.

Auch mein Freund Zabel, scharfsinniger Beobachter und niemals zu düpierender Menschenkenner, war als Zeuge der Begrüßungsszene damals der Meinung, mit Amigo sei mir der wohl goldenste Fonds, den die Reederei zu vergeben hat, zugeflossen, und von nun an könne mir wohl nichts mehr verfrieren, falls sich der Ausdruck auf die afrikanische Perspektive anwenden lasse.

Leider mußte ich hören, daß Zabel bis zum heutigen Tage glühender Amigo-Verehrer geblieben ist. Mag ihn dieses Buch endlich dazu bewegen, von seinem stupiden Standpunkt energisch abzurücken.

Käptn Schremmer und Zabel halfen mir das Gepäck in die Passagierkabine tragen. Diese Kabine war ein fast feudal zu nennendes, mahagoniverkleidetes Luxusappartement mit einem Stich viktorianischer Gemütlichkeit. Es handelte sich demnach nicht um eine gewöhnliche Passagierkabine, sondern um die Reederkammer, eine maritime Variante der in Schauspielhäusern nicht selten anzutreffenden Intendanten-Proszeniumloge. Die »Chimborazo«, in Dänemark gebaut und einige Jahre unter französischer Trikolore auf allen Weltmeeren getestet, hatte längst keinen Reederei-Boß mehr, sondern eine volkseigene Reederei, die der Reederkammern auf ihren Schiffen durchaus entbehren kann und mich durch Herrn Schremmer in eines dieser Komfortgemächer einweisen ließ, damit ich erst recht den Eindruck gewinnen sollte, man habe nur Gutes mit mir im Sinn.

Zabel fuhr nach Berlin zurück, und auch Käptn Schremmer machte sich einstweilen aus dem Staub. Der Reedereibeauftragte fühlte sich ohnehin zu lange von mir beansprucht, zumal ich ihm hier an Bord keinen Pfefferminzlikör, dagegen immer neue kindische Fragen vorzusetzen hatte. »Ich komme dann kurz vorm Auslaufen morgen noch mal vorbei«, hatte Käptn Schremmer gesagt, »und wenn Sie noch irgendwelche Fragen haben, können Sie mich ja anrufen!« Seine innere Stimme verschluckte die letzten beiden Wörter dieses Satzes.

Es ist schon schwer, in einem stationären Hotel Fuß zu fassen. Ehe man herausbekommen hat, wo die Steckdosen installiert sind, ob der Portier Briefmarken zu verkaufen hat und wie die Zimmerfrau auf Pralinen reagiert, vergehen mitunter Tage. Nun war ich gar in eine Art schwimmenden Siedlungskomplex eingezogen, in ein Labyrinth, das mir noch unübersichtlicher erschien als meine Gemütsverfassung. Ich schwankte zwischen grenzenloser Neugierde und der lähmenden Ohnmacht, mich den neuen Verhältnissen anzupassen.

Fast mechanisch griff ich mal in den einen, mal in den anderen Koffer und war bis zum späten Nachmittag tatsächlich zu einem gewissen Fortschritt gelangt. Die Koffer waren fast leer, die eingebauten Schränke fast voll. Ungemein beruhigte mich der Gedanke, daß meinem Streben, Wohnlichkeit zu produzieren, zeitlich keine Grenzen gesetzt waren. Die Reise sollte alles in allem wenigstens 85 und höchstens 120 Tage dauern. Das war ein passabler Spielraum für meine ernste Absicht, auf der »Chimborazo« heimisch zu werden.

Meine Kammer lag in der Höhe des Bootsdecks unter der Kommandobrücke und in unmittelbarer Nachbarschaft der Wohnung des Kapitäns Ambach. Der war weit und breit nicht zu sehen, und ich erfuhr, daß er, in Rostock zu Hause, die Stunden des Abschieds bei seiner umfangreichen Familie verbrachte. Dagegen liefen mir sehr bald der Funkoffizier Struwe I und sein Assistent Struwe II in den Weg. Sie waren weder verwandt noch verschwägert und wunderten sich selbst über die ominöse Namensgleichheit. Äußerlich waren sie freilich nicht zu verwechseln. Struwe I, dessen Frau und zwei possierliche Knaben bis zum Auslaufen der »Chimborazo« an Bord zu bleiben gedachten, blickte couragiert in die Gegend wie Sir Francis Drake, der darauf brennt, der spanischen Armada den Rest zu geben. Diesem Blick entsprach Struwes I knappe, militärische Ausdrucksweise, die niemals auf Widerspruch gefaßt war. Struwe II dagegen zeigte eine Miene, die das Zwiespältige, zumindest Unabgerundete seiner Natur ahnen ließ. Verdrießlichkeit und Melancholie waren so deutlich in Struwes II Gesicht geschrieben, daß man sich von Zeit zu Zeit bewogen fühlte, ihm etwas Aufmunterndes zu sagen. Struwe I und Struwe II boten mir ersten Einblick ins Personalregister der Schiffsbesatzung, und sie verhießen zudem einen ordentlichen Skat, sooft sich das mit ihren funknavigatorischen Pflichten vereinbaren lasse. Das Wetter konnte kaum schlechter sein. Die »Chimborazo« sollte mit einigen tausend Tonnen Fracht beladen werden, doch ich registrierte mit gemischten Gefühlen, wie die Ladekräne wegen des starken Winds und der novemberlichen Regenschauer in immer kürzer werdenden Abständen stillgelegt wurden. Handwerker löteten, hobelten, klopften gemächlich. Ladearbeiter, der langen Zwangspausen fast überdrüssig, snackten auf den Gängen, und ich beeilte mich, Amigo zu suchen und herauszufinden, wie das gedrosselte Arbeitstempo mit dem Fahrplan der »Chimborazo« in Einklang zu bringen sei. Amigo saß mit seiner Frau kaffeetrinkend in der Offiziersmesse, hörte sich meine Bedenken ohne eine Spur der Besorgnis an und erklärte, von seinem Standpunkt aus könne der Aufenthalt in Rostock gar nicht lange genug dauern. Er, Amigo, habe durchaus keine Eile, sich von seiner Frau zu verabschieden, und ob ich einen Mokka wünsche. So also lagen die Dinge! Es bestand ein fundamentaler Interessengegensatz zwischen Passagier und Besatzung. Jener drängte den Gestaden Ostafrikas entgegen, und diese »Chimborazo«-Menschen legten es darauf an, mit, wie wir noch hören werden, den gerissensten Methoden, nur nicht zu schnell und nur nicht zu oft und nur nicht zu lange dem heimatlichen Hafen entrissen zu werden. »Amigo«, sagte ich in beschwörendem Ton, »du hast doch gewisse Erfahrungen. Sag mir ohne Umschweife: Wann geht es endlich los?« Der liebe Steward maß seine Gattin mit einem zärtlichen Blick und antwortete treuherzig: »Wenn das Wetter so bleibt – – – aber vielleicht schon übermorgen.« Ich trank den Mokka. Der Regen prasselte gegen die Bullaugen. Die Motoren der Ladekräne schwiegen.

»Einmal«, erzählte mir, wie ich mich jetzt erinnerte, Käptn Schremmer beim Pfefferminzlikör, »hatten wir einen Passagier, den Schauspieler Gerry Geiß, der mit der ›Watzmann‹ nach Kuba wollte. Wir telegrafierten dem Herrn Geiß nach

Berlin, er solle sich auf die Socken machen, und Herr Geiß fuhr noch in der Nacht los nach Rostock. Dann schickten wir Herrn Geiß wieder zurück nach Berlin, denn die ›Watzmann‹ hatte einen kurz vorm Auslaufen entdeckten größeren Maschinenschaden. Nach acht Tagen war der Defekt behoben, und Herr Geiß ging ein zweites Mal an Bord. Die ›Watzmann‹ fuhr richtig los, aber zehn Seemeilen westlich von Warnemünde gab es einen neuen Maschinenschaden. Die ›Watzmann‹ drehte bei und nahm Kurs auf Rostock. Immerhin fuhr Herr Geiß vier Wochen später doch noch, wenn auch nicht mit der ›Watzmann‹, so doch wenigstens mit der ›Fudschijama‹ nach Kuba, und es ist alles gut gegangen.«

Obwohl ich nun als Gast des Ehepaars Amigo auf einem angebundenen, nur mäßig vom Wind bewegten Schiff hockte, wogte es in meinem Inneren gewaltig. Ich malte mir in pechschwarzen Farben alle erdenklichen Katastrophen aus, welche die »Chimborazo« daran hindern könnten, in See zu stechen. Sicher war einstweilen, daß die Beladung des Schiffs nicht termingemäß beendet werden konnte, und genauso sicher war, daß nunmehr, da ich in einer Sphäre gelandet war, in der Aberglaube und Spökenkickerei zum Gesetz erhoben sind, dem ersten Unglück ganz zwangsläufig ein zweites folgen mußte – ein Erdbeben etwa oder ein an mich adressiertes Telegramm aus Berlin: »Sofort zurückkommen. Dringende Delegierung zum Weltkongreß der Satiriker nach Wasungen. Redaktion Ulknudel«.

Das Bordtelefon, das mir Gespräche in jeder Richtung erlaubte, war nun ausersehen, mein verlorenes seelisches Gleichgewicht wiederherzustellen. Ich wählte Käptn Schremmers Nummer. »Hier Schremmer. Sie, Herr Stengel?« – »Ja, ich bin es, Käptn Schremmer«, seufzte ich, »denken Sie nur, das Mistwetter macht uns einen Strich durch die Rechnung. Amigo hat gesagt ...« Käptn Schremmer unterbrach mich auf die priesterliche Tour: »Ist doch halb so schlimm. Um so schöner wird's, wenn es dann endlich losgeht. Der Schauspieler Gerry Geiß ...« Ich unterbrach meinerseits: »Weiß schon, aber soll das ein Trost sein, Käptn Schremmer?« – »Ich komme also morgen auf einen Sprung zu Ihnen, grüßen Sie Amigo!« Den Teufel werde ich. Käptn Schremmer hatte aufgelegt.

Ich war viel zu seeselig, als daß mich jemand hätte daran hindern können, die erste Nacht an Bord trotz aller Ängste und Zweifel wie eine Zeremonie zu begehen. Nachdem ich mich vergewissert hatte, daß Inventar und Mobiliar meiner Kammer und der danebenliegenden Badekabine auch verwöhntesten Ansprüchen genügten, prüfte ich die Brauchbarkeit meiner Koje, die man landläufig mit Bett zu übersetzen hat. Da lag ich also, der Pässentscher des schönsten Frachters der Welt, ausersehen, mit stündlich siebzehn Knoten durch jenes Element zu gleiten, von dem man sagt, es habe keine Balken. Balken hin, Balken her – nichts ängstigte mich. Land und Luft hatte ich bis ins Mittelalter meines Lebens unversehrt durchstreift und erkundet. Wie sollte mir da das Wasser Ungunst verheißen! »Eine Seereise?« hatte mein Freund Mulhaupt einmal geargwöhnt. »Und wenn du Galle spuckst?« Als ob das ein Gesichtspunkt wäre! Müßte ich nicht sogar im Rahmen des Passagiervertrages, den ich mit dem Reisebüro geschlossen hatte, darauf bestehen, die sicherlich unauslöschliche Erfahrung der gefürchteten Todsterbenskrankheit zu machen, die das Sortiment wirklicher Meeresfreuden erst vervollständigt? »Gib nicht so an«, widersprach mir Freund Mulhaupt, »mein Reporterkollege Patzel war schon vom Mittelmeer so bedient, daß er abgestiegen und schnurstracks nach Hause geflogen ist!« Das sollte mir passieren! Hier liege ich, und hier kriegt mich so leicht keiner weg. Das war mein Gelöbnis und der Angelpunkt meines Vierteljahrsplans, den ich in horizontaler Lage gedanklich Punkt für Punkt programmierte.

Vorerst geschah kein Wunder. Ganz im Gegenteil: Das Wetter verschlechterte sich. Die Nacht, die ich konsequent schlafend verbrachte, konnte von den Ladearbeitern nicht genutzt werden, und der beginnende Tag sah ebensowenig nach Arbeit aus. Beim Frühstück machte ich die Bekanntschaft des 2. Offiziers Kraushaar, eines manchmal ironisch scheinenden, aber im Grunde schnurgeraden Charakters. Den Statuten der Reederei gemäß war Kraushaar für die Ladung des Schiffs ebenso verantwortlich wie für die medizinische Betreuung von Besatzung und Passagier. Nebenbei fungierte der Zweite als Frisör, eine Tätigkeit, die sich besonders nach der Äquatortaufe als nützlich erweisen sollte. Kraushaar führte mir an Hand des von ihm entworfenen Stauplans vor Augen, wie weit die Ist-Befrachtung der »Chimborazo« und die Soll-Befrachtung noch auseinanderklafften. Mir schauderte. Eine sogenannte Sonne, die allein für Abhilfe hätte sorgen können, war nirgends am Horizont zu erblicken, Amigo, in aufgeräumter Stimmung, verdroß mich durch die alberne Floskel: »Na, gut geschlafen?«, und ich schlich bedeppert zum Hafenpostamt, um Zeitungen zu kaufen. Ich las: »Warenumschlag im Rostocker Überseehafen erneut gestiegen!« So ist das nun mit der Statistik. Zehn Prozent in der einen Woche plus zweihundert Prozent in einer anderen ergeben hundertfünf Prozent im Wochendurchschnitt. Leider hatte ich eine Zehnprozentwoche erwischt.

Im Augenblick, da ich diese Zeilen schreibe, finde ich die Vermutung, auch die damalige Rostocker Wetterlage könnte zum Komplott der vereinigten Intriganten gehört haben, nicht einmal so absurd. Wie, wenn Dr. Künnemann von Potsdam aus – sei es nun aus eigenem Antrieb oder auf Geheiß Käptn Schremmers – sämtliche damals verfügbaren Tiefausläufer in die Warnowmündung dirigierte? Zuzutrauen wäre es diesen Meteorologen schon, obwohl mir andererseits zu glauben schwerfällt, daß der naturbeherrschende Mensch zugleich ein wetterregulierender ist. Ich möchte darum nicht unnötig überspitzen und bekenne mich zögernd zu der Auffassung, hinsichtlich des Wetters einem unglücklichen Zufall ausgeliefert gewesen zu sein. Das gilt auch für die Zuckerkalamität, von der ich sogleich berichte.

Mit dem Zucker verhielt es sich folgendermaßen: Endlich, am 25. November, als der Wind aus Nord etwas schwächer wehte und der Regen ganz aufgehört hatte, wurde eine Ladeluke der »Chimborazo« mit Zuckersäcken vollgestopft. Spät, doch zum Glück nicht allzu spät, bemerkte Chiefmate Neubert, der 1. Offizier also, auf einem Kontrollgang eine undichte Stelle in ebendieser Ladeluke. Menschliches Versagen lag nicht vor, wie Experten der Reederei und der Versicherungsgesellschaft attestierten. Dennoch hatte einsickerndes Wasser aus benachbarten Wassertanks einen Teil der Zuckerladung gründlich genug getauft, und es blieb keine andere Wahl, als den Zucker wieder zu entladen, das vermaledeite Loch zu stopfen, durchnäßte Zuckersäcke für die Marmeladefabrikation auszusondern und sodann einen zweiten Anlauf zur Beladung der Luke zu nehmen. Wie zum Hohn war während dieses Manövers die Sonne durch die Wolken gebrochen, und man konnte sich leicht ausrechnen, daß ohne Tücke des Objekts die »Chimborazo« spätestens zur Mittagsstunde des folgenden Tages klar zum Auslaufen gewesen wäre.

Chief-mate Neubert war die persönliche mutwillige Herbeiführung der Zuckerpanne theoretisch durchaus zuzutrauen. Konnte man, soweit wir von landseitigen Umtrieben absehen, Amigo als das Hirn der gegen mich ausgeheckten Verschwörung bezeichnen, so durfte Neubert als ihr Herz gelten. Er dachte sich immer neue Schikanen gegen mich aus, die zu enthüllen ich mich nicht scheuen werde. Um so schmerzlicher empfinde ich Neuberts protokollierte Unschuld bezüglich der Umwandlung von Exportzucker in Inlandkonfitüre. Ich hätte mir ins Fäustchen gelacht, wenn es sich hätte beweisen lassen, daß niemand anders als Neubert die Schotten der Ladeluke mit der Spitzhacke perforierte, damit ich noch ein paar Wochen in Rostock aufgehalten würde und endlich ganz und gar davon abkäme, an eine Seefahrt auch nur zu denken. Immerhin ließ sich der saubere Chief-mate, während die Beladung des Schiffs ihren Fortgang nahm, zu einer unvorsichtigen, sehr typischen Bemerkung hinreißen. Er sagte mir hohnlachend ins mürrische Gesicht: »Na, Herr Stengel, schon ungeduldig?« Der Leser mag selbst entscheiden, was von dieser feisten Formulierung zu halten ist, die dazu beitrug, erste Ahnungen in mir zu wecken und meine Wachsamkeit gegen alles, was mich umgab, zu schärfen.

Für eine Weile ereignete sich an Bord nichts Alarmierendes mehr, wenn man davon absieht, daß Kapitän Ambach auftauchte und sehr einsilbig auf mich reagierte. Er fügte sich in die Unvermeidlichkeit, mit einem Pässentscher an Bord koexistieren zu müssen. Nicht mehr, nicht weniger. Käptn Schremmer glänzte durch Abwesenheit. Vielleicht würde er noch kommen, wenn die »Chimborazo« den Bauch voll hatte und endlich geneigt war, Rostock Valet zu sagen.

Ich hatte mich bereits in einem solchen Maße an den Zustand gewöhnt, Gast einer ganz und gar immobilen »Chimborazo« zu sein, daß ich den verhältnismäßig abrupten Übergang in ein verändertes Stadium fast schon als unangenehm empfand. Spaziergänge im Hafengelände und vor allem immer neue Bordbekanntschaften verkürzten mir die Tage in reizvoller Weise, und ich hielt es für eine dankenswerte Fügung des Schicksals, ausreichend Gelegenheit zu haben, Menschen und Milieu zu studieren, ohne meine Aufmerksamkeit gleichzeitig auf ferne Horizonte richten zu müssen.

LIEB HEIMATLAND, ADE!

Als nun am 27. November zur Frühstückszeit alle Mitglieder der Besatzung von Kapitän Ambach aufgefordert wurden, Bräute, Ehefrauen und Kinder von Bord zu geleiten, waren die Würfel gefallen. Zoll und Grenzpolizei quartierten sich für kurze Zeit auf der »Chimborazo« ein und walteten ihres Amtes. Amigo, seit wenigen Minuten Strohwitwer, ging stumm an mir vorüber. Sein Lebensmut war offensichtlich halbiert. Nur der fanatische Entschluß, einem Passagier die Seefahrt zum Alptraum zu machen, hielt diesen Satansbraten auf den Beinen. Ich selbst war, wie gesagt, ein Zwilling widerstrebender Gefühle. Völlig sinn- und gedankenlos durchwanderte ich die Gänge des Schiffs, hielt Selbstgespräche oder plauderte, Gelassenheit vortäuschend, mit dem Lotsen, dessen Anwesenheit die große Stunde der »Chimborazo« besiegelte.

Wenn ein Schiff den Hafen verläßt, unterbricht Chronos ein paar Atemzüge lang die Niederschrift der Weltgeschichte, weil er spürt, daß etwas Einschneidendes, die Herzen vieler Menschen Bewegendes geschieht. Ich stand, ein paar Meter entfernt von Amigo und einigen Matrosen, die am Ablegemanöver nicht beteiligt waren, an der Reling, wischte mir die Sonne aus dem Gesicht und sah mit Ergriffenheit, wie sich ein immer breiter werdender Streifen Wassers zwischen den Pier und den Schiffskörper der »Chimborazo« schob. Schließlich gab es kein Halten mehr. Die Leinen waren eingeholt, der akustische Dialog mit dem Festland versiegte und wurde durch Pantomime ersetzt. Allenfalls ein mit äußerstem Stimmaufwand gebrülltes »Auf Wiedersehen!« pendelte noch zwischen Schiffsbesatzung und Kaimauer. Das Typhonhorn der »Chimborazo« brüllte markerschütternd und entbot auf diese Weise der »Monte Rosa«, die in der Nacht zuvor im Hafen eingelaufen war, einen bärbeißigen Abschiedsgruß. Ich komme hier deshalb auf die »Monte Rosa« zu sprechen, weil ich auf ihrem Zwischendeck ein gestikulierendes Männlein gewahrte, dessen Abschiedsgrüße zweifellos an Amigo und mich adressiert waren. Käptn Schremmer, um den handelte es sich nämlich und um keinen anderen, hatte sich wohl aus alter Liebe und Anhänglichkeit auf der »Monte Rosa« verplauscht und wollte nun wenigstens so tun, als sei es ihm ein tiefinneres Bedürfnis, scheidenden guten Freunden einen Abschiedsgruß zu senden. Auf Amigo bezogen, mochten Käptn Schremmers Gefühle sogar lautere Akzente haben, denn die beiden waren immerhin Komplicen. Ich dagegen, das potentielle Opfer des Komplotts, wußte schon, was von Käptn Schremmers nicht hörbaren, jedoch zu fühlenden Sirenentönen zu halten war.

Mit nur einem Viertelchen ihrer Kraft tastete sich die »Chimborazo«, vorbei an Warnemündes Docks und Werften, dem offenen Meer entgegen. »Wenn Stengel reisen, lacht der Himmel«, behauptet ein altes Sprichwort. Nichts von alledem. Die Sonne hatte sich nach ihrer Stippvisite um die Mittagsstunde schlafen gelegt. Unfreundliche Wolken bestritten die düstere Kulisse des ersten Aktes eines Dramas, das nach dem Willen dämonischer Autoren und Regisseure meinem Untergang gewidmet war. Der gloriose Badestrand von Warnemünde, sommers ein Dorado burgenbauender und pantschender Urlauberbataillone, jetzt zu Novemberende aber nur ein verödeter Landstrich, hielt sich samt seines altertümlichen backsteingemauerten Leuchtturms diskret zurück, als die »Chimborazo« mit zunehmender Beschleunigung Kurs auf Fehmarn nahm. Es schien mir ganz natürlich, das stolze herrliche Schiff meiner Tag- und Nachtträume schon jetzt, da der Lotse von der Kommandobrücke aus noch Weisungen an die am Ankerspill eingesetzten Chimborazianer erteilte, als meine Residenz zu betrachten. Furchtlos und souverän begab ich mich aufs Vorschiff, um mir vom 3. Offizier Osterhold erste Kniffe erläutern und vorführen zu lassen, die die Kunst des Navigierens in Hafennähe bereichern. Mein tugendhaftes Ansinnen ging auf skandalöse Weise in die Brüche, denn man untersagte mir in strengem Ton, die schwere Arbeit des Lotsen und seiner Helfer durch herausforderndes Herumlungern im Vorfeld der Kommandobrücke zu behindern. Dieser unfreundliche Akt machte mich tief betroffen. Was hätte näher gelegen, als einen lammfrommen, jederzeit zum offenen deutschen Gespräch unter Seeleuten aufgelegten Passagier gütig bei der Hand zu nehmen und ihn, den Vasco da Gama von Zuschnitt und Geblüt, stillschweigend gewähren zu lassen. Ich war ja nicht unvorbereitet an Bord gegangen. Das wäre! Schon seit Jahren befuhr ich auf selbstgezeichneten Seekarten die Weltmeere und bot in meinem mit Emblemen der Nautik tapezierten Berliner Kellerzimmer durch geschicktes Manövrieren unzähligen Wirbelstürmen die Stirn. Hätte Kapitän Ambach, noch als wir im Hafen lagen, zu mir gesagt: »Also, mein Lieber, ich überlasse Ihnen, sooft Sie es zeitlich einrichten können, das Ruder, aber lassen Sie auch andre mal ran!«, ich wäre der glücklichste Mensch zwischen Warnow und Werra gewesen. Kapitän Ambach mangelte es eben an Menschenkenntnis.

Schlimmeres will ich zu seinen Gunsten nicht annehmen. Es gibt keine Beweise für die Beteiligung des »Chimborazo«-Chefs am großen Intrigenspiel.

Der Rostocker Lotse verließ das Schiff etwa eine Stunde nach dem Ablegemanöver. Als er ins Lotsenboot hüpfte und gen Warnemünde tuckerte, mußte ich daran denken, wieviel unnötiger Personalaufwand getrieben wird. Auch die Arbeit des Lotsen, die ich keineswegs geringachte, beherrschte ich durch jahrelanges Selbststudium ausgezeichnet. Man hätte sich in dieser Hinsicht nur vertrauensvoll an mich wenden sollen, und meine Zusage war so gewiß wie der Appetit der mich umkreisenden Möwen auf Kuchenbrötchen. Ein Lotse, hatte ich mir erarbeitet, geht an Bord, trinkt einen starken Lotsenkaffee und übernachtet, wenn nötig, in der Lotsenkammer – Verrichtungen, deren ich theoretisch durchaus kundig war und die nach Erprobung in der Praxis fieberten. Mehrmals hatte ich außerdem das schöne Gedicht »Der Lotse« von Giesebrecht gelesen und laut monologisiert. Nun, ich will nicht weiter jammern. Die Maschinen der »Chimborazo« konnten das viel besser. Das war ein Stampfen, ein Ächzen und Würgen, zu dem unser gegen Wind und Wellen ankämpfendes Schiff von der störrischen See herausgefordert war. Die Küste hatte sich längst hinter einem diesigen Schleier verkrochen. Wasser, nichts als Wasser, so weit ein untüchtiges Auge reichte. Unwirtlich (mein Spezialausdruck) wehte der frischfeuchte Wind übers Deck, aber ich jubilierte und ahmte das wollüstige kakophonische Kreischen der Möwen nach, denn meine Seele schwebte über den Wolken. Hans Zeise, der Chefingenieur (kurz »Chief« tituliert), verpaßte mir einen Hieb auf die Schulter und sagte peinlich artikulierend, als ob er seinen Worten einen tieferen geheimnisvollen Sinn zu geben wünschte: »Das Schönste an der Seefahrt sind die Lieder!«

Genaugenommen war noch ein zweiter Passagier an Bord. Er hatte einen für deutsche Zungen unbequemen Namen und hieß deshalb einfach Charly. Er war in Ilmenau, glaub ich, oder in Saalfeld als Maschinenschlosser ausgebildet worden und reiste nun zurück in seine Heimat: auf die Insel Sansibar. Ein Afrikaner also mit rabenschwarzer Hautfarbe und Elfenbeinzähnen – ein Vorgriff auf kommende exotische Begegnungen. Charly sprach Suaheli, Englisch und Deutsch, war ein freundlicher Zeitgenosse und auch im Skatspielen nicht ungeübt. Dennoch ging ich nicht von der Anmaßung ab, mit meiner eigenen werten Person den wahrhaft einzigen Exquisitpassagier zu repräsentieren, weil ich nämlich nicht nur Mitreisepassagier wie Charly, sondern totaler Rundreisepassagier war. Charly würde nach kümmerlichen achttausend Meilen Seereise von Bord gehen, während ich das Einatmen der Nelkendüfte Sansibars bestenfalls als Episode und als Halbzeit des Reiseunternehmens anzusehen gedachte. Auch genoß ich den Vorzug einer erstmaligen Überseefahrt, wogegen Charly nichts anderes darstellte als einen Rückkehrer, dem nicht einmal das bevorstehende Spektakulum der Äquatortaufe mitzuerleben vergönnt sein sollte, da die Teilnahme an diesem erhabenen Festival auf Neu-Äquatorianer beschränkt war. Deren gab es an Bord zweiundzwanzig Chimborazoaner und mich – punktum.

Nachdem ich den Begriff »Äquatortaufe« erneut in den Mund genommen habe, sei mir an dieser Stelle zu bemerken gestattet, daß dieses Stichwort bis zur späteren Exekution der Täuflinge den Kern einer planmäßig gegen mich geführten psychischen und physischen Zermürbungskampagne bildete. Noch hatte die »Chimborazo« das Feuerschiff Kiel nicht passiert, da hatten mich Chief Zeise und seine Maschinenmenschen in einen Bierkommers verstrickt, der den Auftakt zu einer sich von Tag zu Tag verstärkenden Beunruhigung meines noch stabilen Gemüts bildete. Besonders Zeise selbst, dem bei der Äquatortaufe die Rolle eines Zeremonienmeisters zugedacht war, legte es darauf an, meinen angeborenen Optimismus mit dem Hackebeil gröbster Ironie zu bearbeiten, und seine Kumpane assistierten ihm eifrig. Lediglich Trompeten-Ingenieur Hegewald wahrte vornehme Zurückhaltung, doch nicht etwa aus Mitleid mit mir, sondern mit sich selber. Er war nämlich noch nicht getauft. Den Gedanken, mich mit Amigo gegen die Schlangenbrut zu verbünden, mußte ich wieder fallenlassen, als mir klargemacht wurde, wie sehr Amigo, dem seinerzeit als Täufling übel mitgespielt worden war, danach dürste, Revanche zu nehmen. Diese Mitteilung ging mir durch und durch. Amigo also einer der sadistischen Henkersknechte! Aber würde er als mein Freund

und Hüter am Ende nicht doch eine milde Strafe an mir vollziehen? Strafe! Was hieß denn überhaupt Strafe? War in den Annalen der Seefahrt nicht verzeichnet, daß die Äquatortaufe ein schöner, traditioneller Brauch, geprägt von Geboten der Sittlichkeit und christlicher Nächstenliebe, sei? Ich brauchte jetzt dringend den Rat Amigos.

»Amigo«, sagte ich, »du weißt doch, wie es so mit meinen Bandscheiben, nicht wahr, beschaffen ist.« Amigo zwang sich zu einer philanthropischen Grimasse und forschte teilnahmsvoll: »Schmerzen?« – »Das ist es nicht direkt«, erklärte ich stockend, »jedenfalls nicht akut, weißt du. Man muß in meiner Lage lediglich immer damit rechnen – nicht, daß ich keine Bäume ausreißen könnte – nur wenn beispielsweise – die Sache ist doch so, also ...« Ich hatte mich rettungslos verhaspelt. Dann nahm ich einen neuen Anlauf und referierte so gelassen wie möglich über meine Eindrücke im Kreis der fröhlich zechenden Maschinenmenschen. Wie soll ich ein Jahr später rekonstruieren, was unmittelbar nach meiner Rede passierte. Damals verfügte ich nicht über genügend Einblick und Argwohn, auf alle Einzelheiten zu achten, die den Schlüssel zur Entlarvung dieses Tartüffs von einem Steward lieferten. Ich erinnere mich nur an etwa folgenden Amigo-Sermon: »Aber, aber! Das ist doch alles halb so schlimm! Da machen Sie sich nur keine Sorgen. Wir werden schon klarkommen. Schließlich bin ja auch ich noch da – davon abgesehen!« Er sah aber gar nicht davon ab, sondern begann nun erst recht in einer scheußlichen, fast masochistischen Manier von seinen eigenen traurigen Erfahrungen zu berichten: »Damals, als ich auf der ›Monte Rosa‹ fuhr und wir den Äquator bei Libreville kreuzten, das war neunzehnhundertdreiundsechzig, hat man mir eine Taufe verpaßt, daß ich drei Tage lang nicht leben und nicht sterben konnte. Diese Tortur wünsche ich meinem ärgsten Feind nicht – davon abgesehen!« Schon wieder diese alberne Phrase, der kein anderer Sinn zu entnehmen war als der, daß es ihm Mühe machte, seine mehr denn je lodernden Rachegefühle in Zaum zu halten. War ich dieses Amigos, dieser einmal weidwund geschossenen Bestie, die ihre Schmach in Gestalt eines blutgetränkten Äquatortauf-Diploms unter Glas aufbewahrte, wirklich so sicher? Alles andere! Darum begann ich eine Art Kolleg über Humanität, über die hohe Moral der Gewaltlosigkeit und das Wesen der Toleranz zu halten, nicht ohne den Geist Gandhis und Albert Schweitzers zu beschwören. Amigo war einer Stellungnahme entbunden. Kapitän Ambach zitierte ihn telefonisch zu sich und wies ihn an, den obligatorischen Lotsenkaffee zu bereiten. Wir fuhren also dem Nordostseekanal entgegen, und ich ließ mich gern von einem Ereignis ablenken, das als Generalprobe für die Passage des Suezkanals angesehen werden konnte.

EIN BISSCHEN ATLANTIK

Der Nordostseekanal ist etwas schmaler als das sprichwörtliche schmale Handtuch. Ich bewunderte den Lotsen, der die »Chimborazo« wie einen dicken Schnürsenkel durchs millimeterbreite Nadelöhr jener künstlichen Wasserstraße fädelte, die Ostsee und Nordsee miteinander verbindet. Bei Mondlicht kroch der stählerne Dickwanst durch die Landwirtschaft Schleswig-Holsteins. Wenn man den Blick nicht gerade vorauswarf oder vom Oberdeck nach achtern richtete, fühlte man sich eher auf einen mächtigen Lastkraftwagen als auf einen Überseefrachter versetzt. Der schon erwähnte Mond, die sanfte Melodie der Bugwelle, Licht hinter den Fensterscheiben strohbedeckter Bauernhäuser und der Gedanke an den nicht fernen Atlantik mit dem Golf von Biskaya, dem Mittelmeer und endlich der ägyptischen Pforte, die Zugang zum Roten Meer und zum Indischen Ozean gewährte, machten, weiß der

Himmel, sentimental. Unter allen Sorten Sentimentalität, die einen Menschen jäh befallen kann, deucht mich die chimborazonische die elementarste und aufwühlendste. Sie wäre einem Koller noch am ehesten vergleichbar, wenn sich mit diesem Begriff nicht ausgerechnet eine düstere Krankheit verbände. Man sollte demnach besser von einer Generalmobilmachung aller guten Lebensgeister sprechen. Mir war zumute, als träfen sich in der gleichen Sekunde alle Glückseligkeiten, die die Welt zu vergeben hat, in einem Punkt. Und dieser Punkt war ich. Niemand hätte es wagen dürfen, mich zu irgendeinem Tauschgeschäft zu überreden. Es gab keine Offerte, die auch nur eine Spur des Hochgefühls und der Verheißungen in sich barg, denen ich nun ganz und gar hingegeben war. Ich genoß den wohlwollenden Prolog des Meeres, und kein unheilverkündendes Omen verdunkelte den Blick in eine Zukunft unterm Kreuz des Südens.

»In Hamburg«, überliefert ein Schlagerlied, »sind die Nächte lang.« Die Tage sind es nicht minder. Als wir frühmorgens im mächtigen Elbhafen festmachten, hatte ich jedenfalls nicht den Eindruck, daß die Hamburger noch schliefen. Was soll ich erzählen! Diese Stadt mit annähernd zwei Millionen Bewohnern ist eine blitzsaubere Wirtin Wundermild für Seeleute aller Kontinente. In Hamburg bleibt man nur zu gern eine gute Weile länger als geplant.

Ich machte die Rechnung ohne Chief-mate Neubert. Er hatte nichts Eiligeres zu tun, als mir einen Knüppel zwischen die ausgehfreudigen Beine zu werfen. »Der Landgang«, eröffnete mir des Kapitäns Stellvertreter feixend, »ist auf die Zeit zwischen dreizehn und achtzehn Uhr begrenzt!« Ich würdigte diesen Intriganten keines Blickes, ließ mich von einem Kutter an Land setzen und begab mich schnurstracks zu Freund Lattermann, dessen Opel von mir dazu bestimmt wurde, den fahrenden Untersatz zu einer hübschen Stadtrundfahrt abzugeben. »Der Neubert«, murmelte ich in meinen Bart, während Lattermann und ich die City kreuzten, »ist ein Strolch! Hat wohl, um mir Hamburg zu verekeln, das Ladetempo auf der ›Chimborazo‹ extra um zweihundert Prozent beschleunigen lassen. Außerdem ist er noch nicht getauft. Nun will er den Rostocker Zeitverlust wieder rausholen, weil er sich davon einen Gnadenerweis am Äquator verspricht. – Aber mit mir nicht!« brüllte ich so laut, daß Lattermann am Lenkrad zusammenzuckte.

Während ich mit Lattermann kurze Zeit später am Jungfernstieg Kaffee trank, durchzuckte mich eine Idee. Ich telefonierte mit Kraushaar. »Entschuldigen Sie«, sagte ich in wehleidigem Ton zum 2. Offizier, »der Landgang, hörte ich, ist für die Besatzung auf achtzehn Uhr befristet. Könnte ich nicht als Passagier – Sie wissen doch, daß ich auch sozusagen ein Buch schreiben möchte, und Hamburg hat doch nun mal ...« – »Schon gut«, sagte Kraushaar, der es als Ladeoffizier ja wissen mußte, »wir sind sowieso noch nicht ganz fertig mit der Arbeit. Kommen Sie zwei Stunden später!« Das war in der Tat besser als gar nichts. Der Neubert konnte sich seine Schikanenkiste einpökeln lassen!

Das Grundgesetz der Frachtschiffer hat etwa folgenden Wortlaut: »Es kommt immer ganz anders, als man denkt – nur dann nicht, wenn man denkt, daß es anders kommt.« Auf Hamburg bezogen: Ich hätte gut und gerne weitere drei Stunden über die Reeperbahn bummeln können, ohne den Anschluß an die kurz vor Mitternacht auslaufende »Chimborazo« zu verlieren. Und überhaupt sollte sich zeigen, daß der Abschied von Hamburg in dieser Nacht ein Kardinalfehler war. Oder es war auch kein Kardinalfehler, sondern ein Neubert-Schachzug, womit ich keinesfalls sagen will, daß Neubert im stillen Kämmerlein einsam an dem Ast sägte, auf dem ich saß. Der Chief-mate hatte außer Satan Amigo noch mindestens zwölf Helfershelfer, die ich nur allmählich samt und sonders entlarvte. Drei Uhr nachts lag die »Chimborazo« an der Elbmündung bei Brunsbüttelkoog im Nebel fest. Wie hätte Neubert nicht wissen sollen, daß es so kommen mußte? Schon in meinem Berliner Studier-Kellerzimmer hatte ich ermittelt, daß die Nordseeküste gegen November ihre grauen Jalousien runterläßt. Hätte sich Kapitän Ambach nur von mir beraten lassen, er wäre der künstlichen Beflissenheit Neuberts nicht zum Opfer gefallen, und es wäre mir Muße genug geblieben zu erforschen, wie lang die Nächte in Hamburg tatsächlich sind.

Der Morgen dämmerte, das Frühstück war absolviert, Mittagessen wurde aufgetragen – dann endlich marschierte die »Chimborazo« mit halber Kraft auf den Ärmelkanal zu, machte in der folgenden Nacht etwas mehr Dampf auf und erreichte, als es hell wurde, wunderbarerweise die Mündung jenes Flusses, dessen Unterlauf streitende Gelehrte entweder als Maas oder als Rhein bezeichnen.

Verglichen mit Rotterdam, ist Hamburg alles andere als das »Tor zur Welt«. Wer Rotterdams Hafen, einen Subkontinent von Piers, Laderampen, Kränen, Öltanks, Schiffen, Schiffen, Schiffen und Menschen, Menschen, Menschen erblickt, hat für Hamburg nur noch das Prädikat »Hintertürchen zur Welt« auf Lager. Rotterdam avancierte längst zum größten Überseehafen der Welt – noch vor London und New York.

Für die »Chimborazo« hatten die Holländer ein lauschiges Plätzchen, direkt an einem der Piers, frei gehalten. In Hamburg waren wir schlechter dran. Wir mußten mit sogenannten Dückdalben vorliebnehmen, die ein echter Seemann nicht für den Tod ausstehen kann, weil sie den Landgang erschweren.

Aber was heißt in einem Staat, dessen Hafenpolizei sich auf höheren Befehl den gespenstischen Umtrieben des in Westberlin ansässigen Travelboards zu fügen hat, für einen Passagier meiner Fasson schon Landgang! Besitzer eines in Holland nicht anerkannten Visums meines Außenministeriums, war ich dazu verurteilt, den Nachmittag an Bord der »Chimborazo« zu verbringen. Amigo hatte natürlich keinen Funken Mitleid mit mir. Seine Zeit war zu kurz bemessen für einen Ausflug in die Stadt, die jeder altgediente Fahrensmann ohnehin schon kannte wie seine Westentasche. Kapitän Ambach, den ich konsultierte, was in meiner Situation wohl zu machen sei, nannte mir eine astronomische Summe Bußgeldes, die von der Reederei entrichtet werden müßte, falls ich gegen das polizeiliche Verdikt verstoßen sollte.

Es blieb mir nichts anderes übrig, als mich in meine Kammer zurückzuziehen und meine Wut in Briefen und literarischen Pamphleten auszulassen. Wer mich am folgenden Tag trotz dieser verzweifelten Lage durch den Rotterdamer Maastunnel fahren und durchs Stadtzentrum promenieren sah, ist, betone ich feierlich, einer Halluzination zum Opfer gefallen oder steckt, was fast noch schlimmer ist, mit Neubert, Amigo, Käptn Schremmer und den vielen anderen Verschwörern unter einer Decke, die nichts unversucht ließen und lassen, mir Schwarzen Peter auf Schwarzen Peter zuzuschieben. Mir kann keiner etwas beweisen, und der 3. »Chimborazo«-Offizier Osterhold, der mich in einem Rotterdamer O-Bus mißtrauisch musterte, wird gefälligst schön still sein. Nicht umsonst habe ich ihn, den Osterhold, mehrmals unentgeltlich von meinem besten Whisky mittrinken lassen. Doch beenden wir jetzt das holländische Kapitel, und wechseln wir vom Land der Mühlen und Deiche ins Nachbarland Belgien über.

Rotterdam und Antwerpen wohnen, wenn man sich ein paar Kühe und einige Quadratkilometer saftiger Weiden wegdenkt, sozusagen Flur an Flur. Normalerweise dauert eine Schiffstour zwischen beiden Welthäfen nicht länger als einen halben Tag. Allerdings darf man sich nicht vermessen, diese Norm ausgerechnet in der Nacht vom ersten zum zweiten Dezember erfüllen zu wollen. Jedes Kind weiß, daß zu diesem Termin dichter Nebel über der Scheldemündung liegt. Auch Neubert wird das gewußt haben, denn er fuhr nicht zum erstenmal diese Route. Aber seine Konzeption lief immer wieder darauf hinaus, mir, dem Passagier, jeglichen Hafenaufenthalt zu verkürzen – darum der überstürzte Abschied von Antwerpen – und die Dauer der Reisezeit womöglich unter neunzig, wenn nicht sogar unter achtzig Tage zu drücken, was, wie gesagt, leider auch im Interesse der gesamten Schiffsbesatzung lag. So kam es zu Neuberts großem Ärger und meinem unverhohlenen Vergnügen regelmäßig zu Aufenthalten und fatalerweise oftmals dann zu Verspätungen, wenn es Neubert besonders eilig hatte. Der Nebel bei Vlissingen reichte bis zum späten Nachmittag, so daß wir erst bei einbrechender Dunkelheit im Ölhafen Antwerpens festmachen konnten.

Antwerpens Hafenpolizisten unterscheiden sich kaum von ihren Rotterdamer Kollegen: Sie haben teils einen offiziellen, teils einen realistischen Standpunkt. Mit dem offiziellen untersagten sie mir den Landgang, mit dem realistischen bauten sie mir, ohne sich genauer festzulegen, eine Brücke, deren Spannweite ungefähr bei »Speken Eieren« endete, einer gemütlichen Matrosenkneipe in der Nähe des Hafens. Das Pokergespräch mit den Hütern der Ordnung lief darauf hinaus, daß ich vom strengen Bordarrest zu Ausgangsbeschränkung innerhalb einer autonom festzulegenden Bannmeile begnadigt wurde. Wie ich mit dieser Autonomie verfuhr, werde ich niemandem auf die Nase binden, aber inzwischen eingetretenes Frostwetter in Begleitung von Schnee- und Hagelschauern ließen die Bäume nicht in den Himmel wachsen. In der Gewißheit, Antwerpen auf der Rücktour zur Vorfrühlingszeit sowieso wiederzusehen, würdigte ich die ehrwürdige Hansestadt und flämische Kulturmetropole nur eines flüchtigen Blicks und ging lieber beim Funker der »Aconcagua«, die inzwischen, aus Ostafrika kommend, neben der »Chimborazo« festgemacht hatte, ein gutgekühltes Pilsener Urquell trinken.

Mit der »Aconcagua« hatte es seine besondere Bewandtnis. Die »Aconcagua« stand ursprünglich ebenfalls auf der Liste, die mir Herr Schwedt vom Reisebüro unter die Nase hielt. Die »Aconcagua« ist ein »fein Ship«, wie Käptn Schremmer sagen würde, aber sie war wegen einer notwendigen Reparatur an der Mittelmeerküste aufgehalten worden und wurde erst um die Weihnachtszeit in Rostock zurückerwartet. So lange wollte ich nicht warten, wie sich jeder denken kann, der mir nachfühlt, welcher unendliche Reiz sich mit einer Bordweihnacht bei dreißig Grad im Schatten verbindet. Der »Aconcagua«-Funker, er hieß Mittenzwei, lobte seinen Pott in den höchsten Tönen. Schwer zu widerlegen war freilich die strahlende Jugend der »Aconcagua«, die erst vor vier Jahren vom Stapel gelaufen war. Da man das Alter eines Hochseefrachters etwa dem dreifachen Menschenalter gleichzusetzen hat, mußte die «Aconcagua« zu den blühenden Teenagern gerechnet, die »Chimborazo« dagegen, Baujahr 1952, als angehender Vierziger eingestuft werden. Was die »Aconcagua« der »Chimborazo« an Jugend voraus hatte, machte letztere für mein Gefühl durch Ehrwürdigkeit und Gediegenheit völlig wett. Dazu kam das gar nicht hoch genug zu schätzende Patronat Amigos, den ich immer noch für eine wahre Seele von Mensch hielt.

Mittenzweis Schlafkabine atmete Orient und Äquatorialafrika: da ein geschnitzter Elefant aus Mombasa, dort ein grimmer Dolch aus dem Sudan und in einem Würfelbecher Kupfer- und Nickelmünzen, darunter viele durchlöcherte aus südlichen Gefilden. Ich rieb mir heimlich die Hände, denn was Mittenzwei hinter sich gebracht, stand mir, dem vorm europäischen Winter ungestüm Fliehenden, noch bevor. Mochte Mittenzwei, der zu beneidende Schiffsprofi, auch später noch hundertmal im Indischen Ozean schiffen – dieser

Winter 1964/65 war nicht sein, sondern mein Afrika. Adieu, Mittenzwei! Grüß mir Rostock und das Packeis im Hafen, ich heb' mir den Schnupfen auf fürs nächste Jahr.

Mit dem Beladen der »Chimborazo« klappte es wohl nicht nach Maß. Ich schloß das aus der einfachen Tatsache, zweimal an Bord der »Chimborazo« in Antwerpen eingeschlafen und zweimal daselbst aufgewacht zu sein. Neubert machte das berühmte unwirsche Gesicht eines Filmregisseurs, der Eile hat, seinen Film »Ein Sonnentag mit dir allein« abzudrehen, und in eine Dauerregenperiode geraten ist. Ich hüpfte einbeinig durch die Schiffsgeographie und lachte mir ins Fäustchen. Je länger, je lieber. Ich hatte meine Reise pauschal bezahlt, jeder zusätzliche Tag verbilligte die Seefahrt ungemein. Eine angezogene Schiffsbremse in Antwerpen paßte mir ausgezeichnet in den Streifen. Sie verschob den Start zum eigentlichen großen Afrikatörn unter Umständen beträchtlich. Die »Aconcagua« war länger als vier Monate unterwegs. Man sollte ihr nacheifern!

FRÜHLINGSERWACHEN

Es ließ sich nicht vermeiden, daß wir endlich doch losfuhren. Die wohlschmeckende Currywurst, die mir Amigo zum Frühstück an diesem 5. Dezember kredenzte, wurde zum Henkersmahl der belgischen Nordseeküste. Sie starb, dem Blick des Passagiers entschwindend, jäh dahin. Die »Chimborazo« legte einen Zahn zu und noch einen. Mir wurde schwindlig. Wenn das so weiterging, würden wir hastdunichtgesehen in einer Nonstop-Blitzfahrt die europäische Atlantikküste entlangschlittern, durch die Meerenge von Gibraltar schlüpfen und weitere fünf Tage später, viel zu früh für einen Pauschalreisenden, in Port Said eintreffen. Das Dilemma war groß: Ein Ladehafen zwischen Antwerpen und Suezkanal war im

Programm nicht enthalten. Blieb die vage Hoffnung auf eine unvermutete telegrafische Order der Seereederei, eben doch noch, sagen wir, in Lissabon oder in Piräus oder in Beirut, ein Fäßchen Portwein und ein Pfündchen Sultaninen für Sansibar an Bord zu nehmen. Diese Hoffnung war gar nicht mal so absurd. Amigo bestätigte: »Alles schon mal dagewesen!« Doch mußte es unbedingt ein Telegramm der Reederei sein? Ich spekulierte weiter: Wie nun, wenn die »Chimborazo« in einen Sturm geriete und einen Nothafen aufsuchen müßte? Oder wenn die Schiffsschraube ihren Geist aufgäbe? Oder wenn eine Havarie, eine möglichst harmlose, versteht sich, aber eben doch ein Unglückchen geschähe, das dringende Reparaturarbeiten in einer spanischen oder italienischen Werft gebietet? Oder wenn sich, wie schon bei Brunsbüttelkoog und Vlissingen, die »Chimborazo« in eine Waschküche verirrte, aus der man erst nach Tagen herausfindet? Ich entwarf einen ganzen Katalog widriger Umstände, von denen nach der Wahrscheinlichkeitsrechnung wenigstens der eine oder andere einzutreten geneigt sein mußte.

Aber die »Chimborazo« raste wie der Teufel durch den Ärmelkanal, schnitt den nullten Längengrad, passierte Cherbourg und die britischen Kanalinseln und machte Neubert so zynisch lachen, daß das Gelächter bis in die Gegend von Paris zu hören war. Mein Mißtrauen in die Verläßlichkeit der Wahrscheinlichkeitsrechnung wuchs. So beschloß ich, Spekulationen zu vertagen und mich ganz dem Spiel des Windes und der Wellen hinzugeben – poetisch ausgedrückt. Sollte die »Chimborazo« meinetwegen die Seemeilen fressen wie der Hecht die Stichlinge – ich ignorierte das Galopprennen und traf zunächst eine fundamentale Feststellung: Die Fahrt von Rostock bis Antwerpen war nur ein Vorgeplänkel, sie glich einem Billardspiel, bei dem die Kugel, nämlich die »Chimborazo«, von Bande zu Bande schwippte. Mit dem Auslaufen aus Antwerpen hatte alles erst richtig begonnen. Jetzt kam es für mich darauf an, die »Chimborazo« und ihre Mannschaft einer kritischen Besichtigung zu unterziehen, wozu ich bisher nur wenig Gelegenheit hatte.

Drei Schwerpunkte galt es zunächst ins Auge zu fassen: die Gastronomie, den Dienstbetrieb auf der Kommandobrücke und Elemente der Freizeitgestaltung.

Was das leibliche Wohl betrifft, so hatte ich bisher nur passiv, wenngleich mit großem Appetit, am Tisch der Offiziere und Ingenieure mitgegessen. Nun mußte ermittelt werden, nach welchen Prinzipien Speisepläne aufgestellt und von wem und wie sie realisiert wurden. Eine intensive Beschäftigung mit diesem Fragenkomplex war unerläßlich, wollte ich meine eigenen Vorstellungen hinsichtlich der Zubereitung eß- und trinkbarer kulinarischer Genüsse zur Geltung bringen. Soviel war längst klar: Sollte es über meine Befähigung zum Nautiker unter Experten noch Zweifel geben – niemand durfte leugnen, daß das A und O der Kochkunst mein ureigenes Terrain ist. Nur eine permanente Unterweisung des Schiffskochs Krumme und des Schiffsbäckers Heisinger durch mich bot hinlänglich Gewähr für seegemäße Verpflegungsgrundsätze. Krumme war neunzehn Jahre alt und stammte aus Plauen im Vogtland. Sieg! Mit einem Vogtländer war, das wußte ich als Vogtländer sehr genau, immer zu reden. Krumme zeigte sich auch wirklich aufgeschlossen, und er bestätigte, ohne mit der Wimper zu zucken, daß nur grüne Klöße, Kartoffelpuffer und Hülsenfruchtgerichte die Basis einer gesunden oder sagen wir besser: handfesten Ernährung bilden. »Also«, belehrte ich Krumme in leicht dozierendem Ton, »wir einigen uns auf grüne Klöße an allen Sonn- und Feiertagen, und damit uns niemand Eintönigkeit vorwirft, sind die Klöße abwechselnd mit Sauerbraten, Schweinebraten und Hammelkeule zu kombinieren!« Krumme machte ein betretenes Gesicht, ich aber fuhr lustig fort: »Außerdem jede Woche einmal im Wechsel weiße Bohnen süßsauer mit Speck und Linsen süßsauer mit Blutwurst, ferner die obligatorischen Kartoffelpuffer ebenfalls einmal wöchentlich. Über die restlichen Tage können Sie, lieber Krumme, nach eigenem Gutdünken verfügen!«

Trotz dieser, wie man zugeben muß, großen Ermessensfreiheit, die meine Speisedirektiven ihm gewährten, erhob Krumme zu meiner Enttäuschung Einspruch. Seine Argumente waren kümmerlich und offensichtlich das deprimierende Resultat fehlgeleiteter Ernährungsgewohnheiten an Bord der »Chimborazo«. Er habe von der Rostocker Schiffsverpflegung, stotterte Krumme, gar keine Linsen bekommen und kein Hammelfleisch, und die Mehrheit der Mecklenburger und Berliner mache sich nichts aus grünen Klößen, und auch Kartoffelpuffer seien zuwenig gefragt, und besonders bei Amigo genösse Eisbein den Vorzug, zumal jener sich als Gewerkschaftsvertrauensmann das Recht nehme, die Fixierung des Speiseplans wesentlich mitzubestimmen. Dieser Krumme war ein Jammerlappen, ein Homunkulus aus schlotternder Angst und Unterwürfigkeit. »Bist du nun Vogtländer oder nicht?« herrschte ich Krumme halb familiär, halb militärisch an. »Ich bin, ich bin«, winselte Krumme, »aber Kapitän Ambach und der Chief sind Rostocker, und ...« – »Ah«, entfuhr es meinen bleckenden Zähnen, »du Höfling, du Krummbuckler – ist solcher Untertanengeist echte Vogtländerart? Was essen wir am Sonntag?« – »Grüne Klöße mit Sauerbraten«, jaulte Krumme. »Bravo, mein Lieber«, sagte ich, »und nun, bitte schön, führe mich zum Bäcker!«

Schiffsbäcker Heisinger war eine harte Nuß. Mit ihm – das sah ich auf den ersten Blick – würde weder gut Kirschen noch eine echte Thüringer Semmel, geschweige denn Eierschecke zu essen sein. Nicht, daß Heisinger ein mir unsympathischer Mensch gewesen wäre – im Gegenteil: seine großen, hellgrauen Augen, seine rundlichen Leibeskonturen und die wohltuende Kontingentierung seiner Gesprächigkeit beeindruckten mich sehr. Aber zwischen seinem Gaumen und meinem lagen

Äonen. Heisingers ostseeküstenklarer Blick und eine mit plattdeutschen Akzenten gespickte Sprache deuteten, Gott steh mir bei, auf Milchreis, Heringsfilet und ähnliche Scheußlichkeiten.

Glücklicherweise war die Kompetenz des Schiffsbäckers auf die Produktion von Brot, Brötchen und, wie sich herausstellte, verhältnismäßig eßbaren Kuchen beschränkt. An den übrigen Gerichten wirkte Heisinger nur zweitinstanzlich mit. Immerhin durfte sein Einfluß auf Krumme nicht unterschätzt werden. Krumme war der jüngere von beiden, zudem ungetauft, und der durfte sich mit Heisinger, dem voraussichtlichen Neptun am Äquator, nicht überwerfen. Mir ging es in dieser Hinsicht ähnlich wie dem Schiffskoch selber. Bei Heisinger konnte ich nicht mit meinen genialen Einsichten in die Physiologie der Nahrungsmittel protzen. Daher lobte ich die Brötchen des Schiffsbäckers, die mir tatsächlich schmeckten, über alle Maßen, verhehlte allerdings nicht so ganz, daß er mir mit Buttercremegebäck gestohlen bleiben könne und sein Augenmerk lieber auf Puddingkuchen und binnenländisches Hefegebäck legen sollte. Heisinger dachte nicht daran, sich nach meinen Wünschen zu richten, aber er lächelte wenigstens, bekundend, daß er mich keinesfalls zu seinen Feinden zählte, sondern nur einen Verrückten in mir sah.

An diesem Sonntag hatte es, wie das Brauch ist bei seefahrenden Christen, zum Frühstück Bohnenkaffee mit frischgebackenen Heisinger-Brötchen gegeben, und der Vesperkaffee wurde durch appetitlichen Mohnstollen verschönt. Sonntag war in kulinarischer Hinsicht generell sonntäglich, der Donnerstag indessen wurde im Hafen als gewöhnlicher Wochentag, auf See jedoch als Seemannssonntag, also mit feiertäglicher Speisekarte und frischgebügeltem weißem Hemd bei Tische begangen.

Die Westspitze der französischen Normandie und die vorgelagerte Insel d'Ouessant lagen nun hinter uns. Das ungewisse Regime des gefürchteten Golfs von Biskaya hatte die Macht übernommen. Nun mußte sich erweisen, ob Legende und Wirklichkeit übereinstimmten. Die Nautiker auf der Kommandobrücke zogen auf der Schiffskarte eine schnurgerade Linie, die von unserem augenblicklichen Standort zum Kap Finisterre führte, dem nordwestlichen Vorsprung der Pyrenäen-Halbinsel.

Ich hatte mir durch hartnäckiges Diskutieren mit Kapitän Ambach und seinen steuermännisch verantwortlichen Offizieren, die sich nebst ihren Rudergängern alle vier Stunden auf der Kommandobrücke ablösten, ein gewisses Gastrecht im Hauptquartier der »Chimborazo« erkämpft. Genauer gesagt: Als Maus, die so wenig wie möglich piepste, war ich in respektvoller Entfernung von Kartentisch und Ruder geduldet, wenn auch nicht gerade willkommen. Diese Duldung allmählich zur unumschränkten Herrschaft über Schiff und Personal auszubauen, das würde nicht leichtfallen, doch es gelang mir fürs erste, mir die vier Wachablösungen als Helfer und Verbündete in verschiedenen noch wenig bedeutenden Bereichen zu unterwerfen. Chief-mate Neubert (erste Wachablösung) ließ mich, wenn auch nur, um sein höheres Wissen bei mir an den Mann zu bringen, in seine seekartographischen Aufzeichnungen und in die Geheimnisse der Windstärken-Tabelle von Beaumont Einblick nehmen. Der 2. Offizier Kraushaar (zweite Wachablösung) hatte die Aufgabe übernommen, mir durch seine eigene Person oder einen der Rudergänger besondere Vorkommnisse auf See – Wale, Delphine, sehenswerte Schiffe, markante Inseln usw. – zu melden. Der 3. Offizier Osterhold (dritte Wachablösung) verschaffte mir bei anregendem Frage-und-Antwort-Spiel allgemeinere und tiefere Einblicke in den neuesten Stand des nautischen Reglements, und der 4. Offizier Gotthilf (vierte Wachablösung) überließ mir dann und wann ein Fernglas, um mir alle nah und fern zu beobachtenden Schiffe dem Typ, der Klasse und der Struktur nach besser erklären zu können. Gotthilf, etwas mundfauler, jedoch urgemütlicher Sachse, mußte sich von mir außerdem über Einzelheiten des Untergangs der »Elbrus« in der Themse ausfragen lassen, den er kürzlich miterduldet hatte, ohne dabei Leib und Leben zu verlieren. »Na, wie soll's gewesen sein?« antwortete Gotthilf öfters als einmal gleichgültig auf diesbezügliche Fragen »Wir sind eben mit einem Schweden im Nebel zusammengedonnert und mußten in die Boote, weil die ›Elbrus‹ ja gleich abgesoffen ist.« Ich konnte Gotthilfs sparsame Ausführungen immer wieder hören, sie waren Musik in meinen Ohren. Eine Havarie, bei der die Besatzung mit einem blauen Auge davonkam, entbehrte nicht gewisser Delikatesse. Es brauchte ja nicht, wenn ich an die »Chimborazo« dachte, gleich ein perfekter Untergang in der Biskaya zu sein – ein paar Kratzer taten es wohl auch. Ein paar Kratzer plus drei faule Tage Flickarbeit. Neubert wäre außer sich!

Der Golf von Biskaya hielt zwar nicht ganz, was er versprach, doch er vermittelte einen gewissen Begriff von seinen Talenten. Bei einem Seegang, der Stärke 7 zeitweilig überschritt, ließ sich ahnen, daß der Immunität sogar eines ausgezeichneten Wind-und-Wetter-Passagiers Grenzen gesetzt sind. Sehr zum Verdruß Neuberts und auch der übrigen Verschwörer beteiligte ich mich ohne äußeres Zeichen innerer Erschütterung an sämtlichen Mahlzeiten. Für die Stabilität des Eßgeschirrs war gesorgt. Amigo hatte die Tischdecken mit Wasser besprengt und die Kaffeetassen ohne Untersetzer serviert. Die »Chimborazo« beschrieb etwa die Spur eines Achterbahnwagens. Die Bilder an den Wänden bewegten sich wie Scheibenwischer. Dann und wann fiel ein nicht genügend vertäuter Gegenstand zu Boden. Die Gesprächigkeit an Bord war stark reduziert. Das Vorschiff wurde in regelmäßigen Abständen von wütenden Brechern überspült, doch mutig hielt ich meine Kamera in den Gischt und wünschte mir insgeheim, es möchte noch ein bißchen furioser kommen. Mein Rumpf und meine Gliedmaßen hatten Mühe, sich nachts in der Koje den ungewöhnlichen Bedingungen anzupassen. Ich schlief schlecht, zumal ich mit aller Anstrengung versuchte, halbwach zu bleiben, um die Kontrolle über meinen ungehorsamen Körper nicht ganz zu verlieren. Amigo sah gelegentlich nach dem Rechten, ohne daß es ihm vergönnt war, meine Kapitulation zu feiern.

Doch ich nannte vorhin drei Schwerpunkte, von denen bisher nur zwei näher erläutert worden sind. Der dritte Schwerpunkt, die Freizeitgestaltung an Bord, war von besonderem Reiz. Freizeitgestaltung auf der »Chimborazo« zerfiel zunächst in zwei Hauptteile: erstens die kulturelle Betätigung und zweitens eine mehr oder minder kollektiv ausgeübte feuchtfröhliche Geselligkeit. Die erste Kategorie setzte sich aus Bordkino, Lektüre und Briefeschreiben zusammen, wogegen die zweite auf lebhaften Gedankenaustausch bei Hafenbräu, Kartenspiel und Musik gegründet war. Berühmt wurden während der Ostafrika-Passage fröhliche Spätveranstaltungen der Maschinenmenschen unter Leitung des Chiefs Zeise, der mit seiner bekannten Formel »Das Schönste an der Seefahrt sind die Lieder« den Notenschlüssel zu zwanglos heiteren Zirkeln setzte.

Zu diesen Unternehmungen war ich öfters eingeladen, als mir lieb war, denn sie dienten im Endeffekt der psychischen Aushöhlung aller zur Folterung und Füsilierung vorgesehener Äquatortäuflinge. Außerdem galten die Zusammenkünfte der Pflege und Förderung einer Sorte Optimismus, die mir zuwider war, der optimistischen Perspektive einer nicht allzu langen Seefahrt nämlich, einer Perspektive, die nicht die meine war. Ich bevorzugte deshalb Geselligkeit in anderen und kleineren Kreisen: Da gab es Diskutiernächte mit Amigo, Osterhold, Kraushaar, Schiffskoch Krumme, Bootsmann Petschke oder Maschinist Steudel, und es kam zu erbitterten

Skatgefechten mit Struwe I und Struwe II, gelegentlich auch mit Schiffszimmermann Pausniak und Decksmatrose Finster.

Bei leichtem Seegang und strahlendem Sonnenschein pirschte sich die »Chimborazo« an der spanisch-portugiesischen Küste entlang. Wasser- und Lufttemperatur fünfzehn Grad – der Frühling hatte schon begonnen. Seit Antwerpen waren reichlich zwei Tage vergangen, ohne daß es Anzeichen für einen Zwischenfall gab, der in meinem Katastrophen-Katalog verzeichnet war. Die Reederei schien zu schlafen. Lissabon rückte näher, doch die »Chimborazo« hielt stur Südkurs. Amigo tröstete mich: Die portugiesische Metropole oder vielmehr Diktator Salazar sei der Flagge unseres Landes so wenig zugetan, daß nicht einmal Seeleute der »Chimborazo«, geschweige denn ein Passagier den Fuß aufs iberische Festland setzen dürften. Es sei im übrigen nicht gutzuheißen, daß neue Verzögerungen entstünden, »denn im Februar«, sagte Amigo, »hat meine Ingrid Geburtstag, da möchte ich zu Hause sein!« Die alte Leier! Immer wieder bekam ich aus Amigos und dem Mund aller anderen Chimborazoaner zu hören, ein wie hartes Los ihnen mit dem Seemannsberuf zugefallen sei. »Wenn wir doch endlich an Land einer vernünftigen Arbeit nachgehen könnten!« – das war der melancholische Refrain der unglücklichen Zwiespältlinge, deren Schicksal einem Passagier doch von allen Göttern gesegnet erscheinen mußte. Amigo war zwar, wie ich sagte, keine Ausnahme, aber er gehörte zum radikalsten Flügel der Los-von-der-Seefahrt-Bewegung. »Dies ist meine letzte Fahrt«, beschwor Amigo von einer Flasche Hafenbräu zur anderen mit zunehmender Heftigkeit, und Chief Zeise haute in die gleiche Kerbe. Merkwürdig! Das Heimweh nach Familie und dauernder Seßhaftigkeit grassierte wie eine schlimme Krankheit an Bord. Wo war er, der Seemann aus Leidenschaft, der Bilderbuchmatrose, der rastlos-ruhelose, der sich zur Braut für immer die See erwählt hat, wie es im Lied heißt? Chief Zeise erträumte sich ein Leben als Werftingenieur, und als wollte er die Dämonen seiner Zerrissenheit bannen, dekretierte er um so lauter: »Das Schönste an der Seefahrt sind die Lieder!«

Es wurden, obwohl es sich bei diesem Ausspruch, wie wir wissen, nur um eine Redensart handelte, an Bord hin und wieder tatsächlich Lieder gesungen. Sie hatten aber keinen entschlüsselbaren Text, keine gefällige Melodie und schon gar keine Harmonie, weil Decksmatrose Knaup mit dem verstimmten Akkordeon das Seine tat, allen denkbaren Dissonanzen zum Durchbruch zu verhelfen. Wenn allerdings der schon früher erwähnte Ingenieur Hegewald zum Schlauch griff und mit weitaufgeblähten Backen den Marsch der finnländischen Reiterei blies, bemächtigte sich der Zuhörer eine große, langanhaltende Ergriffenheit. Musikalität und Virtuosität waren bei Hegewald so ausgeprägt, daß trotz vielfältiger Tücken eines so merkwürdigen Musikinstruments alle Töne sauber und melodisch aus dem Schlauchende herauspurzelten, falls dieses Bild anschaulich genug ist.

VIEL LÄRM UM ALLERHAND

In der folgenden Nacht kam ich einer neuen Teufelei auf die Spur, einer Teufelei, die ich auf das Konto der Maschinenmenschen schreiben muß. Vermittels irgendwelcher, für meinen technischen Horizont rätselhafter Tricks benutzten die Maschinenmenschen die Dampfheizung zur Schädigung meiner Nachtruhe. Das geschah bereits seit Rotterdam, doch anfangs war meine Müdigkeit allen Geräuschen so überlegen, daß ich nicht aus der Ruhe gebracht werden konnte. Nun aber ließ mein Schlafbedürfnis nach, und ich hatte das zweifelhafte Vergnügen, nächtens dem Artilleriefeuer der Dampfheizung ausgesetzt zu sein. Es fing immer ganz harmlos an: Gegen Mitternacht machte es verhalten »Wumm!«, dann nochmals, schon lauter, ein zweites Mal »Wumm!«, kurz darauf folgte ein donnerndes Stakkato: »Wumm, wumm, wumm, wummwummwummwumm!« Und schließlich wummerte es ununterbrochen, so daß an Schlaf nicht zu denken war. Dieses nervenzerrüttende Nachtschießen war kein Zufall. Den Beweis für die Absichtlichkeit des Terrors lieferte mir Zeise selbst mit seiner von mir nicht im geringsten provozierten lauernden Frage: »Na, wieder mal gut geschlafen heute nacht?« Er wußte also genau Bescheid, und ich ahnte, daß ihn nichts so sehr zur Fortsetzung der Kampfhandlungen ermutigen könnte wie mein Wehgeschrei. Ich verkleinerte also meinen Unmut listig und bemerkte geringschätzig: »Ach, die Dampfheizung? Ich habe da mal so ein Geräusch gehört, aber ich schlafe wie ein Murmeltier!« Zeise starrte mich entgeistert an. Bald wurde die Beschießung aus allen Heizungsrohren eingestellt. Dem Fernziel, mich aus dem Gleichgewicht zu bringen und mir die Seefahrt zu vergällen, waren die Maschinenmenschen keinen Schuß näher gekommen.

Wir schrieben den 8. Dezember. Wie es sich für einen propperen Süden gehört, war der blaue Himmel in den Abendstunden durch den Dekorateur vom Dienst gegen ein schwarzes sternenbesätes Firmament ausgewechselt worden. Der Mond sichelte, sanfter Wind kräuselte die Wellen. Es roch nach Afrika. Die »Chimborazo« stampfte und schnurrte. Kein Nebelstreif, kein geduckter Eisberg, kein Telegramm der Reederei. Ich hatte mich nach Tee und Bratkartoffeln mit frischer Luft vollgepumpt und war gegen 22 Uhr schlafen gegangen. Ein zaghaftes Dampfheizungswummern markierte den sich anbahnenden Ubertritt der »Chimborazo« vom Atlantik ins Mittelmeer. Während ich bange kalkulierte, daß wir bereits morgen an der Küste Algeriens schwimmen könnten und aufs Land der Pyramiden zueilten, umarmte mich der gute Morpheus. Gute Nacht, Europa!

Ein undefinierbarer plötzlicher Schlag gegen die Bordwand

der »Chimborazo« riß mich aus allen Träumen. Das Typhonhorn der »Chimborazo« jaulte. Dann folgten ein zweiter Schlag und wieder das Horn. Ich sah auf die Armbanduhr: 23 Uhr 44 – eine Viertelstunde vor Tagesschluß. Es fällt mir nicht schwer, die Ereignisse der Stunde X und meine Gefühle zu rekonstruieren. Ich ahnte, was geschehen war, und ich hatte – verzeiht mir die Kaltblütigkeit und Skrupellosigkeit – keinerlei panische Empfindungen. Die nahe Küste Portugals, Windstille, ein geglättetes, lauwarmes Meer und eine unverwüstliche »Chimborazo« mit den von Käptn Schremmer so sehr gelobten Nieten am Steven gewährleisteten den glimpflichen Ausgang des Zwischenfalls, ganz egal, wie er beschaffen und wodurch er zustande gekommen sein mochte. Meine Ahnung bestätigte sich nur ihrem Wesen nach. Ich hatte auf ein Riff getippt und wurde bald von Amigo korrigiert: nicht Riff, sondern Schiff.

Die Art und Weise, wie Amigo, der dienstbereite Passagierschutzengel, in meine Kammer trat, vergesse ich in hundert Jahren nicht. Er war von Amts wegen einfach dazu verpflichtet, einen Nervenschock des Passagiers zu unterstellen, und der samariterhafte Blick Amigos paßte so gar nicht zur gleichgültigen Miene seines Zöglings, der erst jetzt umständlich die Bettdecke zurückschlug, fast mürrisch in den Trainingsanzug schlüpfte und sich gähnend nach der Ursache der Havarie erkundigte. »Nur keine Aufregung!« tröstete mich der Steward wie ein Seelsorger den störrischen Atheisten und bot mir einen schnell zubereiteten Mokka an. »Schon gut, Amigo«, sagte ich aufgeräumt, »laß dich nicht unterkriegen. Wir gehen mal raus und sehen uns den Patienten an!« Ich stiefelte in Richtung Zwischendeck, mein Missionar folgte wortlos. Was ich zu sehen bekam, hatte nichts mit einer Tragödie zu tun. Die Mitglieder der Besatzung standen zu Gruppen und Grüppchen vereinigt an der Reling und versuchten, die an der Backbordseite zwiefach leicht demolierte »Chimborazo« mit

Hilfe von Taschenlampen genauer zu testen. Wie ein Faun umtanzte der britische Hochseeschlepper »Cheviot« seinen gerempelten Widersacher, der sich ohne Maschinenkraft treiben ließ und zornige Blinksignale an den nächtlichen Klabautermann adressierte. Ich erfuhr, was sich abgespielt hatte. Die ohne Zweifel nicht sehr nüchterne Besatzung der »Cheviot« war, ohne besonderes Augenmerk auf Kurs und Umgebung zu richten, in bedrohliche Nähe der »Chimborazo« geraten und reagierte auch nicht auf deren beschwörendes Typhonhorn. Osterholds Mannschaft auf der Kommandobrücke mochte kurbeln, so sehr sie wollte – die »Cheviot« suchte und fand ihr Opfer: Sie traf mit dem Bug zunächst den Steven, kam dann ins Schlittern und bummerte beim nächsten Rendezvous mitschiffs gegen die Backbordseite der »Chimborazo«. Da hatten wir also eine neue Situation. Von der ersten Aufregung an Bord abgesehen, konnten die Chimborazoaner mit dem Charakter und dem Ausgang der Episode am Kap St. Vincente eigentlich zufrieden sein. Die Schuld ging aufs Konto der nachtblinden Sailors Ihrer britischen Majestät, und die »Chimborazo« hatte nur verhältnismäßig wenig Schaden gelitten. Sie war uneingeschränkt manövrierfähig. Die häßlichen, von der »Cheviot« verursachten Einbuchtungen der Karosserie hatten nur ästhetisches Gewicht, wenn man von den paar Löchern absah, die so hoch über dem Meeresspiegel klafften, daß ein Eindringen von Wasser in das »Chimborazo«-Innere vorläufig nicht zu fürchten war. Vorläufig. Das gute Gewissen der »Chimborazo«-Besatzung und die neunundneunzigprozentige Intaktheit des Schiffes schlossen einen neuen Triumph meiner Passagier-Konzeption nicht aus: Mußte ein verantwortungsbewußter Kapitän nicht auf bedrohlichen Seegang gefaßt sein? Konnte er die Weiterfahrt nach Port Said trotz einiger »Chimborazo«-Kratzer und -Schlitze riskieren? Das konnte er doch wohl nicht, nein, er durfte es auf gar keinen Fall! Der Schaden mußte repariert werden, so wahr ich auf längere Zeit zu verreisen gedachte und meine Passage pauschal bezahlt hatte.

Noch in dieser gemäßigten Schreckensnacht war mit Kapitän Ambach natürlich nicht zu reden. Das ärgerliche Gesicht Neuberts vermittelte einen Eindruck von den Sorgen und Problemen, mit denen sich die Leitung des Schiffs zu befassen hatte. Sicherlich mußten Reederei und durch sie die Versicherungsgesellschaft über den Hergang des Debakels und die augenblickliche Lage umfänglich und detailliert unterrichtet werden. Und hoffentlich würde sich Kapitän Ambach auch bald entschließen, der vorgesetzten Heimatbehörde die Dringlichkeit einer Reparatur in irgendeinem Mittelmeerhafen ans Herz zu legen. Während die »Chimborazo« wieder ein bißchen Fahrt machte, kam ein verspäteter Sandmann und drückte mir die Augen zu. Ich schlief ein mit der optimistischen Erwägung: »Vielleicht Genua?«

Meine personengebundenen Schicksalsgöttinnen meinten es gut mit mir. Am nächsten Morgen heulte der Wind, und die See wogte ungnädig. Spritzwasser mogelte sich in das immerhin vierpfundbrotgroße Leck, das die »Cheviot« den erhabenen Lettern der »Chimborazo« etwa beim Buchstaben B zugefügt hatte. Nun mußte Kapitän Ambach auf Reparatur bestehen! Nun mußte Neubert seinen Galopp zügeln, nun war ich am Zuge. Struwe II, über alle geheimen Funkabsprachen zwischen Kapitän Ambach und der Seerederei informiert, ließ sich zu keiner Indiskretion hinreißen, aber aus seiner Miene und gelegentlichen Andeutungen konnte man schließen, daß einiges im Gange war. Bemerkenswerter Ausspruch aus dem Munde des zweiten Struwe: »Tja, es wird wohl eine Viermonate-Reise geben!« Er sagte das so ganz nebenbei und ohne freudige Emotion, wie man sich vorstellen kann, denn seine Mentalität unterschied sich in nichts von der Denkweise anderer Chimborazoaner. Struwe II hatte seine Braut in Greifswald zurückgelassen – die alte Geschichte. Nur Neubert, ausgerechnet Neubert, hätte die geringste Ursache gehabt, das Tempo der »Chimborazo« zu forcieren. Er hatte seine Frau auf die große Reise mitgenommen und war demnach des Heimwehs weitgehend entbunden. Doch Neuberts Verhalten mir gegenüber wurzelte eben nicht so sehr im Heimwehkomplex wie in einer angeborenen Lust, mich Greenhorn zu quälen, und ein bißchen auch in der Angst vor der für Januar zu erwartenden großen Taufprozedur, die er für sich selber dadurch mildern zu können hoffte, daß er mich zum lästigen Insekt stempelte und alle Aufmerksamkeit des Taufkommandos auf mich lenkte. Frau Neuberts Übereinstimmung mit den Absichten ihres Mannes war schwer zu ermitteln. Als Stewardeß servierte die Gattin des Chief-mates, die mich wegen ihres undurchdringlichen Gesichts an eine Sphinx erinnerte, in der Mannschaftsmesse. Frau Neubert war gleichfalls zum Täufling erkoren. Sie durfte als weibliches Geschöpf allerdings mit Gnade rechnen, zumal es den Henkern zweifellos fern lag, die Gastronomie des Schiffes zu erschüttern, ein Umstand, dem auch Schiffskoch Krumme vertraute.

Krumme hätte sich vor der Taufe gar zu gern gedrückt. Er drohte mehrmals mit seiner schwächlichen Kondition und der Gefährdung seiner kochkünstlerischen Aktivität. Doch dem Täufling Krumme wurde lediglich schnelle Abfertigung versprochen, damit er sich sogleich nach dem Taufakt der Zubereitung eines kräftigen Abendbrots widmen könne.

Die »Chimborazo« hatte die Straße von Gibraltar erreicht und war nun backbord und steuerbord vom Festland flankiert: Spanien auf der einen, marokkanisches Afrika auf der anderen Seite. Von der Kommandobrücke aus nahm ich zwei Erdteile ins Visier. Afrika präsentierte nicht viel mehr als in Dunst gehülltes Gebirge, doch Spanien zeigte sich weniger zugeknöpft. Die kalkweißen Häuser von Tarifa waren durchs Fernglas deutlich zu erkennen, und Kraushaar referierte gehorsam: »Noch zwei Stunden bis Gibraltar!« Tatsächlich kam der Gibraltarfelsen zur angegebenen Zeit in Sicht, und ich richtete das Fernglas neugierig auf diesen kuriosen Anachronismus, der als britische Kronkolonie fortexistiert, obwohl das kolonialistische Zeitalter in den Geschichtsbüchern besser aufgehoben ist als im aktuellen Südeuropa. Jetzt gab auch Marokko eine größere Stadt zum besten: Cëuta, spanischer Besitz jenseits der Mittelmeerenge. Eine verwirrende Lektion in Politik und Geographie! Gibraltar, einen Zipfel spanischer Erde, hatten sich die Engländer unter den Nagel gerissen. Cëuta dagegen, marokkanisches Territorium außerhalb Europas, wird von Diktator Franco administriert.

Die Straße von Gibraltar verbreiterte sich und verlief sich im Mittelmeer. Die Sonne gab eine ihrer in diesen Breiten üblichen Galavorstellungen. Sie wechselte die Farbe wie eine Verkehrsampel von Gelb auf Rot. Der Tag hatte sich müde gehumpelt, die »Chimborazo« fühlte sich noch munter. Nun müßte, dachte ich, die große Wende kommen. »Amigo«, pirschte ich mich fragend an meinen Amateur-Astrologen heran, »wann wird repariert?« Amigo mimte den Ahnungslosen und wollte mich hinters Licht führen mit der wenig ermutigenden Antwort: »Ich verstehe immer ›reparieren‹! Die paar Schrammen flicken wir selber. Einen Zeitverlust können wir uns gar nicht leisten, und Neubert hat mir selber gesagt ...« Neubert! Ich hatte einfach keine Lust mehr, mir das Gesülze Amigos anzuhören, und entschloß mich zu einem tollkühnen Schritt.

Kapitän Ambach, den ich um eine kurze Unterredung gebeten hatte, bot mir einen mittelguten Kognak an. Ich fragte ohne Umschweife: »Wann und wo soll die Reparatur erfolgen?« Kapitän Ambach zuckte zusammen und platzte heraus: »Woher wissen Sie?« – »Ich weiß gar nichts«, sagte ich wahrheitsgetreu, »aber ich kombiniere.« Kapitän Ambach biß sich auf die Lippen und begann nach kurzem inneren Monolog ein umfassendes Geständnis abzulegen: »Vor zehn

Minuten habe ich Order aus Rostock bekommen ...« – »Hurra!« brüllte ich und kippte den zweiten Kognak. Kapitän Ambach musterte mich argwöhnisch. Meine närrische Reaktion irritierte ihn. Es war ihm offensichtlich bis zu diesem Augenblick entgangen, daß nicht Beschleunigung, sondern Verzögerung die Leitmelodie meiner »Chimborazo«-Sonate war. »Es kann gar nicht lang genug dauern, Kapitän Ambach«, erläuterte ich meinem Gesprächspartner die Spezifik meiner Wünsche und Hoffnungen, und ich wiederholte die Frage aller Fragen: »Wann und wo?« Kapitän Ambach sagte fast tonlos: »Gibraltar. Wir laufen noch heute abend ein.«

EIN KAPITEL ÜBER DIE FEINE ENGLISCHE ART

An Gibraltar hatte ich am allerwenigsten gedacht. Das neun Quadratlkilometer große Halbinselchen schien mir allenfalls einen Liliput-Kriegshafen abzugeben, nicht im geringsten aber einen Reparaturstützpunkt für den braven Frachter »Chimborazo« aus nicht existierenden sozialistischen Landen. Genua, Piräus oder das jugoslawische Rijeka waren in meinen individuellen Listen verzeichnet. Sogar Valencia, Malaga und Marseille tauchten am Horizont meiner Phantasie hin und wieder auf, doch Gibraltar lag außerhalb meiner Gedankenspiele. Und selbst wenn ich Britanniens neugierige Felsnase am Mittelmeer in den Kreis der Anwärter einbezogen hätte, so wäre ich nie daraufgekommen, daß Gibraltar das nächste Ziel der »Chimborazo« zu einem Zeitpunkt werden sollte, da wir uns bereits von iberischen Gewässern entfernten.

Doch es hatte alles seine Richtigkeit. Die »Chimborazo« verminderte ihre Geschwindigkeit, drehte bei und nahm mit der Bugspitze die festlich illuminierte Kolonialfestung aufs Korn. Von verspielten Delphinen und einem Gentleman-Lotsen geleitet, zogen »Chimborazo«, ein lachender Passagier und eine leicht verdrossene Schiffsbesatzung in die Bucht von Gibraltar ein. Am Kai waren die Königin Elizabeth II. von England und eine britische Militärkapelle zum Empfang der »Chimborazo« angetreten, die sich bei näherem Hinsehen als Fata Morgana erwiesen. Von rätselhaften Luftspiegelungen, die sich während meiner Reise vielleicht ereignen könnten, hatte ich schon derart viel gehört und gelesen, daß ich sie mir an diesem nicht idealen Ort experimentell zum erstenmal suggerierte. Man muß, was die Königin von England und die leider nicht stattgehabten Empfangsfeierlichkeiten für unsere »Chimborazo« betrifft, jedoch klipp und klar betonen, wie angemessen das Erscheinen einer Monarchin beim Einlaufen der »Chimborezo« in britisches Hoheitsgebiet gewesen wäre. Kein englischer Frachter, den ich zwischen Rostock und Daressalam zu sehen bekam (und ich sah mehrere hundert), war nur annähernd so schön wie die »Chimborazo«. Hochseeschiffe aus London, Liverpool oder Glasgow, mögen sie erst vorgestern vom Stapel gelaufen sein, ähneln englischen Autos. Sie sind eckig, altjüngferlich und vor allem konservativ. Man kann mit ihnen Tradition aufrechterhalten, aber nicht Furore machen, wie es der »Chimborazo« beispielsweise in Port Said gelang, wovon ich später berichten werde.

Was dem einen sein Gibraltar, ist dem andern sein Trafalgar. Ich will nicht behaupten, daß die Verdrießlichkeit der Tempobesessenen genügend ausgeprägt war, um gewisse angenehme Empfindungen bei der Besatzung unserer »Chimborazo« völlig zu unterdrücken. Dem Reiz dieses in vieler Hinsicht bemerkenswerten Abstechers konnten sich die wenigsten entziehen. Amigo, Kraushaar und Krumme, um nur einige zu nennen, machten aus ihrer gemäßigten Freude, eine Terra inkognita betreten zu können, kein Hehl. Sie verscheuchten für eine Weile jegliches Unbehagen aus ihren

Hirnen und Herzen und waren entschlossen, aus der ungewöhnlichen Situation das Beste zu machen. Neubert und Zeise aber setzten alles daran, der schwelenden Katzenjammer-Stimmung an Bord Auftrieb zu geben, und zwar jeder auf seine Weise. Während mir Neubert verschärfte Ausgangssperre prophezeite (»werde den Engländern schon einiges erzählen!«), versuchte mich Zeise mit Hilfe seiner Maschinenkohorte durch nächtlichen Mummenschanz zu schocken.

Als Muselmann verkleidet, mit Turban und Bettlaken-Burnus, drang der Chief, gefolgt von seinen ebenfalls orientalisch kostümierten Trabanten, in meine Kammer ein zu einem Zeitpunkt, da ich längst durch himmelsferne Traumländer spazierte. Zu dumm, daß ich mein Nachtquartier mit Stacheldraht zu umzäunen vergessen hatte.

Nun mußte ich wohl oder übel den makabren Karneval über mich ergehen lassen – mehr noch: Es wurde mir unmißverständlich deutlich gemacht, wie gut ich daran täte, mit den Wölfen zu heulen, um mir nicht den Zorn Allahs zuzuziehen. Der Plan zu diesem Budenzauber war nach meiner festen Überzeugung das Werk des Gespanns Neubert-Zeise. Ich sollte durch Schlafentzug und Hafenbräu so weit außer Gefecht gesetzt werden, daß mich nicht einmal die Bordapotheke wieder flottmachen konnte.

Da es mir nicht schwerfiel, die Teufelei zu durchschauen, ergab ich mich zum Schein den Fronvögten und animierte die Bande sogar zu verstärktem Umtrunk, indem ich dem bereits in meine Kammer geschleiften Kasten Hafenbräu einen weiteren Kasten aus Amigos unerschöpflichem Reservoir hinzuzufügen anordnete. Zeise ließ ein wohlgefälliges Grunzen hören, stellte sich, so gut er noch konnte, in Positur und gab mit seiner stereotypen Formel »Da Schönste an der Seefahrt sind die Lieder!« das Zeichen zu infernalischem Chorgesang.

Wie ich vorausgesehen hatte, waren meine ungebetenen Besucher bald nicht mehr in der Lage, die angestrebte Selbstverstümmlung des Passagiers wachsam zu kontrollieren. Einige Hektoliter bereits am Vormittag und am Nachmittag genossenen Hafenbräus taten in Verbindung mit weiteren Blondinen aus der Flasche allmählich ihre Wirkung. Es entging den Bacchanten völlig, wie ich mit geschickter Verstellung an leeren Flaschen nuckelte, während ich längst zur Gegenoffensive angetreten war und durch fröhlichen Zuspruch den Zeise-Falstaff samt seinen Kumpanen zum Trinken ermunterte. Es kam so weit, daß Zeise auf allen vieren schiffauf, schiffab hüpfte und dabei lauthals deklamierte: »Ich bin Salomo der Weise, ich bin der Chief und heiße Zeise!« Natürlich hatte ich ihm diese erhabene Dichtung vorgesagt, aber sie gefiel ihm so außerordentlich, daß er sie wie seine eigene Schöpfung behandelte und immer von neuem skandierte. Der Schwerpunkt des Gelages verlagerte sich durch Zeises lustvolle Umzüge dergestalt, daß ich Gelegenheit hatte, meine Kammer zu evakuieren. Schnell schob ich den Riegel vor, schloß die Bullaugen, zog geschwind alle Vorhänge zu und lachte mir ins Fäustchen. Ein paarmal bummerte es noch an meine Kammertür, Drohungen und auch Bündel unflätiger Schimpfworte drangen an mein Ohr. Dann verstummte der Hexensabbat. Ich war wieder einmal davongekommen.

Am Morgen diagnostizierten Werftexperten die klaffenden Wunden der »Chimborazo« und kamen zu dem Schluß, daß die provisorische Reparatur etwa drei bis vier Tage Zeit in Anspruch nehme. Sakra! Das war ja eine halbe Ewigkeit, genaugenommen die Addition der Liegezeiten von Hamburg, Rotterdam und Antwerpen! Nun konnte ich geruhsam unter Palmen wandeln, den Saft von Mandarinen schlürfen und auf meinen ORWO-Film erste südliche Motive bannen!

Nun konnte ich. Aber würde ich wirklich können? Das Betreten der Festung Gibraltar war nur mit Passierscheinen der britischen Kommandantur möglich. Weder Seefahrtsbuch noch Reisepaß genügten als Legitimation. Somit waren

»Chimborazo«-Besatzung und Passagier immerhin gleichberechtigt oder in gleicher Weise benachteiligt. Als Neubert während des Mittagessens die inzwischen eingetroffenen Passierscheine verteilte, wagte ich von meinem Suppenteller nicht aufzusehen. Der Chief-mate legte es darauf an, mich ungehörig auf die Folter zu spannen. Erst als meine Nachbarn ihre Passierscheine an sich genommen und in der Brieftasche verstaut hatten, trat er leichenbitterhaft auf mich zu, drückte mir tatsächlich so ein amtliches Papier in die Hand und sagte mit unüberhörbarer Genugtuung: »Da! Auch Sie dürfen spazierengehen – rein theoretisch. Unser Kai hat keine Verbindung zum Festland, und die Engländer werden sich hüten, Ihretwegen eine Fährverbindung zur ›Chimborazo‹ einzurichten. Aber Sie können sich ja ein Boot mieten für zehn Schilling Taxe!« Devisen waren, das wußte Neubert zu seinem ganz persönlichen Leidwesen, die Achillesferse der Besatzung und des Passagiers. Ich konnte das Kolleg Neuberts darum nicht ernst nehmen. Mir war klar wie Eierpampe, daß Neubert nur wieder mal alle Puppen tanzen ließ, um mich zu beunruhigen. Bot sich für die Chimborazoaner eine Gelegenheit zum Landgang, dann würde sie, das walte Amigo, auch genutzt werden. Ich hatte wenig Sorge, in die Fußtapfen der anderen zu treten und dorthin zu gelangen, wohin Krumme, Pausniak, Osterhold, Hegewald und die vielen andern gleichfalls strebten.

Neuberts Kartenhaus brach zusammen. Sowohl die Reparaturkolonne, die mehrmals täglich zwischen Land und Schiff per Boot pendelte, als auch die bordeigene Barkasse schufen ideale Voraussetzungen für ausgehfreudige »Chimborazo«-Touristen. Ich ergriff Passierschein und Kamera ließ mich übersetzen, wies am Wachhäuschen, das zwischen Hafengebiet und Stadt errichtet war, dem diensttuenden Bobby mit einem freundlichen »How do you do?« meine Lizenz vor und schritt wohlgemut auf jenen Felsen zu, der ein respektables

Aussehen und eine lange Geschichte hat. Am Fuße des Berges, aber auch an seiner Abhängen, lag ein nicht leicht zu bestimmendes Gemeinwesen: eine attraktive Mixtur aus spanischer Dorfidylle und angelsächsisch modernisierter Großstadt, ein bißchen Kastilien und etwas Birmingham. Gibraltars Straßen sind ein Witz. Sie wurden von Liliputanern erbaut, als die Erfindung des Autos noch nicht unmittelbar auf der Tagesordnung stand. Trotzdem gehört es für die meisten Gibraltar-Bewohner zum guten Ton, ein schickes Vehikel zu besitzen und es ausgerechnet zwischen Häuserfronten hindurchzusteuern, die sich fast in den Armen liegen. Ich verhehle nicht, daß mir die in Gibraltar geltenden Verkehrsregeln und -gebote imponierten. Sie ließen den Artisten am Lenkrad künstlerisch weitgehend improvisieren. Es gab nur wenig Einbahnstraßen, und Parkverbotsschilder waren selten. Schlauchähnliche Gassen lehrten die Kraftfahrer, mit dem Millimeter zu rechnen. So glich Gibraltar einem Rallye-Übungsplatz für Fortgeschrittene. Einen spürbaren Nutzen besaßen Autos nicht, sie waren Spielzeug und förderten außerdem das Prestige. Für einen Fußgänger war es nicht allzuschwer, Gibraltar in kurzer Frist restlos zu erwandern, und ich kann behaupten, einen größeren Batzen Erdreich Gibraltars per pedes erobert zu haben, als es ein labyrinthisches Netz von Straßen und Gassen dem Autofahrer erlaubt. Das Angebot einer unglaublichen Anzahl von Läden und Restaurants war im Vergleich zu den knapp dreißigtausend Konsumenten äußerst reichlich. Selbstverständlich waren britische Produzenten mit Lebensmitteln und Textilien stark vertreten, doch auch Japan brauchte sich mit Kameras, Transistoren und Magnettongeräten nicht zu verstecken. Aus Moskau kam der begehrte »Stolitschnaja« und aus Dresden die vollautomatische »Practi«. Es ging also ganz schön international zu, was Handel und Wandel betrifft. Vom Klima und den landschaftlichen Reizen Gibraltars zu sprechen hieße den fröstelnden Leser aus gemäßigter mitteleuropäischer Zone verhöhnen. Zwischen dem 10. und 14. Dezember – das war die Zeitspanne meines Gibraltar-Aufenthalts – wandelt der Berliner höchstens im Friedrichsfelder Alfred-Brehm-Haus unter Palmen. Der Gedanke an ein erfrischendes Bad im Müggelsee beflügelt nur lebensmüde Desperados. In Gibraltar fühlt man sich zur Adventszeit wie im Mai oder gar wie zu Sommeranfang.

Subtropische Temperatur und Vegetation prägen Landschaft, Menschen und deren Gemütsverfassung. Mochte Neubert grollend an Bord verharren – ich ging, ein lustiges Liedchen pfeifend, unter Gibraltars blauem Himmel fürbaß, dann und wann von einer Anhöhe einen Blick aufs Hafengelände werfend, wo mich die »Chimborazo« Abend für Abend zurück erwartete.

Da ich keinen ausführlichen Reisebericht schreibe, sondern Enthüllungen zu notieren habe, verzichte ich auf die Wiedergabe persönlicher Erlebnisse, die mit dem Anliegen des Buches direkt nichts zu tun haben. Mein Aufstieg zu Gibraltars Felsenhöhlen, den sogenannten »galleries«, gehört jedoch unbedingt zum Thema. Schon in der Schule erfahren wir, daß britische Kolonialkrieger den Schlüssel zum Mittelmeer vor Jahrhunderten in harten Kämpfen mit den Mauren an sich gerissen haben. Die Eroberer hatten es nicht immer leicht, diesen Besitz zu behaupten, und sie trieben mächtige Stollen in den Gibraltar-Felsen, um sich aus sicherer Deckung gegen den Ansturm der Feinde zu behaupten. Diese historischen Felskorridore und das etwas tiefer gelegene Affenparadies galt es selbstverständlich zu besichtigen.

Gibraltar und Affen werden von Touristen mit gutem Baedeker-Gedächtnis immer in enge Verbindung gebracht. Ich habe nie erfahren, wem Gibraltar sein Wappentier verdankt, doch es existiert nicht nur symbolisch, sondern durchaus lebendig und vielfach. Als mir Bootsmann Petschke und Maschinist Steudel eines Tages von einer Begegnung mit den possierlichen, geschwänzten Harlekinen berichteten, beschloß auch ich, die zoologische Sehenswürdigkeit aus der Nähe zu betrachten. Ich hatte aber kein Glück. An der Stelle angekommen, wo sich die lieben Tierchen eigentlich hätten zeigen müssen, sah ich nur barocke Gesteinslandschaft und nicht die geringste Spur von einem Affen. Eine Art Wärter, der augenscheinlich Einfluß auf Fütterung und Ausgang der Tiere hatte, machte mir klar, daß seine Schützlinge augenblicklich mit Innendienst beschäftigt seien. Ich erfuhr nicht, warum und wieso und wie lange noch, doch auf einmal ging mir ein Licht auf: Neubert gönnte mir den Clou Gibraltars nicht! Der Chief-mate hatte sich nicht gescheut, da er mir schon den Landgang nicht verbieten konnte, eine Affen-Schikane auszubrüten. Womöglich war es ihm gelungen, der Zooverwaltung einzureden, ich beabsichtige, einen Gibraltar-Affen heimlich nach Berlin zu exportieren, um Tierpark-Professor Dathe ein kleines Mitbringsel zu dedizieren. Zu denken war auch die Bestechung des Wärters durch Neubert, der sich gestern einen Kasten Hafenbräu von Amigo ausgebeten hatte. Alle Wärter trinken gern Bier. Das wußte Neubert, und er kam dadurch zu einem billigen Triumph. Ohne mich entmutigen zu lassen, begab ich mich einige Etagen höher, gewissermaßen zum Oberdeck Gibraltars, wo ich einen beinahe welterobernden Feldherrnblick über Land und See schweifen ließ. Dann wandelte ich durch die »galleries«. Das kostete zwei Schilling, und es war ein bedeutender Vorgang. In diesen Höhlenpassagen, durch die man vom östlichen Teil Gibraltars zum westlichen gelangen und einen weiten Blick über das im Rücken der Gibraltarbucht liegende Mittelmeer werfen konnte, hatten einst Festungskrieger den anstürmenden Mauren getrotzt. Ich beklopfte andachtsvoll museale Kanonen und zwängte meine neugierigen Pupillen durch mehrere Schießscharten. So konnte ich die zwischen Felsen und spanische

Grenze buchstäblich hineingequetschten zementierten, weit in die Meeresbucht vorgetriebenen Rollbahnen deutlich erkennen, die einen beachtlichen Flugbetrieb ermöglichten. Etwas zur Linken lag ein Miniaturschiff am Kai, das sich bei genauem Hinsehen als die stolze große »Chimborazo« enthüllte. Unter Absingen des Rübeländer Höhlenmarsches verließ ich die »galleries« und notierte die Erkenntnis, daß die Festungsmumie Gibraltar eher einem Unikum aus dahingestorbener imperialistischer Ära als einem wehrhaften Fort gleicht. In Gibraltar gibt es keine wirklichen Verteidiger mehr, höchstens Statthalter, denen die Anmaßung ihrer Väter gebot, ja nicht übereilt wieder herauszurücken, was Old England im Laufe seiner Kolonialgeschichte zusammengeramscht hat.

MITTELMEERGEFÜHLE

In meine Gibraltar-Epoche fiel auch ein Sonntag, nämlich der 13. Dezember. Krumme, der Schiffskoch, hielt Wort. Es gab zum Mittagessen grüne Klöße und Sauerbraten. Vorsichtshalber hatte Krumme auch Salzkartoffeln auf die Tische stellen lassen. Zu meiner Überraschung und Freude wurden Klöße vorgezogen. Kapitän Ambach und sogar Neubert delektierten sich an der vogtländischen Ambrosia. Nur Zeise drückte, Kartoffeln mampfend, seine Empörung darüber aus, daß sich, wie er sich auszudrücken beliebte, »die Sachsen mausig machen«. Solche und ähnliche Unflätigkeiten änderten nichts am klaren Sieg der Klöße-Partei über die Kartoffel-Fraktion. Ich errechnete ein Stimmenverhältnis von siebzig zu dreißig Prozent zugunsten der Kloßisten. »Grünes Licht für grüne Klöße!« sagte ich zu Krumme, doch er gab mir keine entschiedene Antwort. Der Gedanke, daß Zeise fast souverän Länge und Qualität der Äquatortaufe bestimmen konnte, peinigte den Schiffskoch bei Tag und Nacht. So mußte ich wohl Sonntage einkalkulieren, an denen es keine Klöße zu essen geben würde. Man wird auf See zu Härte und unendlicher Geduld erzogen.

Zur Verabschiedung der »Chimborazo« hatte sich nach dem Ausfall der britischen Königin eine ansehnliche Streitmacht der amerikanischen Mittelmeerflotte mit Flugzeugträgern und Raketenzerstörern vor der Bucht von Gibraltar versammelt. Ich richtete das Teleobjektiv auf die waffenstarrende Flottille, konnte aber nur mäßige Fotos schießen, denn Gibraltar-Ultimo war von Dunstschleiern begleitet. Neubert beobachtete meine Bemühungen nicht ohne Schadenfreude. Ich meinerseits delektierte mich an dem Umstand, daß die Reparatur der »Chimborazo« erst nach fünf Tagen abgesehlossen war und sich die dritte Woche auf See ihrem Ende zuneigte. Am späten Abend des 14. Dezember blies uns Gibraltar den Zapfenstreich. Ein Himmel voller Sterne und eine kleine Delegation glitzernder Delphine eskortierten den zurechtgeflickten und von den Deckmatrosen frisch gestrichenen Schiffsriesen auf seiner ersten Mittelmeer-Etappe.

Die Nacht verlief ohne Schikanen. Ich muß das extra betonen, weil Neubert und Zeise im Erfinden immer neue Passagier-Drangsale über schier unerschöpfliche Phantasie verfügten. Nur ganz nebenbei erwähne ich den Nachmittag, an dem ich von Neubert zu einer Parade seiner in Indien und am Persischen Golf zurechtgestümperten Farbdias eingeladen war. Nicht nur, daß mich Neubert zwang, mehr als dreihundert Dias über mich ergehen zu lassen – er bot mir zudem einen geradezu mörderischen Weinbrandverschnitt an, die Flasche zu vier Mark, und erpreßte mich sogar zu beifälligen Äußerungen, indem er seine Frau als applaudierende Schrittmacherin benutzte. Ich hätte Neubert den Fusel samt den Dias, auf denen nichts zu sehen war als gelbe Wüste und abgeschnittene Köpfe, am liebsten um die Ohren gehauen, doch die anwesende Sphinx verbot mir, dem Kavalier, derart grobe Mißfallenskundgebungen. Neubert quälte mich länger als drei Stunden, aber ich blieb im wesentlichen unversehrt.

Es erübrigt sich nunmehr, des längeren und breiteren von der Schönheit eines sonnigen Mittelmeertages zu sprechen. Die »Chimborazo«-Tour bis Port Said war eine einzige Grußadresse St. Peters an Besatzung und Passagier.

Ich fand allmählich Geschmack daran, einen Liegestuhl zu annektieren und mich von der Sonne bräunen zu lassen. Unmittelbar nach dem Mittagessen freilich suchte ich in meiner schattigen Kammer Zuflucht und gönnte mir kurzen, erquickenden Schlaf. So auch an diesem Tag, als wir das algerische Oran passierten.

Auf einmal, Punkt dreizehn Uhr, rasselte die Schiffsglocke. Ihrem Rhythmus konnte ich entnehmen, daß zum Bootsmanöver geläutet worden war. Da ich meinen Mittagsschlaf erst seit gestern praktizierte, lag der Verdacht sehr nahe, daß Neubert das Manöver benutzte, um mir neue Drangsal aufzubürden. Aber was blieb mir übrig! Ich war wie der Blitz aus der Koje, zog mich manövergerecht an (Kopfbedeckung, Anorak, festes Schuhwerk), legte die Schwimmweste an und stürmte aufs Oberdeck in die Nähe des Rettungsboots Nr. 2, wie mir laut Schiffsrolle vorgeschrieben war. Neubert inspizierte Personal und Ausrüstung, bemängelte die fehlende Übereinstimmung meiner Schwimmwesten-Nummer mit der Nummer, die in der Schiffsrolle verzeichnet war, mokierte sich über meine Kosakenmütze aus feinstem Persianer und natürlich über die unsachgemäß angelegte Schwimmweste. Amigo half mir mit ein paar geübten Handgriffen. Neubert lief ohne tiefere Bedeutung einmal hin, einmal her, nur weil es ihm Freude machte, mir die Zeit zu stehlen und mich in der Sonne schwitzen zu lassen. Nun müßte, dachte ich, eigentlich das Aussetzen der Boote kommen, denn so eine gemächliche Mittelmeer-Ruderregatta bei ruhiger See hatte ihre Reize. Aber der Chief-mate schien meine Gedanken zu erraten. Er entschloß sich, das Manöver für diesmal ohne krönende Vollendung vorübergehen zu lassen. Vielleicht plante er ein perfektes Bootsmanöver bei Windstärke neun. Auch damit würde ich fertig werden.

Die nordafrikanische Küste ist eine Marathonstrecke. Zeise ließ die Maschinisten auf Tempo drücken, und die »Chimborazo« erreichte bei günstigem Wind wirklich Spitzengeschwindigkeit. Siebzehn Knoten oder zweiunddreißig Kilometer in der Stunde sind zwar zuwenig, um einem Düsenjäger Konkurrenz zu machen, aber im Vergleich zum »Kyffhäuser«, einem fossilen Bananendampfer der Rostocker Reederei, muß man die »Chimborazo« als ernsthaften Anwärter aufs Blaue Band der mitteleuropäischen Frachtschiffahrt betrachten. Ich ärgerte mich immer die Platze, wenn die »Chimborazo« ungestüm die Wogen schnitt und Anzeichen von Altersschwäche nicht zu erkennen waren. Zeise las im Urgrund meiner Seele, sooft ich pikiert an der Reling stand und zusah, wie Sprinterin »Chimborazo« mal einen dicken Belgier, mal einen alten Griechen, mal einen müden Norweger hinter sich ließ. »Das Schönste an der Seefahrt sind die Lieder«, stichelte der Chief dann zum x-ten Male und tat so, als gingen wenigstens sechzehn der siebzehn Knoten aufs Konto einer von ihm ganz persönlich ersonnenen Technologie und Alchimie. »Im Februar sind wir wieder zu Hause!« eiferte Zeise. Die »Chimborazo« wieherte fröhlich, als wollte sie dem Chief beipflichten.

Kraushaar rief mich nachts, als wir die tunesische Küste bereits im Rücken hatten, zur Kommandobrücke. Es gab ein Himmelsphänomen zu sehen, das mich sehr beeindruckte: eine Halo-Erscheinung. Der Mond hatte mit einem Monstrezirkel einen gelblichen Kreis um sich geschlagen, weiß der Kuckuck, warum. Im Grunde genommen hätte man angesichts dieser Erscheinung zur Tages- bzw. Nachtordnung übergehen können. Aber ich war von dem unstillbaren Trieb besessen, alle Besonderheiten, Neuigkeiten und Unregelmäßigkeiten in mich hineinzusaugen. Kraushaar unterstützte mich in diesem Bestreben bis an die Grenze seiner Dienstvorschriften. Er hatte ein Herz für meinen Appetit auf Extrawürste, und wäre es nach ihm gegangen, hätte ich sicherlich noch den einen oder anderen zusätzlichen Abstecher abseits der »Chimborazo«-Route machen dürfen. Die Halo-Erscheinungen verflüchtigten sich allmählich, doch ich verbrachte noch eine Stunde an Kraushaars Seite. Wir erörterten den Nachthimmel, bestimmten die wichtigsten Sternbilder und verfolgten den Kurs benachbarter Schiffe. Den Abschluß des Meetings bildete ein appetitlicher Mokka, den Rudergänger Schuchhardt hochbegabt zubereitet hatte.

Der himmelweite Unterschied zwischen Kraushaars und Neuberts Geisteshaltung kann auch an Pantelleria und den maltesischen Inseln verdeutlicht werden. Nachdem das kleine Pantelleria-Eiland unglücklicherweise bei Dunkelheit passiert worden war, konnten Malta zur Mittagszeit gerade so mit dem Fernglas und Maltas Schwesterinsel Gozo in kaum geringerer Entfernung nur undeutlich wahrgenommen werden. Es entging mir nicht, daß Wachhabender Neubert ständig Kursänderungen befahl, die Malta und Gozo immer weiter außerhalb des Blickfelds rückten. Kraushaar hätte da ganz anders gehandelt. Ein Wink von ihm – und die »Chimborazo« wäre mal eben in La Valetta kurz vor Anker gegangen. Kraushaar erschloß alle maritimen Möglichkeiten. Neubert versuchte sie zu vereiteln. Die stolze Genugtuung, das maltesische Inselpaar wenigstens schemenhaft wahrgenommen zu haben, verdanke ich allein Kraushaar, der vor seiner Wachablösung durch Neubert so konsequent Kurs auf die Insel genommen hatte, daß Neuberts Korrekturen zwar einiges, aber nicht alles verpfuschten.

Das östliche Mittelmeer ist sozusagen nur ein Appendix des

Atlantischen Ozeans. Hätte ich nicht den Seekarten entnehmen können, daß die »Chimborazo« stellenweise viertausend Meter Meerestiefe unter dem Kiel hatte, wäre ich kaum geneigt gewesen, dem blaugrünen Gewässer mehr Respekt zu zollen als dem Scharmützelsee. Das immer gegenwärtige Gestade Nordafrikas ließ ein Gefühl von Verlassenheit und Verlorenheit nicht aufkommen. Zur Not hätte ein Schiffbrüchiger das Festland, wenn auch erst nach Tagen, schwimmend erreichen können. Theoretisch. Praktisch war ich entschlossen, es nicht darauf ankommen zu lassen. In meinem Katastrophen-Katalog war der Untergang der »Chimborazo« nicht verzeichnet. Mir genügten kleinere Widerwärtigkeiten gibraltarianischen Ausmaßes.

Wenn ein Schiff mehrere Tage hintereinander auf der See ist, treten zu den üblichen Vergnügungen an Bord Gesellschaftsspiele mit wenigstens fünfhundertjähriger Tradition. Sie gehen immer auf Kosten jener »Embryos«, die vom Tuten und Blasen der christlichen Seefahrt so wenig Ahnung haben wie der »Chimborazo«-Bordhund »Whisky« vom Eiskunstlaufen. Eines dieser Spiele besteht im hinterhältigen Verstreuen des Gerüchts, in einer Dreiviertelstunde werde die Postboje von, sagen wir, Benghasi passiert, und es sei mithin höchste Zeit, Brief und Postkarten für die Lieben daheim zu Papier zu bringen und beim Kapitän zu hinterlegen. Zwei Embryos – auf der »Chimborazo« gab es ein halbes Dutzend Neulinge – schrieben tatsächlich Briefe, bis die Feder glühte, und wurden aller Illusionen beraubt, als Kapitän Ambach den Gelackmeierten sehr ernsthaft bedeutete, die Postboje sei wegen Personalmangels vorübergehend geschlossen, und es empfehle sich die Benutzung individueller Flaschenpost, wofür Amigo einige Kästen Hafenbräu-Leergut in der Anrichte, also in der »Pantry«, bereithalte.

Kräftezehrender für die Leidtragenden war das Kompaßschlüssel-Spiel. Seinem erstmals zur See fahrenden Gehilfen

Schluppe, dem »Moses«, trug Amigo kurz vorm Einlaufen in den Hafen von Port Said auf, beim Chief im Maschinenraum den Kompaßschlüssel in Empfang zu nehmen und zum Lotsen auf die Kommandobrücke zu tragen, der die schmale Hafeneinfahrt ohne Kompaßschlüssel nicht finden könne. Schluppe war gehorsam. Er stieg auf schmalen Leitern tief hinab in den Orkus, wo brüllende Dieselmotoren ausreichende Verständigung nur durch Zeichensprache ermöglichten. Der Chief, in das oft exerzierte Ritual bestens eingeweiht, händigte Schluppe ein unförmiges, um die dreißig Kiolgramm schweres Stück Eisen aus, geleitete den braven Lastensegler Schluppe die Treppe hinauf, damit ihm nicht wider die Arbeitsschutzordnung ein Leid geschehe, und begab sich wenig später im Schleichschritt auf die Spur Schluppes, um zum Kreis derjenigen Schadenfreudenknaben zu gehören, die Zeuge der historischen Übergabe eines Kompaßschlüssels an den imaginären Lotsen sein wollten. Im Schweiße seines Anegsichts wendelte sich Moses Schluppe zur Kommandobrücke empor, wo er sich einer Kohorte grinsender Chimborazoaner gegenübersah, die ihm zunächst einzureden versuchten, er habe in der Eile den veralteten Kompaßschlüssel ohne Mißweisung gegriffen und müsse sich schon bequemen, den Weg nach Canossa ein zweites Mal zurückzulegen, bis Osterhold dem grausamen Pokerspiel endlich Einhalt gebot. Zum Trost wurde Schluppe versichert, die Kompaßschlüssel-Aktion werde ihm auf die Äquatortaufe angerechnet, so daß er mit einem gewissen Wohlwollen Neptuns am Taufbecken rechnen könne. Dieses Versprechen, wie ich hier vorwegnehmen will, wurde schmählich gebrochen, woraus zu ersehen ist, wie weise ich handelte, als ich in vielen Fällen hartnäckig darauf verzichtete, mich mittels vorfristig erduldeter Mühen und Qualen von gewisseen Torturen der Äquatortaufe freizukaufen.

Ein drittes, nicht ganz so althergebrachtes Spiel, wurde mit

Hilfe Whiskys, des erwähnten Bordhunds, in Szene gesetzt. Whisky war ein völlig undefinierbares Tier, das so hieß, weil es einmal den Rest einer ausgelaufenen Whiskyflasche mit Behagen und ohne Anzeichen geringfügiger Trunkenheit von den Schiffsplanken leckte. Decksmatrose Kunze hatte Whisky in persönliche liebevolle Pflege genommen und wehrte sich seit Jahren erfolgreich gegen das Ansinnen einiger Hygieniker, dem Vierbeiner ein würdiges Seemannsbegräbnis zu bereiten. Kunze war aber nicht nur Tierfreund, er benutzte Whisky auch als Hauptakteur eines fast teuflisch zu nennenden Spiels, dessen Opfer einmal sogar ich, der nicht leicht zu düpierende See- und Weltmann, werden sollte. Hund Whisky war von Kunze so dressiert, daß ein jeglicher, der sich, um Whisky zu distanzieren, der Formel »Whisky! Platz!« bediente, nur um so wütender von Kunzes Liebling attackiert wurde.

Natürlich suggerierte Kunze allen, die es noch nicht wußten, ausgerechnet diesen verhängnisvollen Befehl, damit das Spiel in gewohnter Weise über die Bühne gehen konnte. Bei meinem ersten Zusammentreffen mit Whisky zeigte sich das struppige Bündel von der besten Seite. Mir mißfiel lediglich, daß mich das liebe Bordhündchen fortwährend ansprang und seine klebrigen Pfoten an meinem Pullover abwischte. Da trat Kunze, der Heuchler, an mich, heran und verriet mir das Simsalabim, das mich von allen Unannehmlichkeiten befreien würde. Ich rief also: »Whisky! Platz!« und war nicht wenig verstimmt, als mich Whisky befehlswidrig und kräftig ins Bein biß. Ich wechselte zunächst die Gesichtsfarbe und später in meiner Kammer die Hose. Amigo brachte mir einen aromatischen Trostkaffee. Es habe sich, sagte Amigo, an Bord herumgesprochen, welches Unglück mir widerfahren sei, und Chief-mate Neubert wünsche gute Besserung.

Postboje und Kompaßschlüssel waren an mir vorübergegangen. Mit Whisky griffen meine Feinde nach meiner Gurgel. Sie wollten mein Leben auslöschen und lädierten Haut und Hosenbein. Ein Kampf bis aufs Messer war entbrannt. Schweres stand mir noch bevor. Aber ich focht nicht im Dunklen. Die Häscher waren erkannt. Sie sollten sich in mir verrechnet haben.

Skatabende mit Struwe I und Struwe II waren immer ein besonderes Erlebnis. Sie dauerten sehr lange, verliefen keineswegs trocken und zeichneten sich durch zahlreiche Ramsch-Extrarunden aus, die dem individuellen Talent Grenzen setzen. Ramsch ist in hohem Maße Glückssache, um nicht Unglückssache zu sagen. Struwe II geriet gegen Wintersanfang in eine so permanente Pechsträhne, daß es einen Whisky-Hund jammerte. Wir versuchten den sichtbar Leidenden zu trösten. Er hielt das für Sarkasmus und revanchierte sich auf eine Weise, die mir noch viele Wochen Kopfschmerzen machte. Struwe II funkte nämlich von mir verfaßte, für Berliner Redaktionen bestimmte Mitteilungen und Sprüche an Rügen-Radio, und er legte es darauf an, vor allem gereimte Depeschen bis zur Unkenntlichkeit zu verstümmeln. Telegrafierte ich »Wir machen zirka siebzehn Knoten und nähern uns dem Meer, dem Roten«, improvisierte Struwe II »Wir lochen zirka siebzig Konten und nähren uns vom Meer der Rosen«. Ich wunderte mich damals, daß Zeitungen und Zeitschriften sich weigerten, meine köstlichen Seefunkdichtungen abzudrucken, doch als ich später in Berlin den Wortlaut der von StruweII frei bearbeiteten Telegramme zu Gesicht bekam, wunderte ich mich nicht mehr. Struwe II hatte ganze Arbeit geleistet, und er war von Neubert dazu ermutigt worden, wie sich jeder leicht ausrechnen kann. Die Nacht vom 18. zum 19. Dezember endete wieder mit Ramsch-Niederlagen meines Widersachers Struwe II, der sich grollend in seine Kabine zurückzog, um meine feingeschliffene Poesie durch den Wolf zu drehen. Ich ahnte nichts von alledem und begab mich zur Ruhe.

Kraushaar, der Gute, ließ mich gegen vier Uhr morgens wecken. Er hatte mir eine totale Mondfinsternis, den blaufunkelnden Sirius und einen im Westen versinkenden Jupiter anzubieten. Trotz der frühen Stunde war es sommerlich warm. Man könnte, wenn die »Chimborazo« schön stillhielte, wohl ein Freibad wagen. Im Logbuch sind zwanzig Grad Wassertemperatur verzeichnet. Der Mond hielt sich eine Tarnkappe vors Gesicht, eine Sternschnuppe zielte auf die Wüste Sahara, und mir war sehr orientalisch zumute. Die Mittelmeerpassage würde wohl sehr regulär und sanft zu Ende gehen. Nirgends ein Tornado, geschweige denn ein verrückter Hochseeschlepper in Sicht. Eine schlafenslangweilige Perspektive.

In Port Said betrat ich am folgenden Tage arabisch-afrikanischen Boden. Neubert hatte nicht zu verhindern versucht, was nicht zu verhindern war. Die Behörden der Vereinigten Arabischen Republik waren weder gesonnen noch beauftragt, dem Passagier eines Rostocker Frachters Schwierigkeiten zu machen. Lesseps, Erbauer und Vater eines von Kolonialisten kontrollierten Suezkanals, war längst vom Sockel gestürzt. Es gab kein Lesseps-Denkmal mehr an der Hafeneinfahrt von Port Said, nur noch amorphe Gesteinsbrocken, die kein Puzzlespieler je wieder zusammensetzen wird. Die »Chimborazo« kam aus friedlichem Land, dessen Lotsen seinerzeit mithalfen, den Verkehr durch den Suezkanal aufrechtzuerhalten, nachdem britische Bomber die Nationalisierung der Wasserstraße zwischen Mittelmeer und Rotem Meer widerwillig beschleunigt hatten.

Dieses Port Said ließ sich mit Augen und Beinen an einem einzigen Sonntagnachmittag nicht erobern. Die »Chimborazo« hatte eine Kanal-Fahrkarte für den Nachtkonvoi erwischt. Meinen touristischen Ansprüchen waren demnach enge Grenzen gesetzt. Selbstverständlich hatte ich bereits, bevor mich eine Barkasse ans Ufer brachte, Geschäftsbeziehungen mit sogenannten »Chingern« geknüpft, die von kleinen Booten aus allen möglichen Ramsch zu verkaufen und vertauschen suchten. Glücklicherweise konnte ich widerstehen. Meine Valuta und Hemden waren mir zu teuer, um sie gegen verschlissene Lederkissen, Reisekoffer oder Souvenir-Nippos zu kompensieren. Ich beschloß, mich, wenn schon, dann in Port Saids Geschäftsstraßen übers Ohr hauen zu lassen. Gelegenheit dazu fand sich bereits auf einem Postamt. Ich erwarb eine Briefmarke, bezahlte mit einer englischen Pfundnote und bekam 95 Piaster zurück. Nach offiziellem Kurs hatte ich richtig gewirtschaftet, doch später wurde mir klar, daß die Kaufkraft des ägyptischen Pfunds keine Palmen ausreißt und in Port Saids Mokkastuben weit niedriger notiert wird als englischer Mammon. Diese Erfahrung schmerzte ein wenig, doch die Fülle orientalischer Bilder und ein schließlich auf fünfzig Piaster heruntergehandeltes Einkaufstäschchen mit dem Bild Nofretetes machten mir wieder Mut. Ich strolchte durch die City, die weniger Afrika oder Ägypten repräsentiert als Neppopotamien. Es war schwer, sich der fliegenden Kellner, Händler und Halbwüchsigen zu erwehren, die den biederen Ausflügler zu einer angeblich vorteilhaften Transaktion zu überreden versuchten. Der Vorteil beschränkte sich offensichtlich immer auf die andere Seite, so daß ich das auf den ersten Blick imponierende System orientalischer Kundenwerbung nicht gern auf Berlin-Treptow ausgedehnt sehen möchte. Immerhin: Das Erfassen des Touristen-Rockzipfels durch einen emsigen Gastwirt und die unaufhörliche Anpreisung eines preisgünstigen Mittagstischs haben viel Beeindruckendes und sind der HO im Prinzip zu empfehlen.

Etwas abseits der Innenstadt, nur wenige hundert Meter vom Bahnhof Port Said entfernt, enthüllt sich dem Fremden das Bild unbewältigter feudalorientalischer Vergangenheit.

In der Altstadt ist es eng, unsauber, ärmlich. Zahlreiche Ruinen erinnern außerdem an die britisch-französisch-israelische Invasion während der Suez-Krise. Nassers Ideen und Planierraupen werden diese Erinnerungen bald getilgt haben. Die ganze Republik bekommt ein neues Gesicht.

Die »Chimborazo«, die ich schon mehrmals mit Worten und Sentenzen der Huldigung bedachte, erlebte in den Abendstunden einen ihrer schönsten Triumphe: sie wurde zum Führungsschiff des mitternächtlichen Geleitzuges gekürt. Mißgünstlinge und Ignoranten mögen der Ansicht sein, daß so eine Berufung nichts mit der Qualität des Schiffes zu tun habe, daß vielmehr der Zeitpunkt des Eintreffens in Port Said ausschlaggebend für die Zusammenstellung eines Konvois sei – ich aber bleibe vom außerordentlichen Rang der »Chimborazo« überzeugt und sehe ihre Spitzenstellung durch die Anmut und Mächtigkeit des vortrefflichen Schiffskörpers begründet.

Unser Suez-Konvoi ist ganz leicht zu beschreiben. Er glich einem Güterzug zu Wasser. Vornweg die Lokomotive, getauft auf dem Namen »Chimborazo«, und mit jeweils zweihundert Metern Abstand etwa fünfundzwanzig Schiffe, vorherrschend Tanker, die den Ölquellen Arabiens zusteuerten. Noch ist der Kanal eine Einbahnstraße. Baggernde Kanalbaugesellschaften sorgen aber dafür, daß die künstliche Wasserstraße dereinst in beiden Richtungen gleichzeitig befahren werden kann. Für die Gegenwart mußte unser Geleitzug frühmorgens gegen sechs Uhr im Wartesaal des Großen Bittersees Platz nehmen, um den Konvoi Suez-Port Said passieren zu lassen. Mittags tauchten sie dann auf, die ganz dicken Brummer, die ihre Bäuche in Kuwait und Abadan mit Öl vollgepumpt hatten. Viele schöne Schiffe, das muß ich zugeben. So schön nun aber auch wieder nicht. Wie gesagt.

Auch am Großen Bittersee nannte man die augenblickliche Saison Winter, und tatsächlich konnte von brütender Hitze keine Rede sein. Nach deutschen Maßstäben herrschte freundliches Juliwetter. Dr. Künnemann von heimischer Wetterwarte wäre wohl froh gewesen, seinen Fernsehzuschauern solche Temperaturen – noch dazu um Weihnachten – servieren zu können, doch bei Ismailia band man den Turban fester und verachtete auch kreislauffördernde Morgengymnastik in Gestalt von Betübungen nicht. Arabien fror. Ich merkwürdigerweise nicht. Eindrücke, die von der Nacht verschluckt worden waren, konnten auf dem zweiten Teil der Kanal-Passage nachgeholt werden. So also sieht es aus zwischen Bittersee und Suez: das Ostufer unfruchtbare, unbehauste Sandwüste – eine ideale Keim- und Brutstätte für Sandmännchen aller Nationen, das Westufer dagegen strichweise palmgrün, landwirtschaftlich genutzt und besiedelt. Hier mag das hundert Kilometer entfernte Nildelta, das ägyptische Elixier, Vegetation und Bodennutzung günstig beeinflussen.

Schon drei Stunden nach unserem Auszug aus dem Großen Bittersee erreichten wir Suez, wo wir uns nur kurze Zeit aufhielten, um aus den Händen des hiesigen Reedereimaklers Post aus der Heimat zu empfangen. Die Wellen des Roten Meeres, nicht ganz so farbig wie sein Name, liebkosten den Steven der »Chimborazo«, Delphine sagten guten Tag, und es wurde nun wirklich warm. Bordelektriker Flügel war pausenlos damit beschäftigt, zusätzliche Ventilatoren zu montieren oder lädierte Windmacher zu reparieren. Chief Zeise überwachte Flügels Handgriffe, ohne sich unmittelbar zu beteiligen. Er schwitzte lieber. Ich tat desgleichen, prüfte die Intaktheit der Kühlmechanik und hörte den Kammer um Kammer kontrollierenden Chief immer wieder sagen: »Das Schönste an der Seefahrt sind die Lieder!«

Im doppelten Sinne befand sich die »Chimborazo« nun absolut auf der Sonnenseite – einmal meteorologisch und einmal kinematographisch. Die Bordkinokommission lud in der Nähe des südlichen Wendekreises zu einer Spätabendfreilichtaufführung des DEFA-Films »Auf der Sonnenseite«. Zwar kannte ich den Streifen schon, doch es ist klar, daß dieser Film nur unter südlichem Sternhimmel zu voller Wirkung gelangen kann, denn hier leert man jeden kühlen Krug, besonders den Krug Manfred, gern bis zur Neige.

Seit Port Said hatte sich meine persönliche Lage, wie ich zu erkennen glaubte, insofern noch verbessert, als die Entschlossenheit meiner Peiniger von neubertschem Schlage, neue Sticheleien zu ersinnen, unter Heißluftbeschwerden litt. Man war zu faul, einen Pässentscher zu ärgern, da man doch erst mal klimatisch Fuß fassen mußte. Ich wappnete mich auf meine Weise gegen Hitze und Trockenheit: setzte beide Kabinenventilatoren sowie eine Flasche Whisky in Betrieb und fiel in einen sechzehnstündigen Dornröschenschlaf. Als ich erwachte, lag die »Chimborazo« am Pier von Port Sudan.

Diese Hafenstadt, im Hitzezentrum der irdischen Geographie gelegen, ist kein Matrosenmagnet. Hier lebt der aus Europa eingereiste Fahrensmann nach dem Drei-Schicht-System: schwitzen, schwimmen, schlafen. Wer Port Sudan durchstreift, kommt zu dem Ergebnis, daß dagegen beispielsweise Rostock das reinste Sündenbabel ist. Einzige Attraktion für Fremde ist das Gebäude der britischen Seemannsmission. Dort gibt es bei Bedarf geistlichen Zuspruch, ferner eine frugale Kantine mit Postkarten, Erfrischungsgetränken und einem an die Wand gepinnten umfangreichen Verzeichnis aller seit 1912 verschollenen Seeleute. In einem abseits gelegenen Raum ist die Bibliothek untergebracht. Sie enthält zwei Dutzend Bücher und ein paar zerfledderte Zeitungen aus dem Tertiär. Der Clou der Seemannsmission ist ein modernes Schwimmbad, das mit Meereswasser gespeist wird. In diesem Bassin kraulte ich nach Herzenslust herum. Irgendwelche andere Vergnügen boten sich kaum. Das Hafenbecken Port Sudans ist nicht eben gigantisch, die Stadt selber und das Gelände drumherum sparen mit poetischen Akzenten.

Merkantile Aufdringlichkeit, wie ich sie in Port Said beobachtete, gehört nicht zum Wesen Port Sudans. Man lebt solide und richtet sich brav nach Allahs Geboten.

Araber und eine Handvoll Europäer, hauptsächlich in Maklerbüros beschäftigt, bilden den Kern der Stadtbevölkerung. Afrikaner, schwarz, schwärzer und am schwärzesten – so schwarz, schwärzer geht's nicht – leben in primitiven Hütten an der Peripherie und stellen das Hauptkontingent der Hafenarbeiter. Unter ihnen findet man bantamgewichtige, springlebendige Futsi-Wutsis, Bilderbuch- Sudanesen mit imprägnierten Haarschöpfen und einem Hauch Urzeit.

Die »Chimborazo« nahm Erdnüsse in Säcken an Bord. Nicht alle Behälter hielten dicht, und ich fand, daß sudanesische Erdnüsse ausgezeichnet schmecken. Neubert rümpfte die Nase, weil er der Ansicht war, daß die »Chimborazo«-Verpflegungssätze auch für Passagiere ausreichend seien. Dem war freilich nicht zu widersprechen. Nie in meinem bisherigen kärglichen Leben war ich so gut gespeist und getränkt worden wie unterm Patronat Krummes, Heisingers und Amigos. Vielfraße, deren es an Bord eine ganze Menge gab, mußten ihren Selbsterhaltungstrieb nicht mal auf die offiziellen Mahlzeiten beschränken. Wer partout nicht satt wurde, durfte dem Kühlschrank in der Pantry zusätzliche Atzung entnehmen – bei Tag und Nacht. Dem Hungrigen schlägt, wie wir wissen, keine Stunde.

Von einer ungewöhnlichen Hafenrundfahrt ist unbedingt noch zu berichten. Es gibt in Port Sudan ein Schiffchen mit einem gläsernen Unterteil. Fast alle Chimborazoaner, einschließlich Amigos mit Filmkamera, und meine Wichtigkeit beteiligten sich an der ungewöhnlichen Expedition im schwimmenden Glashaus. Die Sache war so: Das Schiffchen steuerte in seichtes Gewässer, glitt im Schneckentempo über Korallenriffe, und die Passagiere starrten durch die beleuchteten Glaswände auf die exotische Lebewelt des Roten

Meeres. Man fühlte sich in ein überdimensionales Aquarium versetzt, war ganz Fisch unter Fischen, und Kameramann Amigo versuchte, die Unterwasserfauna für die Ewigkeit festzuhalten. Ich weiß nicht, ob er das geschafft hat. Den Fischen ist es jedenfalls schnurz.

Amigo hatte in der Kühllast der »Chimborazo« vorsorglich zwei immergrüne Fichten verstauen lassen, damit man fern der Heimat auf zünftige Weise Weihnachten feiern könne. Nun war es soweit. Christliche Seefahrer begingen im Bannkreis der Krippe von Bethlehem den Weihnachtsheiligabend. Elektriker Flügel befestigte Fichte Nummer 1 auf dem Topp und elektrifizierte sie ordnungsgemäß. Fichte Nummer 2 war fürs Oberdeck bestimmt. Dort wurde an einer langen Tafel zu später Stunde geweihnachtet. Telegramme, seit Tagen aus der Heimat eingetroffen und von Kapitän Ambach für die Weihnachtsfeier reserviert, kamen nun an die richtige Adresse. Es gab bunte Teller und gegenseitige Beschenkungen. Decksmatrose Schuchert widmete mir ein Gedicht, das einige hämische Sätze enthielt, die vielleicht nicht auf Schucherts, sondern auf Chief-mate Neuberts Mist gewachsen waren. Dann entschloß sich die Gesellschaft, grassierende Sentimentalität mit Alkohol zu bekämpfen. Der Weihnachtsmann gab das Kommando ab, und aus der Heiligabend-Festivität wurde ein ganz gewöhnlicher Feld-, Wald- und Wüsten-Bunter-Abend.

Wer am 25. Dezember einen Ölkopf hatte, ging baden. Wir alle wußten die Erfrischung, die vom Bassin des Seemannsheims ausging, in den Weihnachtsfeiertagen zu schätzen. Glücklicher Passagier, der in sudanesischer Tropennacht unter glitzernden Sternen und im Sog fächelnder Palmenzweige bei einsamem Bad Erquickung findet! Amigo und die andern hatten an diesem Abend an Bord zu tun. Die »Chimborazo« bereitete sich auf ihren Abstecher an die Küste Saudi-Arabiens vor. Was kümmerten mich im Augenblick die lieben freundlichen Matrosen und Maschinenmenschen. Ein paar gemächliche Armzüge in nassem, frischem Element bei lauwarmem Nachtwind ließen mich Seefahrt und »Chimborazo« für Stunden vergessen. Wann würde ich schließlich in Afrika noch Gelegenheit haben, ein kühles, nun, beinahe kühles Bad unter freiem Himmel zu nehmen? Je näher wir dem Äquator ins Gehege kamen, um so mehr begann der Ozean Temperaturen einer etwas zu früh vom Herd genommener Mitropa-Fleischbrühe zu entwickeln. Jetzt also mußte tüchtig vorgeschwommen werden. Ich tat es ausdauernd und in beträchtlicher Geschwindigkeit. Ein Frank Wiegand im Gartenzwergformat.

Die »Chimborazo« hatte dann also noch einiges in Jeddah, im saudiarabischen Fracht- und Pilgerhafen, zu besorgen. Zu diesem Behufe wurde unserem herrlichen Schiff ein weiterer Vorstoß in südliche Richtung verwehrt. Die Richtung war nordöstlich. Die »Chimborazo« murrte ein wenig. Sie wußte selbstverständlich aus Erfahrung, daß mit Jeddah nicht gut Kirschen essen ist. Den Vorzug in Jeddah genießen Mekkapilger und Viehtransporte – die Pilger aus naheliegenden Gründen und das lebende Vieh deshalb, weil es nur begrenzt haltbar ist. Wir hatten weder Moslems noch Schafe oder Kamele an Bord. Das gab zu denken, zumal in Jeddah Anlegemöglichkeiten für nur vier bis fünf Hochseefrachter und keine Ladekräne zur Verfügung stehen. Als wir auf der Reede vor Jeddah ankerten, lachte mein Herz heller als die Sonne Asiens: Rundum wartende Schiffe. Nie im Leben würden wir in Feisals Reich unsere Fracht loswerden, es sei denn im Jahre 1965.

Allahs Uhren entsprachen in diesem Falle meinem Zeitplan. Regenwettergesichter auf der Kommandobrücke und im Maschinenraum bestätigten die Neuauflage eines Märchens aus Tausendundeiner Nacht. Mochten wir auf der Reede ausdörren und in Langerweile verkümmern – Stunden und Tage verrannen zu meinem Wohlbehagen. Man konnte lesen, schreiben, die Schrecken bevorstehender Äquatortaufe aus dem Gedächtnis verdrängen und träumen von Sansibar.

»Nun, Amigo, wie fühlst du dich denn so?« bemerkte ich zum Chefsteward provozierend, der beklagenswert herumstand wie einer, der einfach so herumsteht. Er bezog wortlos mein Bett mit frischer Bettwäsche, und dann zelebrierten wir eine Kaffeeviertelstunde. Thema der Diskussion heute: »Die Antibabypille – Segen oder Fluch?«

Weiß der Kuckuck, wie wir daraufgekommen waren. Wir erörterten das Problem jedenfalls allseitig und mit familienväterlichen Akzenten. Wir hätten vermutlich eine ganze Nacht diskutiert, wenn Storekeeper Rinderer nicht beauftragt gewesen wäre, eine Großaktion »Fliegentod« zu entfalten. Er trampte murrend treppauf, treppab, und ich fand, daß die Hinrichtung des Ungeziefers ein Gebot der Stunde war. Die gewöhnliche deutsche Stubenfliege gehört, scheint mir, zu den Zuginsekten. Sie fliegt, ähnlich wie der mecklenburgische Storch, im Herbst südwärts – etwa bis Äthiopien – und quartiert sich einen Winter lang ausgerechnet auf der »Chimborazo« ein. Anders war die von mir seit Suez registrierte Fliegenplage nicht zu deuten. Die laienhafte Annahme, es könne sich bei den Biestern um afroarabische Exemplare handeln, hält strenger Prüfung nicht stand. Die geflügelten Insurgenten sind typisch deutsch, was man aus ihren Proportionen schließen kann. Exotische Tiere neigen bekanntlich zur Monstrosität. Man vergleiche etwa eine erzgebirgische Eidechse mit einem tropischen Krokodil. Die »Chimborazo«-Fliegen entbehren schillernder Farben und kolossalen Wuchses durchaus und verrieten so ihre Heimatadresse.

Noch vor Jahresende geschah etwas Unglaubliches: Die »Chimborazo« wurde, wenn auch nur für eine Stunde, an den Pier gelassen, um einen Bruchteil der für Jeddah bestimmten Ladung zu löschen. Bis zum heutigen Tag habe ich nicht erfahren, welchem Umstand solche Gunst beziehungsweise Ungunst zu danken ist. Ich weiß nur, daß Neubert, Amigo, Zeise und viele andere Chimborazoaner unaufhörlich per Funk oder Barkasse mit den Hafenbehörden Kontakt hielten und am Ende mäßigen Erfolg hatten. Vermutlich wäre der überraschende Vorstoß der »Chimborazo« in den engeren Ladehafenbereich Jeddahs der Anfang des Endes meiner saudiarabischen Visite gewesen, wenn der Islam sich nicht mit mir verbündet hätte. Das aber tat er in so rührender Weise, daß ich für mein restliches Leben nichts auf Allah und seinen Propheten Mohammed kommen lasse. Wir hatten gerade neben einem sowjetischen Viehtransporter festgemacht, als eine Rauchwolke am Horizont die Ankunft eines Pilgerdampfers aus Pakistan verkündete. Wie liebe ich die Pilger, und wie hoch schätze ich alle Söhne und Töchter, die sich zur M-Religion bekennen! Was ist das, die M-Religion? Ich verstehe darunter jenes panarabische Glaubensbekenntnis, dessen wesentliche Elemente aus Vokabeln gefügt sind, die mit dem Buchstaben M beginnen: Mohammed, Moslem, Moschee, Minarett, Muezzin, Monotheismus, Medina, Mekka. Eilig wurde der Hafendamm gefegt, gebürstet und mit Teppichen belegt. Das Ante-portas der Pilger prägte den Rhythmus des Hafens. Die »Chimborazo« mußte zurück auf Reede. Die Wanderer zur Kaaba genossen den Vortritt.

Silvester in Jeddah gehört zu den peinvollsten Drangsalen im Leben des christlichen Seemanns. Schon während der Mittelmeerpassage der »Chimborazo« war von Pessimisten das Schreckensbild einer Neujahrsnacht in König Feisals Hoheitsgewässern öfter als einmal an die Wand gemalt worden. Die religiöse Orthodoxie der saudiarabischen Machtbaber verbietet den Ausschank von Alkohol gnadenlos. Noch in Port Sudan hofften passionierte Hafenbräu- und Weinbrandamateure auf ein Silvesterwunder. Doch die Silhouette der Stadt Jeddah, die 31 auf dem Kalenderblatt und ein wachsamer Feisal-Polizist an Bord der »Chimborazo« machten das Wunder zunichte. Das Jahr verabschiedete sich brutal prohibitionistisch, sofern man von heimlichen Trinkgelagen und auch davon absieht, daß am Neujahrsmorgen die gesamte Schiffsbesatzung einen Kater hatte, wie er uns seit Hamburg nicht zugelaufen war.

So widersprüchlich sich meine Notizen auch lesen mögen – Jeddahs Antialkoholismus und Pilgergastlichkeit prägten sehr wesentlich meinen Aufenthalt vor und in dieser merkwürdigen Stadt. Ich hatte nur an zwei Tagen Gelegenheit, Jeddah zu besichtigen, und ich fand dieses Gemeinwesen ziemlich makaber. Wenn man sich die Taxis betrachtete, chromblitzende amerikanische Straßenkreuzer modernster Bauart, sowie hochgeschossige ausländische Agenturen und Banken im Stadtzentrum, neigte man zu der Annahme, Wohlleben und Wohlfahrt seien das Merkmal des Pilgerumschlagplatzes. Doch die armseligen Behausungen wenig abseits des zentralen Boulevards lassen ganz andere Schlüsse zu. Es geht das Gerücht, daß noch heutzutage in Jeddah und im Binnenland mittelalterliche Justiz geübt wird. Amigo und eine Anzahl »Chimborezo«Matrosen erzählten mir von grausamen öffentlichen Schaustellungen, von abgehackten Diebeshänden und ähnlichen sadistischen Exzessen. Jeddahs Basare sind die vielleicht orientalischsten der Welt: malerisch, voller fremdartiger Gerüche, ramschig und ohne erkennbaren Übergang vom Gestern ins Heute. Sollte einem der Prophet auf dem Basar in persona begegnen – niemand empfände das als Anachronismus. Eine einzige europäisch gekleidete Frau bekam ich hier für Sekunden zu Gesicht. Sie kaufte eine Kleinigkeit und enteilte danach unverzüglich in ihrem Studebaker. Eine Amerikanerin vielleicht. Jeddahs Araberfrauen, ganz oder teilweise verschleiert und von oben bis unten zugeknöpft, haben in der Stadt sowieso nichts zu suchen. Jeddah gehört den Männern, die Frauen machen sich am heimischen Herd zu schaffen, falls sie einen haben.

Vom 3. Januar an wurde allen Chimborazonnern, weil sie dagegen protestierten, mit einer wenig sterilen saudiarabischen Kanüle gegen Cholera geimpft zu werden, das Betreten der Stadt untersagt. Nun war, sofern wir – was täglich stundenweise geschah – am Pier festmachen und entladen durften, ausreichend Gelegenheit geboten, das Leben und Treiben im Hafenbereich zu beobachten. Die eine Hälfte meiner Aufmerksamkeit galt dem Löschen von Schafen und Kamelen, die andere Hälfte den Beziehungen des einheimischen männlichen Geschlechts untereinander und zueinander. Das Entladen des Viehs war in der Tat die reinste Viecherei. Kamele wurden in einen Gurt gesteckt und mit Hilfe des Schiffsladegeschirrs vom Deck zum Hafendamm befördert. Das sah gespenstisch aus, aber die Tiere kamen im allgemeinen mit dem Schrecken davon. Im allgemeinen. Schafe sah ich, die den Transport nicht lebend überstanden. Einige patschten auch ins Wasser und mußten lange blöken, bis man sich ihrer erbarmte. Alles ging unter einer Duftglocke vor sich, die sprichwörtlicher arabischer Wohlgerüche entbehrte. Ja, und dann also die Männer mit Turban und im Burnusgewand. Ich wußte nicht, welcher Klasse und Religion sie angehörten, aber es fiel mir auf, daß sie sich – vielleicht um eine pilgernde Oma aus Afghanistan in Empfang zu nehmen – zärtlich an einen Jüngling schmiegten, den ich allen Anzeichen nach nicht für einen Sohn, sondern für einen Geliebten halten mußte. »Nun, Amigo«, turtelte ich an Amigos Seite, »auch ein bißchen Händchenhalten und womöglich ein Küßchen in Ehren?« – »Das wird wohl mit dem Koran zusammenhängen«, philosophierte Amigo. »Was sollen die unverheirateten Araber anderes machen, wenn Feisal ihnen den Umgang mit Frauen verbietet?« – »Ja«, bemerkte ich seufzend, »sie haben's schwer, die mohammedanischen Junggesellen in diesem strengen und rückständigen Land, beinahe so schwer wie Seeleute!« – »Davon abgesehen«, sagte Amigo, und Chief Zeise, der unser Gespräch mit angehört hatte, resümierte originell wie immer: »Das Schönste an der Seefahrt sind die Lieder!«

VOM REGENBOGEN IN DIE TAUFE

Der Geburtstag Amigos, der 9. Januar, deutete das Ende der saudiarabischen Episode an und bezifferte den Saldo meiner bisherigen Fahrenszeit auf sechs Wochen. Eine Ziffer, mit der ich zufrieden sein konnte. Die bekannte schiffsreisende Dokumentarfilmerin und Tagebüchnerin Anna Thornke, deren Notizen zwischen Antwerpen und Bombay zu einem dicken Buch gediehen, war dieser Zeitraum nicht beschert. Sie ging nach schnöden fünf Schiffsreisewochen im äquatorfernen Indien an Land und flog ungetauft zurück nach Berlin. Da war ich schon aus anderem Seemannsholz geschnitzt: Jetzt begann die ozeanische Expedition erst richtig! Es galt, die östlichen Gestade des afrikanischen Kontinents näher ins Auge zu fassen und bei dieser Gelegenheit den Beweis zu liefern, daß sogar ein multipler Bandscheibenschaden den unerschrockenen Odysseus nicht hindern kann, sein Matrosenabitur am nullten Breitengrad mit Glanz und Gloria zu bestehen.

Außer den Fliegen sind sogar arabische Regenbogen nicht anders als in Saalfeld und Pasewalk. Der Regenbogen von Jeddah begleitete das Echo des Typhonhorns der südwärts stampfenden »Chimborazo« eine schöne Weile. Wir hielten Kurs auf den Bab el Mandeb, Straße der Tränen, ehemaliges Golgatha verkaufter Sklaven, Korridor zwischen Rotem Meer und dem Golf von Aden. Das Insel-Terzett Abu Ail, unbewohnbare Gesteinsbrocken vulkanischen Ursprungs, hochragend und vermutlich von Böcklin erschaffen, forderte die Kamera zu immer neuen Schnappschüssen aus verschiedenen

Perspektiven heraus. Backbord zeigten sich Konturen der jemenitischen Küste und der koffeinhaltigen Hafenstadt Mokka, die einem weitverbreiteten Genußmittel den Namen gab. Vom Bab el Mandeb bis zum Erker Ostafrikas, dem Kap Guardafui, benötigte die »Chimborazo« kaum einen Vierundzwanzigstundentag. Nun hätte es eigentlich bald wieder einen kleinen Betriebsschaden oder eine Verschnaufpause anderer Art geben dürfen, denn Neubert und seine Vasallen frohlockten unverhohlen und in zunehmendem Maße, wenn es auch natürlich für keinen der Taufaspiranten eine Verlockung bedeutete, die Spitzengeschwindigkeit der »Chimborazo« und Neptuns scharfgeschliffenen Dreizack im Zusammenhang zu betrachten.

Einen richtigen Hundertzentnerwal, einen Moby Dick womöglich, schimmelweiß und meilenweit nach Tran duftend, hatte mir der gute Kraushaar, dem nichts entging, bisher nicht offerieren können. Am Ras Hafun, nördlich des zehnten Breitengrades, war es endlich soweit. Es schien zumindest so. Eine glitzernde Fontäne, ausgeatmeter Geisir eines mächtigen schwimmenden Säugetiers, war in angemessener Entfernung dem unbewaffneten Auge deutlich sichtbar. »Ein herrliches Tier«, sagte Decksmatrose Kunze ergriffen, und Whisky, der Bordhund, schnaufte in höchster Erregung. Das zoologische Phänomen währte leider nur kurze Zeit, denn der Wal schwamm nach Britisch-Socotra, hielt also Gegenkurs und verhinderte somit die genaue Fixierung des Beobachtungsgegenstands.

»An die Arbeit!« kommandierte Kapitän Ambach, dem die an Bord vorübergehend eingetretene Feiertagsstimmung mißfiel. »Es war sowieso kein Wal!« räsonierte der ewige Nörgler Neubert. »So was haben wir schon mal im Persischen Golf gesehen. Klarer Fall von Wasserhose!« Mir konnte dieser Chief-mate mit derartigen Vulgärtheorien natürlich nicht kommen. Ich wußte, daß Wasserhosen nur bei Sturm und

Wellengang gedeihen können. Die geradezu pietätvolle Witterung dieser Tage ließ Umtriebe von Wasserhosen einfach nicht zu. »Ein Wal und nichts anderes als ein Wal ist das gewesen«, brabbelte ich leise vor mich hin, zog mich in meine Kammer zurück, vermerkte das große Ereignis in meinem Tagebuch und glaubte mir kein Wort.

Auf der Back, dem Deck des Vorschiffs, geschahen seit Tagen ominöse Dinge. Chief Zeise, Äquatortauf-Zeremonienmeister von Poseidons Gnaden, leitete und forcierte die Vorbereitungen für das große Kesseltreiben, das der halben Schiffsbesatzung und mir einen sehr konkreten Begriff vom oft besungenen schweren Seemannslos vermitteln sollte. Neubert hatte sich seit der Visite des Wasserhosen-Wals nicht mehr sehen lassen. Der Chief-mate schrieb und kolorierte Taufurkunden, darunter auch seine eigene, und versprach sich von dieser Tätigkeit Straferleichterung. Der Laie mag stutzen, wenn ich einen maritimen Festakt mit dem Wort Strafe in Verbindung bringe.

Doch wer mir im Geiste auf die Back folgt und die hier installierten Folter- und Marterinstrumente betrachtet, wird zugeben, daß Zeise kein Lustspiel, sondern eine Tragödie schrecklichen Ausmaßes auf den Spielplan der »Chimborazo« gesetzt hatte.

Das obligatorische Taufbecken war unter allen Requisiten das kultivierteste und harmloseste – ja, es schien mir sogar einen tröstlichen Charakter zu haben. Wie mußte, spekulierte ich, der Täufling nach nerven- und körperzerrüttender Vorbehandlung danach lechzen, von Bademeister Amigo endlich ins frische Naß gestukst zu werden! Aber wer überstand schon unversehrt den infernalischen Leidensweg, der von der Folterbank über die Imbißbar zum Frisörsalon und durch den großen Wasserschlauch führte? Die Gerüchte überschlugen sich. Einige Matrosen, denen kleinere Disziplinverstöße vorzuwerfen waren, hätten, hieß es, mit Sonderbehandlung zu rechnen. Der 3. Offizier Osterhold, pfiffen die Möwen vom Topp, sei an höchster Stelle vorstellig geworden und habe mit Kündigung gedroht, falls man ihm ein Haar zu krümmen versuche. An ihre Haare dachten die meisten Taufaspiranten mit Unruhe. Mutig und selbstbewußt klammerte ich mich an meinen Reederei-Beförderungsvertrag. Wer hätte es wagen dürfen, die Schere an mein Haupt zu legen? Immerhin, redete ich mir ein, mußten Zeise und seine Folterknechte mit für sie unbequemen Folgen rechnen, wenn der Pässentscher seine Qual in die Welt hinausschrie und der UN-Vollversamrnlung gar ein Weißbuch äquatorialer Schande zuspielte. Nein, man mußte sich vor mir schon in acht nehmen. Bordelektriker Flügel tat sehr gelassen, als er mir Funktion und Zweck seiner selbstkonstruierten Folterbank erläuterte. »Hier«, sagte er, »stecken Sie dann Ihre Arme rein, Herr Stengel, und bestimmen selbst Stärke und Anzahl der Stromstöße, die ich Ihnen freundlich zukommen lasse!« – »Elektrische, Kollege Flügel?« erkundigte ich mich naiv. »Na, dachten Sie vielleicht mit Holzgas?« frozzelte Flügel. – »Und wenn ich nun selbst bestimme, daß ich auf Ihre ganze Elektrik pfeife?« – »Dann«, erläuterte Flügel, »machen der Chief oder ich selber kulante Gegenvorschläge. Aber keine Bange! Mit ein paar Kästen Hafenbräu und zwei, drei Flaschen Knuff erreichen Sie bei mir allerhand!« Mit solchen Sätzen war hinreichend umrissen, daß die bevorstehende Taufaktion nichts anderes zu werden versprach als eine Orgie der Nötigung und Erpressung. Wer überleben wollte, mußte knuffen, war gezwungen, schäbigen Weinbrand-Verschnitt in einer Quantität zu spendieren, die den Erpressern angemessen erschien. Was war dagegen zu tun?

Kapitän Ambach versicherte mir in vertraulichem Gespräch, es werde nicht zu Ausschreitungen kommen. »Dann notieren Sie, Kapitän«, sagte ich forsch, »ein weiteres Mal den Umstand meiner wenig stabilen Bandscheiben, die ich Ihnen bereits bei Antritt meiner Seefahrt ans Herz gelegt habe!« – »Ich selbst«, antwortete der »Chimborazo«-Allgewaltige, »überwache die Taufe und sorge für einen regulären Verlauf. Im übrigen, Herr Stengel, akzeptierte ich Ihre angeblichen Gebrechen keinesfalls!« – »Was heißt hier ›angebliche Gebrechen‹ und ›akzeptieren‹?« heulte ich auf. »Strenggenommen bin ich Patient. Das können Sie den Krankenblättern jedes besseren Krankenhauses entnehmen. Und ich war grundsätzlich nur in besseren Krankenhäusern, Kapitän!« – »Dann sind Sie also, Herr Stengel«, sagte Ambach mit hochgezogenen Augenbrauen, »gar nicht seetauglich, und ich muß mich nur wundern, daß Sie den Arzt, der Sie in Berlin untersucht hat, über Ihren tatsächlichen Gesundheitszustand wissentlich getäuscht haben. Ich könnte diesbezüglich bei der Reederei vorstellig werden. Aber ich will Ihnen keine Schwierigkeiten machen, vorausgesetzt, daß Sie auf Extrawürste verzichten!«

Meine Entmachtung war perfekt. Ich, der reinste Lazarus, durfte, wie mir Kapitän Ambach mit unbestechlicher Logik nachgewiesen hatte, zu eigenem Nutz und Fromme nichts anderes sein als ein Monument der Kraft und der Herrlichkeit, ein Muster an Seetauglichkeit, ein Täufling von echtem Schrot und Korn, ein Spielball des Satans, der sich euphemistisch Zeremonienmeister nannte und von Chief Zeise verkörpert werden würde.

Die Galgenfrist der Täuflinge schrumpfte. Ich erinnerte mich jetzt, daß Kraushaar ganz besonders an meinem Wohl und Wehe interessiert sein mußte, denn er wandelte auf den Spuren des Hippokrates. Einen Arzt hatte die »Chimborazo« nicht aufzuweisen. Solchen Luxus leisteten sich nur Frachter mit mehr als fünfzig Mann Besatzung. Kraushaar war indessen mit medizinischen Künsten weitgehend vertraut. Er hatte genügend Erste-Hilfe-Kurse absolviert und verstand sich deshalb nicht nur auf die Bekämpfung von Seekrankheiten, sondern auch auf das Ethos der ärztlichen Wissenschaft. Nun ging ich zu ihm und ersuchte ihn höflich, das Seine zur Humanisierung der Äquatortaufe beizutragen. »Sie haben doch nicht etwa Angst, Herr Stengel?« entgegnete mir Kraushaar mit einem spöttischen Stirnrunzeln, als ich meine körperlichen und seelischen Gebrechen zur Sprache brachte. Es sei weniger Angst als mein moralisch orientierter Blick aufs Gemeinwohl, sagte ich, wenngleich eine gewisse Morbidität meiner Lendenwirbelsäule auch ein sehr persönliches Interesse am korrekten Verlauf der geplanten Veranstaltung begründe. Kraushaar sortierte Verbandspäckchen und bemerkte mit ärgerlicher norddeutscher Gleichgültigkeit: »Tjä, da kann ich ja nun nicht allzuviel machen. Ich habe während der Taufe Dienst auf der Kommandobrücke, das muß ja wohl auch sein, nöch?« Zu dumm. Während ich noch überlegte, ob es überhaupt Sinn hatte, das Gespräch mit Kraushaar fortzusetzen, ermutigte mich der 2. Offizier mit den Worten: »Wenn ich am Ruder stehe, kann ich die Back jederzeit im Auge behalten. Sollte es zu unerlaubten Ausschreitungen kommen, greife ich zum Megaphon und erhebe Einspruch!« – »Dafür danke ich Ihnen, lieber Kraushaar, von ganzem Herzen«, quittierte ich das Versprechen meines potentiellen Lebensretters, begab mich frohgemut in die Messe, trank meine nachmittäglichen Donnerstag-Seemannssonntagskaffe stärkte mich an Heisingers Schokoladenamerikanern und Pflaumenkuchen und bekannte mich zu einem vorsichtigen Optimismus.

Am fünfzigsten Reisetag gegen sechs Uhr morgens tutete mich das Typhonhorn aus dem Schlaf: Die »Chimborazo« passierte nordöstlich von Kismayu den Äquator, und ich glaubte zu bemerken, daß die Temperatur augenblicklich um zehn Grad zugenommen hatte. Die große Taufprozession war vom Taufkomitee auf dreizehn Uhr festgesetzt worden. Ein vervielfältigtes Zirkular erinnerte Täuflinge und Teuflinge –

wie ich Neptuns Handlanger einmal nennen möchte – an den Beginn der perfiden Feierlichkeiten. Ich mied während des Vormittags jeden Ausblick und Ausflug auf die Back, las ein bißchen, schrieb ein bißchen, meditierte ein bißchen und vibrierte so weit innen, daß man es außen kaum bemerkte. Das Mittagessen ließ ich mir bei Aufbietung aller Kräfte schmecken. Man mußte, wollte man dem barbarischen Taufmenü Stirn und Magen bieten, unbedingt prophylaktisch verfahren. Dazu gehörte ein kräftigendes Seemannsdinner: Kirschkaltschale, saure Klopse, Bohnensalat.

Ich kam nicht mehr dazu, Details und Ausmaß des bevorstehenden Spektakulums in aller Ruhe noch einmal zu überdenken. Fünf Minuten vorm festgesetzten Hinrichtungstermin ließ das Schrillen der Schiffsglocke uns ahnungsvolle Schlachtopfer aus den Kojen hüpfen. Noch zögerte ich ein paar Sekunden, die Back zu betreten, denn ich wollte keinesfalls der erste sein, der mit den Geißeln der Häscher Bekanntschaft machte. Endlich eilte ich, fast unbewußt und wie einer, der sich durch eine Flucht nach vorn betäuben möchte, badebehost dem Ort allen Unheils entgegen.

Als Kind hatte ich klopfenden Herzens immer wieder im Bilderbuch »Hans Wundersam« geblättert und mir durch die Darstellung einer schaurigen Höllen-Apokalypse Entsetzen einflößen lassen: Da saß ein gehörnter Oberteufel, umringt von subalternen Beelzebuben und Beelzemädchen, die mit der Wartung brodelnder Kessel betraut waren, in denen sündige Menschen schmorten. Dieses Gemälde fiel mir sofort wieder ein, als ich in die aktuelle Hölle der »Chimborazo« vorstieß und es für unumgänglich hielt, alle Hoffnung fahrenzulassen.Unter den Mitopfern war ich seit meinem Eintritt in dieses abscheuliche Inferno als individueller Passagier nicht mehr herauszufinden. Wir Täuflinge verloren im Handumdrehn Identität und Halt. Von Kopf bis Fuß mit Separator-Ölrückständen, einer fürchterlich zähen, glitschigen Pampe gesalbt und eingepinselt, stolperten wir jener Ladeluke entgegen, in der wir uns, in fünf Meter Tiefe, bis zum Aufruf unserer Namen aufhalten sollten. Aber wer erreichte die Falltür der Luke schon ohne weiteres! Das Deck, auf dem wir uns vorwärts bewegten oder es doch wenigstens versuchten, war mit Schmierseife präpariert. Die meisten verloren den Boden unter den Füßen. Wer sich aufrecht hielt, wurde von den beflissenen Bütteln mit Gewalt in eine horizontale Lage gebracht. Ich kroch auf allen vieren vorwärts, vorwärts und nie zurück, und erreichte schließlich die oberste Sprosse einer Leiter, die mich ins dumpfige unterirdische Antichambre der Hölle gelangen ließ. Hier hockten wir gedemütigt und geschwärzt auf Kisten und Fässern und taxierten jeder nach seinem Maßstab Reihenfolge und Pensum künftiger Torturen. Der erste Aufruf galt der Gattin des Chief-mates, die sich freuen durfte, als Dame den Vortritt zu genießen. Sie entschwand nach oben, die Falltür wurde geschlossen. Wir Mannsvolk hatten einstweilen nichts anderes zu tun, als zu warten und mit gespitztem Ohr zu erhorchen, was sich weiter oben inzwischen tat. Doch kein Laut drang nach unten, kein Wimmern, kein Stöhnen, kein Schmerzensschrei. Wieder öffnete sich die Falltür, und diesmal war Koch Krumme an der Reihe. Die Henker hatten offensichtlich ein System. Sie brachten zunächst die Exekutionen des Küchenpersonals hinter sich, damit sich dieses unmittelbar nach Vollzug geistig und körperlich der Zubereitung eines kräftigen Abendbrotes widmen konnte. Das nächste Opfer wäre demnach Bäcker Heisinger gewesen, doch Heisinger war längst im Besitz eines Taufscheins. Er präsidierte dem Tauftribunal als perfekt kostümierter Neptun. Amigo, der gleichfalls zur Schiffs-IG Nahrung und Genuß zu rechnen war, befand sich, wie ich schon mehrmals erwähnte, in ähnlich günstiger Lage. Er hatte seine Dissertation in der Tasche und hielt heute Wache am Taufbecken. Wer war der dritte Mann? Der dritte Mann war kein geringerer als ich selber. Ich beurteilte meinen Rang nicht ungünstig. Da es ohnehin kein Entweichen mehr gab, mochte denn das Schicksal seinen Lauf wenigstens so schnell wie möglich nehmen. Couragiert kletterte ich nach oben, als ich meinen Namen rufen hörte. Man packte mich bandscheibenwidrig an Händen und Füßen, und ein dickleibiger Buddha, grinsend und gestikulierend – kein anderer als Zeremonienmeister Zeise – wies die Meute an, mich auf die Folterbank zu betten. Ich lag dort wie tot, eine Spur töter, als ich mich fühlte. Mitleid, dachte ich mir, ist eine weitverbreitete menschliche Empfindung. Warum sollte Zeise Menschliches fremd sein? Dann, während mir das Seewasser kübelweise übers Haupt geschüttet wurde, hörte ich Zeise unaufhörlich monologisieren: »So, so, so! Na, na, na? Nun, Herr Stengel, wieviel Flaschen? Sagten Sie zwei, drei? Ich verstehe nicht – na, na, na? Knuff? Nein? Weinbrand Edel – so, so, so!« Elektriker Flügel jagte mir auf ein Handzeichen Zeises zunächst mal an die zehn Megavolt durch die Anatomie. Ich nickte, so ich es noch vermochte, apathisch, bestätigte jede mir zugeflüsterte Schnapszahl, die ein emsiger Schreiber – ich glaube, es war Decksmatrose Finster – gewissenhaft notierte, und erkaufte mir auf diese Weise den sehr fragwürdigen Passierschein zum Betreten der Imbißbar. Dort bediente mich Bootsmann Petschke, ein, wie ich bis zu diesem Tag fest glaubte, reizender Kerl mit bestechenden Umgangsformen. Dieser Petschke ersuchte mich, auf einem Barhocker Platz zu nehmen, und wies seine vermummten Pikkolos an, mich während der folgenden Prozedur fest in den Griff zu bekommen. Solche Weisung war freilich notwendig, denn gegen das mir nun oktroyierte Äquator-Menü wird sich jeder Gourmet mit Händen und Füßen wehren, sofern er sie nur freibekäme. »Was beliebt?« fragte mich Petschke leutselig und deutete auf die mit undefinierbarer rötlicher Flüssigkeit gefüllten Bierseidel sowie auf schmuddlig aussehende Pasteten. Bedenkzeit gewährte mir Petschke nicht. Ehe ich noch richtig in Lage war, mein Ekelgefühl zu unterdrücken, quetschte mir des Teufels Lukull einen dieser penetranten Delikateßhappen zwischen die Zähne, und ich wußte mir, um alles nur schnell hinter mich zu bringen, keinen anderen Rat, als das Zeug zu zerkauen und teilweise herunterzuschlucken. Chief und Zeremonienmeister Zeise, der die Stationen meiner Höllenfahrt begleitete und ständig von feixenden Kleinteufeln und einem Protokollführer umringt war, begann seinen stereotypen Sermon: »So, so, so – na, na?« Ich kaute, schluckte, würgte verzweifelt und spülte mit dem mir gereichten Getränk nach, das nicht ganz so diabolisch schmeckte wie der Klumpen aus Salz, Curry und Binowürze. Während ich das tat, spendierte ich widerum Stapel von Bierkästen und edelste Spirituosen. Weil ich mich so unterwürfig zeigte, begnadigte mich Zeise alsbald. Ich durfte den Rest der Pastete ausspucken und den Frisiersalon betreten. Dieser bestand aus einer harten Sitzbank und dem Storekeeper Rinderer, der sich mit Schere, Mehlkleister und Papp-Rasiermesser brutal an den Häuptern der Täuflinge vergriff. Zunächst wurde ich rasiert. Ich nahm diesen Vorgang als durchaus humorigen kindlichen Scherz und hatte Grund zu einem wohlwollenden Lächeln, bis Rinderer mit der Schere auf meine schönen Haare losging. »Bei den Haaren«, brüllte ich, »hört die Gemütlichkeit auf! Wie soll ich als Passagier mit verstümmeltem Kopf in den Hafenstädten Ostafrikas unseren Staat repräsentieren, Seeleute?« Rinderer dachte nach, während Zeise seinen alten Spruch zelebrierte, hüpfte ich, zum Äußersten entschlossen, von der Sitzbank und suchte mein Heil in der Flucht. Nun hätte man mich natürlich sofort wieder einfangen können, doch Kapitän Ambach, der, neben Neptun Heisinger im Präsidium sitzend, für einen einigermaßen regulären Verlauf der Festlichkeit zu sorgen gedachte, gab Zeise einen Wink. Ich durfte mich freuen, mit nur geringfügig verschandeltem Haarschopf davongekommen zu sein.

Jetzt sollte ich eigentlich durch den etwa sechs Meter langen Schlauch kriechen, dessen Durchmesser dem durchwachsenen Seemannskörper nur bescheidenen Spielraum ließ. Wer durch diesen Schlauch kroch, kam japsend und prustend am anderen Ende wieder heraus. Diese Etüde schien mir nicht die geeignete Therapie für Spondylotiker zu sein, und ich hob schon am Eingang der hinterhältigen Promenade protestierend die Hand. Dem Protest wurde vom Zeremonienmeister stattgegeben, wohl auch deshalb, weil ich an der Imbißbar so wacker meine Pille geschluckt hatte. Nun war mein Leidensweg fast beendet. Das abschließende Vollbad im Taufbecken empfand ich direkt als Erfrischung, obgleich Bademeister Amigo alles daran setzte, mir die Freude am fröhlichen Gepansche zu vergällen, indem er meinen Schädel immer wieder unter die Wasseroberfläche drückte. Zeise begleitete meinen Wasserfall mit pastörlichen Sprüchen und taufte mich auf den Namen Tintenfisch.

Als mich Amigo in die Freiheit entließ, legte ich die rechte Hand forsch an meine nicht vorhandene Kopfbedeckung und verabschiedete mich bei Zeise mit dessen Leib- und Magen-Motiv: »Das Schönste an der Seefahrt sind die Lieder!«

Vor den Duschkabinen trafen wir uns mit Kernseife und Bürsten wieder: wir, die drei Spitzenreiter der großen »Chimborazo«-Äquator-Premiere 1965, also Koch Krumme, die Sphinx und der zum Tintenfisch anvancierte Passagier. Das war nun ein ganz und gar untaugliches Werkzeug, zu dem wir zwecks Wiederherstellung unserer Menschenwürde gegriffen hatten. So sehr wir auch schrubbten und scheuerten – die ölige, teerschwarze Pampe haftete unverwüstlich fest am Körper. Eine Beseitigung der zähen Folie schien ohne gleichzeitige Entfernung der Epidermis nicht möglich. Als ich nahe daran war, für den Rest meines Lebens zu resignieren und die abscheuliche Patina auf meinem Körper als schicksalhaft und unabänderlich zu betrachten, gab mir Maschinist Steudel, der mittlerweile ebenfalls seine schwere Prüfung bestanden hatte, einen fachmännischen Wink. Man müsse, sagte Steudel, mit Verdünnung, einer terpentinähnlichen Flüssigkeit, operieren. Das tat ich nun ausdauernd und gründlich. Tatsächlich gelang mir nun die Metamorphose vom homo negrensis zum homo persilicus in verhältnismäßig kurzer Zeit. Die noch verbliebenen dunklen Flecken vertraute ich zur Weiterbehandlung meiner Badewanne an, die mich endgültig als das Menschenexemplar entließ, das ich vor der Taufe gewesen war.

Wegen meiner angestrengten und anstrengenden Bemühungen, die Spuren erlittener Höllenqualen loszuwerden, hatte ich ganz vergessen, daß mir hundeübel war. Die Pastete lag mir im Magen wie ein gigantisches Salzbergwerk. Je mehr und je schneller ich Selters und Zitronenwasser durch die Kehle jagte, um so penetranter wurde mir zumute. Ich verriegelte meine Kammer. Falls ich ableben oder auch nur ernstlich erkranken sollte, durfte fürs erste kein Mensch Zeuge meiner Agonie sein. Das hätte Zeise und Neubert so passen können, mich leiden zu sehen und vielleicht gar jammern zu hören. Als ich noch überlegte, wie ich meine Passion am unauffälligsten und hübsch diskret durchleiden könnte, durchfuhr es mich wie ein Blitz: Auf der Back war ja die Taufe noch in vollem Gange, und ich besaß bis zur Stunde kein einziges fotografisches Dokument vom grausigen Panoptikum, das ja auch das Cannä des Chief-mates einschloß! Unverzüglich dispensierte ich Kopfschmerz und Brechreiz, griff zur Exa und kam gerade noch zurecht, Neubert in seiner tiefsten Erniedrigung zu erleben. Er konnte es offensichtlich nicht fassen, daß er trotz der von ihm am laufenden Band gefertigten Taufurkunden nicht drum herumkam, die Pastete zu schlucken. Er schnaufte und prustete wie eine mißvergnügte Robbe und konnte nur froh sein, daß seine Frau, die das Abendbrotgeschirr in der Mannschaftsmesse aufdecken mußte, nicht zusah.

Der Anblick des winselnden Chief-mates verschaffte mir eine tiefinnerliche Befriedigung, und ich registrierte mit wonnigem Behagen eine auffällige Besserung meiner Gesundheit. Das Abendessen genoß ich in ausgezeichneter Verfassung. Zu Neuberts großem Verdruß schlang ich ein halbes Dutzend Schinkenbrote in mich hinein und hielt herausfordernde Referate, die das äquatoriale Taufintermezzo als das reinste Zuckerlecken charakterisierten. Amigo, der wochenlang seine Erfahrungen als Täufling der »Monte Rosa« in den schrecklichsten Farben geschildert hatte, warf mir böse Blicke zu. Er war unbefriedigt. Sein jahrelang gespeicherter Unmut, den er an mir vergelten wollte, hatte sich eher vervielfacht als gemindert. Am meisten wäre Amigo mit einer doppelt radikalen Wiederholung der Taufprozedur gedient gewesen, aber ein juristischer Verstoß gegen das Taufreglement ließ sich nicht nachweisen, und das Motiv persönlicher Rachlust allein rechtfertigte nicht die Wiederaufnahme des Verfahrens.

INDISCH-SANSIBAR UND UMGEBUNG

Der Dualismus Täufer-Täufling hatte zu bestehen aufgehört. Jeder von uns trug mit der Taufurkunde zugleich das Visum Neptuns zu lebenslänglichem Betreten und Bewohnen der südlichen Halbkugel bei sich. Wir waren eine monolithische Gemeinschaft geworden: frei, gleich und brüderlich. Nur an den Haaren ließ sich mehr oder weniger eindeutig ablesen, ob wir Alt- oder Neuäquatorianer waren. Storekeeper Rinderer hatte, je nach Laune oder Weisung, unterschiedliche Arbeit geleistet. Amateurfrisör Kraushaar gelang es mit wenigen genialen Scherenschnitten, aus meinem leicht verunstalteten Haarschopf wieder eine Frisur zu machen. Einige Chimborazoaner unterzogen sich dagegen einer Radikalkur: Sie imitierten Yul Brynner, weil die von Rinderer verursachten Verwüstungen durch keinen Kunstgriff mehr zu kaschieren waren. Mit drei Glatzköpfen und vielen Kurzhaarmatrosen fuhren wir Sansibar entgegen. Die Insel ließ nicht lange auf sich warten. Schon früh am Morgen, einen knappen Tag nach der Äquatortaufe, begleitete uns der Küstenstreifen des Eilands bis in die Bucht des Hafens. Die »Chimborazo« ankerte in mäßiger Entfernung jener idyllisch gelegenen Ansiedlung, die man am besten Sansibar-City nennt, um Insel und Hauptstadt nicht in einen Topf zu werfen. Die Sache ist aber noch eine Spur komplizierter. Die Insel Sansibar führt eine Zwillingsexistenz. Die insularen Geschwister heißen Sansibar und Pemba. Beide zusammen sind dreimal so groß wie Rügen, und der »Chimborazo«-Passagier ahnte, daß seine Tage und Arme viel zu kurz sind, um die reizenden, dem Meer entstiegenen Jungfrauen zu umarmen.

Das sansibarische Inselduo bildet mit Tanganjika die Föderation Tansania. Die Föderation unterhält diplomatische Beziehungen zu unserer Deutschen Demokratischen Republik. Als die »Chimborazo« vor Sansibar ankerte, waren diese Beziehungen noch auf die Region Sansibar-Pemba beschränkt, und die DDR-Botschaft, die später aufs Festland nach Daressalam umsiedelte, hatte ihren festen Sitz in Sansibar-City. Es gab freudige Begegnungen mit dem Botschafter, dem Botschaftspersonal, Ärzten, Lehrern und Ingenieuren, vielen Landsleuten aus Berlin, Dresden Magdeburg und Rostock. Viele von ihnen zogen Schiffskoch Krumme und Bäcker Heisinger in ein vertrauliches Gespräch und eilten mit einem Roggenbrot unterm Arm oder einem Klümpchen Sauerteig wohlgemut heimwärts.

Charly war am Ziel seiner Reise angelangt. Er wischte sich die Augen und drückte uns immer wieder die Hände. Sansibar hatte ihn wieder, und Charly war bei allem Abschiedsschmerz sehr glücklich. Für die Matrosenmenschen und für mich pendelte hin und wieder eine von der Botschaft gecharterte Barkasse zwischen »Chimborazo« und Hafen. Als ich die Insel zum erstenmal betrat, empfing mich ein vielgerühmtes legendäres Aroma: der Duft sansibarischer Gewürznelken. Dieser Duft ist eine klassische und spezielle Eigenart des vegetationsreichen Paradiese am Rand des Indischen Ozeans. Wer sich nicht versöhnen kann mit dem betäubend-süßlichen Atem des insularen Tropenwaldes, mag gefälligst zu Hause bleiben.

Mir jedenfalls roch und schmeckte die Atmosphäre Sansibars angenehmer als die Luft Berlins, vom Kraftwerk Klingenberg ganz zu schweigen. Mein zweiter unauslöschlicher Eindruck an Land war optischer Natur. Zu meiner nicht geringen Überraschung enthüllte sich mir Sansibar-City entlang dem Ufergelände als eine indische Enklave. Abgesehen von einer Handvoll Arabern, Suahelis und Europäern, prägten hier Abgesandte aus Bombay, Neu-Delhi und Kalkutta das Leben und Treiben nach Feierabend. Die Inder mögen vor Jahrzehnten oder auch Jahrhunderten mit einem Touristendampfer der Weißen Flotte (oder wie immer man das in Südasien nennen mag) nach Sansibar ausgeflogen sein und pfiffen, vom Inselklima aufs höchste entzückt, auf die Rückreise. Nun spazierten sie die Straßen, die Uferwege entlang und promenierten im Schatten der Parkbäume. Die indischen Frauen waren ausnahmslos konservativ nach dem Modejournal ihrer Urgroßmütter gekleidet. Ich sah lange, bis zu den Knöcheln reichende Gewänder in allen Farben des Spektrums. Europäische Haute couture beeinflußte dagegen die Garderobe der Indien-Männer. Ich vermag nicht zu sagen, ob die Inder die Majorität der Doppelinsel bilden, aber unzweifelhaft bilden sie das Gros der Geschäftsleute und anderer vermögender Schichten.

Fritz Birnbaum, Korrespondent des Allgemeinen Deutschen Nachrichtendienstes, lief mir, nein, fuhr mir eines Morgens über den Weg, als ich mich entschlossen hatte, die Insel recht und schlecht per pedes zu erwandern. Wir einigten uns schnell, und ich muß zugeben, daß Birnbaum als chauffierender Reiseführer keine schlechte Figur machte. Am Eingang der Poliklinik des Lenin-Hospitals, einer Stiftung der Sowjetunion, drängten sich die Patienten, vorwiegend Suahelis, darunter Mütter mit süßen schwarzen Babys, die eins wie das andere den Wunsch in mir weckten, es möchte sich an ihnen meine Vaterschaft erweisen lassen und ich dürfte sie einfach mit nach Hause nehmen. An einer Baustelle, von Architekten und Technikern unserer Republik angelegt und beaufsichtigt, ließ ich Birnbaum kurz stoppen. Hier entstanden und entstehen Hunderte moderner Wohnungen, zu deren Errichtung auch Bauteile beitrugen, die erst am Tage zuvor von der »Chimborazo« gelöscht worden waren.

Unsere Route führte weiter durch Basare, ärmliche Suaheli-Siedlungen und durch Wälder, die so üppig mit Palmen, Mangroven und Nelkenbäumen bewachsen waren, daß man sich dann und wann in den Amazonas-Dschungel versetzt fühlte. Der ehemalige Sultanspalast, weißleuchtend und tipptopp gepflegt, kündet als Museum von entschwundener Fürstenherrlichkeit. Der letzte Sultan war, wie mir Birnbaum berichtete, kein Despot, sondern eher ein rühriger, um die Autonomie und Einheit der Insel besorgter Landesvater. Er ging ins Exil, freiwillig, einsichtig und unbehelligt, als erwachender republikanischer Geist dem Feudalismus auch in Sansibar ein Ende setzte.

Sansibar war nur theoretisch Endstation und Wendemarke unserer Ostafrikareise. Zum Verdruß quertreibender Heimweh-Chimborazoaner gelang es Kapitän Ambach nicht, die für Daressalam bestimmte Ladung schon in Sansibar loszuwerden, was leicht möglich gewesen wäre, wenn sich ein Schwesterschiff der »Chimborazo« erbötig gezeigt hätte, die Tanganjika-Fracht zu übernehmen. Doch die »Vesuv« ließ auf sich warten, und so begab sich unser stolzer Steamer am

20. Januar wiederum afrikaabwärts und warf alsbald Anker vor Daressalam.

Das war nun endgültig der Südpol unserer Reise. Das Telegramm der Seereederei: »Weiterfahren nach Diego Suarez Madagaskar«, das in meinem prognostischen individuellen Logbuch schon als greifbare Realität verzeichnet war, kam und kam nicht. Aber ich konnte ja zufrieden sein, daß – soviel stand jetzt schon felsenfest – kein Störenfried mehr in der Lage sein würde, die »Chimborazo« zu zwingen, ihren Ausflug auf drei Monate zu beschränken. Die Gibraltar-Havarie, der Marathonaufenthalt in Jeddah und die noch zu erwartenden Hafenaufenthalte während der Rückreise boten Gewähr für ein Hunderttage-Reiseunternehmen.

Wir kamen noch bis zur Innenreede. Weiter nicht. Die Piers in Daressalam waren allesamt besetzt. Das Löschen der spärlichen Fracht mußte nun, wie schon oft, auf dem Wasser erfolgen. Für dieses Geschäft standen größere Lastkähne zur Verfügung, die mit Hilfe des schiffseigenen Ladegeschirrs befrachtet wurden und mehrmals zwischen »Chimborazo« und Pier pendelten. Es ließ sich absehen, daß dies nicht bis Ostern dauern würde. Also nützte ich jede Stunde zur Besichtigung und Erforschung der Haupt- und Hafenstadt Tansanias. Was mich schon in Sansibar verblüffte, überraschte mich in dieser malerisch gelegenen und im Zentrum sehr mobilen Stadt erneut: Der »schwarze Kontinent« ist, zumindest in diesem Teil Ostafrikas, eher ocker und braun. Inder und Araber bilden hier die Mehrheit der Bevölkerung. Auch Engländer, ehemalige Kolonialherren und neuerdings unter dem Pseudonym »Entwicklungshelfer« ansässig, treten überall in Erscheinung. Afrikaner regieren das Land. Sie liegen der Zahl nach, wenigstens im Landesinneren, an der Spitze. Aber die Schlüsselstellungen in der Wirtschaft gehören noch fremdländischen Siedlern.

Wie es sich für ein Land ewigen Sommers gehört, sind die unzähligen Restaurants und schäbigen Erfrischungsbuden

Daressalams während des Tages und über Mitternacht hinaus geöffnet. Man kann ja nun gegen den Coca-Cola-Weltkonzern sagen, was man will, aber die mir in tropischen Zonen Afrikas zu fast jeder Stunde und an jeder Ecke gebotene Gelegenheit, für vier oder fünf Cents eine eiskalte Coke zu schlürfen, hat mich mit viel Wehmut an die nördliche Heimat denken lassen, wo Getränkekioske, falls sie nicht wegen Inventur oder eines Ruhetags geschlossen halten, nur in Ausnahmefällen polarfrische Getränke auf Lager haben. Ein tansanischer Coke-Buffetier, der sich unterfinge, am frühen Morgen oder um Mitternacht eine gar nicht oder nur unzureichend gekühlte Coca Cola anzubieten, würde sogleich des Landes verwiesen.

Eine bezaubernde Mulattin, der ich eines späten Abends auf dem Boulevard begegnete, schätzte sich mit anderthalb englischen Pfund gewiß nicht zu hoch ein, doch meine Nachfrage hinkte dem Angebot hinterdrein. Erstens, wenn wir schon mal gar nicht von der Moral sprechen wollen, hatte ich wenig Valuta in der Tasche, und zweitens war ich mit Sitten und Unsitten des Landes nicht genügend vertraut, um einigermaßen präzis kalkulieren zu können, aus welchem Bündel üblicherweise gewährter Dienstleistungen sich der tatsächliche Endverbraucherpreis zusammensetzt. Decksmatrose Schuchert, der welterfahrene Playboy, hatte mir schon einige Lieder davon gesungen. »Mit einem Pfund«, sagte Schuchert, »fängt es immer an. Aber das ist gewissermaßen nur der Schlüssel zum Himmel der Liebe, es sind die fünfzig Pfennig, die jeder Berliner Anwärter auf eine Taxifahrt als Einstand beisteuern muß.« – »Und wie weiter?« fragte ich Schuchert. – »Was heißt hier weiter! Wer nicht rechtzeitig aussteigt, kann mehr Haare lassen, als er auf dem Schädel hat!« Wehmütig strich sich Schuchert über sein kahles Haupt, aber das hatte ihn kein Geld, sondern nur den Schweiß einer Äquatortaufe gekostet.

Daressalam bot den Touristen Safaris und Reisen zum Viktoria-See an. Ein gemeinschaftlicher Ausflug der Chimborazoaner ins Landesinnere hätte bei einiger Aufgeschlossenheit des Kapitäns und seiner Offiziere durchaus geplant und realisiert werden können. Man kommt schließlich nicht alle Tage in diese schöne Gegend, und acht Tage gemeinschaftliche Querfeldeinfahrt – das wäre doch mal ein echter Knüller gewesen, den man der Rostocker Reederei nicht unbedingt auf die Nase hätte binden müssen. Struwe I lachte mich aus, als ich ihm vorschlug, Rügen Radio zu unterrichten, daß dringende Reparaturen an der Schiffsschraube das Auslaufen der »Chimborazo« vor Anfang Februar vereitelten. Das ginge nicht »einfach so«, meinte Struwe I. Es wäre, finde ich, schon gegangen, aber diese Chimborazoaner, mit ihren heulenden Familien am Ostseestrand, riskierten nichts, gar nichts, weil sie nichts riskieren wollten. Da haben wir sie noch in Reinkultur, deutschen Untertanengeist und die Verewigung eines Familienideals, wie man es auf Bildnissen Ludwig Richters dargestellt findet.

Also Richtung Heimat. Schön gemütlich, ihr Guten, wenn ich sehr bitten darf. Lassen wir uns nun ein paar Tage in Mombasa, an Kenias Küste, nieder! Pemba, Sansibars Schwester, blieb bereits am Nachmittag auf dem Ozean zurück, und die Sonne schien noch kräftig, als die »Chimborazo« am Pier von Mombasa liegenblieb. Bis zum Kilimandscharo-Vorgelände war es von hier aus ein Wildkatzensprung. Bedauerlicherweise mußte ich feststellen, als ich in meinen Wartburg steigen wollte, daß ich Freund Zabel im November mit meinem Wagen nach Berlin zurückgeschickt hatte, statt ihn der »Chimborazo« aufzuladen. Nun waren Mietautos und guter Rat teuer, und ich entschloß mich schweren Herzens, das Kilimandscharo-Projekt bis zu meinem nächsten Wiedersehen mit Kenia zu vertagen oder zu verjähren.

Dieses Mombasa ist auch so eine Vielvölkerstadt wie Daressalam und Sansibar-City. Man begegnet fast allen denkbaren Hautfarben und Religionen. Es erfüllte mich mit nicht geringem Stolz, daß die »Mombasa Times« ihrer Rubrik »Shipping in Harbour« unsere und meine gloriose »Chimborazo« auf den ersten Rang gesetzt hatte. Man verfügte also auch hierorts über richtige Maßstäbe. Und man verfügte außerdem über eine splendide Großstadt, in der Automobilkarawanen, Luxusgeschäfte und sündenteure Nachtbars ebensowenig fehlten wie arabische Basare, Moscheen und primitive Afrikanersiedlungen in den Außenbezirken. Das obligatorische Seemannsheim, das auch an diesem Ort ein grüngekacheltes Schwimmbad zur Benutzung empfahl, sah mich nur ein einziges Mal als Käufer hübsch kolorierter Ansichtskarten und als Coca-Cola-Schlürfer. Das Badewasser lockte mich nicht, es war zu warm.

Eines Abends versprach mir ein dunkelhäutiger Muselmann, dem ich etwas abseits der Hauptstraße in die Arme lief, die schönste Frau des Morgenlands für einen Spottpreis. Bis zu ihrem Appartement seien, sagte der verschlagene Hochzeitswerber, nur wenige Schritte zu laufen, und ich folgte ihm teils neugierig, teils in der Befürchtung, dem Liebesmakler nicht mehr ohne Komplikationen entrinnen zu können, da wir mittlerweile in spärlich beleuchteten Nebenstraßen angelangt waren. Mir wurde, je weiter wir uns vom Stadtkern entfernten, immer blümeranter zumute, und ich bemerkte mit Schrecken, daß ich wenig Aussicht hatte, den labyrinthischen Araberslums, in welche ich nach einer halben Stunde geraten war, ungerupft und mit heilen Knochen zu entrinnen. »Go on – go on!« kommandierte der fragwürdige Fremdenführer, und ich stolperte immer weiter und tiefer in mein sicheres Verderben. Das war nun eine Lage! Weit abseits, im Hafen, am Pier 9, lag die herrliche »Chimborazo«, ein Steamer, auf dem man sechzig Tage und Nächte lang in Ruhe und Frieden gelebt, gegessen, getrunken, geschwätzt und geschlafen hatte. Und nun plötzlich drohendes Unheil, das aus eigener Kraft nicht abzuwenden war. Welcher Hahn, welcher Amigo, welcher Neubert oder Zeise, ging es mir durch den rumorenden Kopf, würde in dieser Nacht nach mir krähen, wenn mir der listige Verführer eins über den Schädel hieb und mich – falls nichts Schlimmeres geschah – meiner kärglichen Barschaft beraubte? An orientalische Liebesspiele dachte ich schon lange nicht mehr, eher an die Vermißtenanzeigen mit meinem Namen im Seemannsheim Mombasas, im Vestibül der Rostocker Reederei und in der »Mombasa Times«. Mir wurde dennoch, was ich kaum noch zu hoffen wagte: nämlich Rettung. Mein gleisnerischer Schlepper lieferte mich in einer verwinkelten Gasse einer beutegierigen Arabermutter älteren Semesters aus, die mich in eine Lehmhütte führte, wo die mir als schönste Frau des Morgenlands angepriesene halbwüchsige Tochter zu vertraulichem tête-à-tête einlud. Bevor es jedoch zu dieser Konfrontation gekommen war, hatte mir mein selbstloser Vermittler zugeraunt, er werde in etwa »half an hour« wieder zugegen sein, um mich in die Stadt zurückzugeleiten. Das war meine Chance! Ich erklärte dem in der Tat morgenschönen Mädchen auf umständliche Weise, mein Schiff werde noch in der Nacht auslaufen, und der lange Marsch durch die Außenviertel Mombasas habe meinen Zeitplan völlig durcheinandergebracht. So leid es mir täte – ich müßte eilends zurück an Bord. Die Tochter sah mich, so gut es ihr gelang, mit unschuldsvollen Augen an, während die herbeigerufene Mutter böse Blicke auf mich warf und ein – wie man das unter Journalisten nennt – Ausfallhonorar forderte. Ich zahlte das Schmerzensgeld in Höhe von fünfzig Cents leichten Herzens und machte mich aus dem Staube, was buchstäblich zu verstehen ist. Als ich mich unter den Laternen des Mombasa-Boulevards wieder in Sicherheit wähnen konnte, war ich so glücklich, als hätte mir die schönste Frau des Morgenlands alle Wonnen der Liebe doppelt und dreifach gewährt. So empfindet vielleicht jeglicher, der sein Leben verspielt wähnt und dem Tode wie durch ein Wunder doch noch entrinnt.

Ich beschränkte den Zirkel meiner Promenaden in Mombasa in den folgenden Tagen auf Gegenden, wo ich gegen ein Wiedersehen mit dem verruchten Handelsmann Amors gewappnet war. Ganz ergriffen stand ich öfter als einmal vorm Wahrzeichen der ostafrikanischen Stadt, vor zwei der Natur nachgebildeten kolossalen Elefantenzähnen, die das Portal zur Hauptstraße Mombasas bilden. Mein Fotoarchiv birgt das alabasterweiße Elfenbein in vielen Variationen, die ich gelegentlich betrachte und um die mich Murks- Schnappschütze Neubert beneiden würde, wenn er davon wüßte.

AUF AUSGETRETENEN WEGEN

Die nächste Station der »Chimborazo« auf der Rücktour sollte Djibouti sein, Kolonialhafen der Grande Nation und Bratofen französischer Fremdenlegionäre am Golf von Aden. Die stillen oder auch ausgesprochenen Hoffnungen meiner »Chimborazo«-Widersacher kollidierten hart mit der Reederei-Regie. Auch der Heimwärtskurs war mit Häfen gepflastert. Die Zeitlupe hatte über den Zeitraffer endgültig gesiegt. Djibouti-Port Sudan-Marseille-Antwerpen-Hull-Aarhus waren der »Chimborazo« als künftige Ankerplätze vorgeschrieben, und der eine oder andere Mittelmeerport könnte sich dem Reigen der Rastplätze noch hinzugesellen, wenn es Poseidon gut mit dem Passagier und schlecht mit den Stürmern und Drängern meinte.

Mir war sehr nach Protest zumute, als die »Chimborazo«, ohne mit der Wimper zu zucken, an Djibouti vorüberfuhr. Neubert und die Maschinenmenschen feierten im Tagesraum ihren Djibouti-Sieg mit großer Ausgelassenheit. »Wenn wir heut nacht nach Hause gehn!« grölten die Reibeisenkehlen der unmäßigen Zecher, und ein ausnahmsweise korrekt rasierter Amigo schleppte Bierkästen herbei, die allesamt nichts kosteten, weil Zeise sie vor vierzehn Tagen den gedemütigten äquatortäuflingen abgeluchst hatte. Struwe II verriet mir unterm Siegel der Verschwiegenheit, daß eine Sinnesänderung der Rostocker Reederei schuld sei am Djibouti-Debakel. Die ursprünglich für die »Chimborazo« bestimmte Fracht sei in Abänderung des Programms der »Vesuv« zudiktiert worden. Hier hatte, wie ich felsenfest überzeugt war, erneut Neubert seine Hände im Spiel. Ich konnte es nicht beweisen, aber ich wußte es. Ein Indiz für die Quertreiberei Neuberts erblickte ich in dem Umstand, daß Neubert früher schon zweimal das Festland in und um Djibouti betreten und einfach keine Lust hatte, dieses »Wüstenkaff«, wie er sich mir gegenüber ausdrückte, ein weiteres Mal zu besuchen, nur um die Weltkenntnis des Passagiers erweitern zu helfen. Kraushaar soll sich außerdem, wie mir Osterhold berichtete, beim Einschwenken der »Chimborazo« in den Golf von Aden hitzig mit Neubert gestritten haben. Er, Osterhold, habe deutlich gehört, wie Kraushaar brüllte: »Laß doch dem Stengel das Vergnügen!« Und Neubert sei dem Zweiten wütend in die Parade gefahren: »Nur über meine Leiche!« Wer weiß, ob sich alles wirklich so zugetragen hat (Osterhold stammt von der Waterkant und ist ein richtiger Spökenkieker), aber es fügt sich nahtlos ins Charakterbild, das ich mir von Neubert gemalt habe.

Bis Port Sudan verzichtete ich vergrämt auf wachsame Beobachtung des mich umgebenden Meeres. Das alles kannte ich schon zur Genüge. Die »Chimborazo« schiffte in der gleichen Spur wie auf dem Hinweg. Nun war SkatspielenTrumpf, vor allem, wenn ich Trümpfe in der Hand hatte, die mir von meinen listigen Mitspielern allerdings meistens vorenthalten wurden. Hin und wieder griff ich auch in meine Bücherkiste, schrieb Briefe oder befaßte mich mir meinen geliebten Tabellen, in die ich Wind, Wetter, Seegang, Fahrtgeschwindigkeit – kurz alle Faktoren eintrug, die mir eine ziemlich genaue Analyse der Gegenwart und Zukunft meines Abenteuers ermöglichten.

Im sudanesischen Hafen hatte der Februar begonnen. Struwe I, der ausgezogen war, um in seiner zweiten Funktion als Wirtschaftsoffizier für Valuta-Nachschub zu sorgen, kehrte mit leeren Händen zurück. Die Banken, erklärte Struwe I, seien geschlossen. Damit müßte man während des Ramadan leider rechnen. »Ich verstehe«, sagte ich zu Struwe, »immer Ramadan. Wenn ich richtig informiert bin, handelt es sich dabei um den Fastenmonat der Moslems. Nach meinen Unterlagen beginnt der aber erst Ende Februar!« – »Das stimmt, und es stimmt auch nicht«, erwiderte Struwe im Stil eines akademisch geschulten Orientalisten, »der Ramadan wirft schon jetzt seine Schatten voraus, ja, man kann in gewisser Weise behaupten, der Ramadan regiert den Kult des Islams an dreihundertfünfundsechzig Tagen im Jahr.« Diese Aussage hielt ich zwar für übertrieben, doch gewisse Symptome, die ich in Port Sudan registrierte, bestärkten mich in der skurrilen Auffassung: Ramadan ist erstens im März und zweitens immer. Was ein echter Moslem sein will, der betet nicht nur fünfmal am Tag, sondern der fastet, feiert und wallfahrtet sein ganzes Leben lang. Im Grunde machen wir Europäer es nicht anders, nur die Form, nach der wir zu ramadanen pflegen, ist nuanciert. Der Ramadan in Prenzlau etwa bedient sich so unterschiedlicher Bezeichnungen wie »Wegen Inventur geschlossen«, »Heute keine Sprechstunde«, »Wegen Erkrankung eines Darstellers fällt die heutige Vorstellung aus« oder »Betriebsferien bis Anfang September«. Zwischen Damaskus und Karatschi hat man solche und ähnliche Formeln kühn rationalisiert. Dort gibt es nur eine einzige: Ramadan. Was ist mir in orientalischen Breiten unter der Losung »Ramadan!« nicht alles verweigert und vorenthalten worden!

Aber mehr noch als ich hatte die gute »Chimborazo« unter der Willkür des Ramadan-Kobolds zu leiden. Es kam vor, daß statt der fünfzehn gemeldeten Hafenarbeiter nur fünf zur Arbeit erschienen und auch die nur für ein paar Stunden, und diese Stunden waren hinwiederum unterbrochen durch sehr langwierige Gebetsübungen, die oft noch länger währten als die Mittagspause des Redaktionskollegiums der »Ulknudel«. Das im Ursprung christliche »ora et labora«, das Bete-und-arbeite-Prinzip der Jünger Jesu, wurde von den Ramadan-Moslems mitunter etwas einseitig zugunsten der Anrufung Allahs interpretiert. Freilich muß ich zugeben, damit man sich durch meine Ausführungen keine verzerrten Vorstellungen mache, daß die sudanesischen Hafenarbeiter, nachdem sie ihren Gebetsteppich zusammengerollt hatten, eine Arbeitsintensität entfalteten, wie man sie im Rostocker Hafen vielleicht nur auf dem Papier des Betriebskollektivvertrags findet. Unter anfeuernden Sprechgesängen wurden am Pier von Port Sudan Säcke geschultert, geschleppt und zu riesigen Gebirgen gestapelt, daß es einem schon bei der Vorstellung bänglich wurde, man könnte für eine Stunde einbezogen werden in den Takt der unermüdlich galoppierenden Beine und zupackenden Hände. So kam es also (und man mag dieser Feststellung die nur relative Richtigkeit meines Ramadan-Exkurses entnehmen), daß sich die »Chimborazo« im Endeffekt achtbar aus der Affäre ziehen konnte. Viel achtbarer, als mir lieb war. Wenn ich mich in Port Sudan auch nicht besonders heimisch fühlte, so vermochte ich doch sehr wohl einzuschätzen, wie schnell mir der ganze afrikanische Kontinent aus der Hand gleiten würde, sobald das Signal zur Abfahrt gegeben war. »Gehen wir noch einmal ins Seemannsheim«, sagte ich zu Amigo, »und tragen wir bei einem kühlen Drink unter Palmen den Sommer, das Rote Meer und diesen freundlichen Erdteil zu Grabe!«

Im Heim war es sehr ruhig. Der Wirt an der Theke bediente uns gleichgültig. Ramadan. Zwischen Amigo und mir kam nicht gleich ein Gespräch zustande. Wir hingen, wie man es in den besten Büchern liest, unseren Gedanken nach. Endlich sagte Amigo: »Die Antibabypille ...« Ich wußte sofort, worauf er hinauswollte. Die Sache war, kurz und diskret angedeutet, die: Amigo verfügte über eine vierköpfige Familie. Nun hatte sich im Kopf des Chefstewards der Gedanke festgesetzt, es müsse unverzüglich mit der Strategie einer umfassenden Geburtenregelung begonnen werden. Er selbst, Amigo, fühle sich bei diesem Vorhaben wie ein Generalstabschef ohne Waffenarsenal, und nur der taktische Einsatz weitreichender Antibabypillen gewährleiste den Erfolg der Familienplanung. Solche sehr grundsätzlichen Erwägungen bildeten aber nicht den Kern der Offenherzigkeit Amigos. Amigo suchte in mir einen Verbündeten und Helfershelfer, und meine elementaren Sprachkenntnisse schienen dem guten Antibabypillen-Befürworter die geeignete Waffe zur Durchsetzung seiner Strategie zu sein. »Weißt du«, sagte Amigo so liebenswürdig und duzfreundlich, wie wir seit Mombasa miteinander verkehrten, »mit den Apothekern in Belgien oder in England oder in Dänemark könntest du ruhig mal bezüglich dieser Angelegenheit verhandeln, davon abgesehen!« – »Ja, ja«, antwortete ich gedankenverloren und sah mich außerstande, auf die Preisgabe eines Uraltwitzes zu verzichten. »Ich weiß etwas Besseres als Antibabypillen«, scherzte ich begabt, »Äpfel!« – »Vorher oder nachher?« fragte Amigo planmäßig und prompt. »Statt dessen, Amigo!« pointierte ich erfolgreich. Amigo fand den Witz »köstlich, rasant und unwahrscheinlich«. »Über die Antibabypillen reden wir noch mal, Amigo«, sagte ich, denn ich wußte, das würde bis Antwerpen ohnehin fast täglich geschehen.

Amigo sah auf die Uhr. Ein Steward hat es nicht leicht. Dreimal täglich – ob auf See oder im Hafen – wollen die Matrosen-Raubtiere gefüttert sein, und in der Offiziersmesse ist Amigo unumschränkter Souverän und Sklave. Er hat keinen Vertreter, niemanden, der ihn ersetzen könnte, es sei denn, man mutete der Sphinx zu, beide Messen des Schiffs zu bewirten. Amigos gesunder Kavalierskomplex spielt nicht mit dem Gedanken, anderen die Pflichten aufzubürden, die einem Chefsteward auferlegt sind.

Auch Port Sudan hatte sein Gibraltar, und der aufmerksame Leser versteht sehr gut, daß ich mit dem Namen der Affenhalbinsel seit dem »Cheviot«-Zwischenfall immer etwas durchaus Erbauliches verbinde, etwas Unerwartetes, Zufälliges, das die Reisefrist der »Chimborazo«-Fuhre verlängern hilft. Der ohnehin schon respektabel zeitzehrende Aufenthalt in Port Sudan verlängerte sich noch um einen halben Tag, als Zeises Maschinenmenschen einen Defekt der Kühlwasserleitung bemerkten. Meine Genugtuung ärgerte den Chief über alle Maßen, und er trieb seine Reparaturkolonne zur Eile. Der Weg nach Suez wurde mir durch das unaufhörliche Vibrieren meiner Zimmertür vergällt. Ich beschwerte mich bei Zeise mit den Worten: »Auch diese Variation heimtückischer Aggression auf meine Nerven kann mich nicht entmutigen. Ich habe so vielen Unbilden mannhaft getrotzt, nun werde ich ja wohl auch noch mit einer quietschenden und rüttelnden Pforte fertig werden!« Zeise mimte den Verlegenen. Er sei schuldlos an der Sache, und so was wie eine unzulänglich justierte Tür komme schon mal vor. Blöde Ausrede! Die Tür war siebenundsiebzig Tage lang in Ordnung, und jetzt, ausgerechnet nach dem Kühlwasserleitungsärger, der Zeises Racheventile, wie ich mir gut zusammenreimen konnte, weit öffnete, diese Quietscherei und Rüttelei.

Ich wandte mich an Schiffszimmermann Pausniak, der mir freundlich gesinnt war, weil er bei nächtlichen Skatrunden mehrmals erfolgreich abgeschnitten und mehrere Liter Bier sowie einige hundert Gramm schottischen Whisky als Preis eingeheimst hatte. Pausniak gefiel mir von Rostock an. Er war Leib-und-Seele-Matrose, frei von jeglicher Seemanns-Schizophrenie, die ich vor allem bei Amigo und Zeise exemplarisch ausgeprägt fand. Amigo schluchzte in unzähligen Diskutiernächten, er wolle nun Schluß machen mit dem Nomadendasein, heimkehren für immer zu Weib und Kindern, den Stammtisch einer Berliner Eckkneipe mit Adlershofer Wodka und Bockwürsten bewirten und nicht mehr, niemals mehr daran denken, daß es eine »Chimborazo« gab, die sein Leben genauso verzehrte wie Struwe II, der unersättliche Freßsack, sein doppeltes Frühstück. Den Einwand, Amigo werde es wohl nicht so ernst meinen mit seinen revolutionären Prophezeiungen, wies der Chefsteward jedesmal entrüstet zurück. »Schluß, Schluß, Schluß!« pflegte er den Skeptikern mit pathetischer Donnerstimme zu erwidern. »Das ist meine letzte Fahrt – ich steige ab!« Pausniak, wie gesagt, war, zumal er funktionell mit Holz umzugehen hatte, aus anderem Holz geschnitzt. Er liebte die »Chimborazo«, ging in seiner Tätigkeit auf und erwog nicht im entferntesten die Veränderung des Status quo. Der gute Schiffszimmermann hämmerte und hobelte an meiner Kammertür herum, bis alles wieder schön in Ordnung war. »Da muß sich einer dran vergriffen haben«, sagte Pausniak nachdenklich, »von allein kann sich so eine massive Tür eigentlich nicht derartig verziehen!« Der Fachmann hatte gesprochen. Mein Verdacht war bestätigt worden. Wozu diese Zeise, Neubert und Company aber auch alles fähig waren! Ich mußte mich wundern und konnte nur lachen. Mochten sie mir noch so grimmig zusetzen, die Ekelpakete. Mir war so leicht nicht beizukommen.

Die Sonne überm Roten Meer und überm Suezkanal schien auch in der Mitte des Februar noch warm und kräftig, doch das war eine Afrika-Abschiedssonne, die gleichzeitig wärmte und die Seele gefrieren ließ. In achtzig Tagen war Jules Verne um die Erde gereist. Auch ich stand vor einem Aktschluß, der mich, obwohl er längst noch nicht das Finale der »Chimborazo«-Fahrt war, schmerzlich stimmte. In wenigen Tagen würde ich das Surren der Ventilatoren entbehren, mir eine warme Jacke anziehen und mich unwiderruflich vom afrikanischen Sommer verabschieden müssen. Schon waren wir auf der Reede vor Suez eingetroffen, empfingen Zeitungen, Post und kleine Liebesgaben aus der Heimat und erfuhren aus dem Bordrundfunkgerät, daß Europa vor Kälte bibberte. Der Kanal-Konvoi bestand diesmal aus fast vierzig Schiffen aller Nationen, und die »Chimborazo«, bescheiden und taktvoll, wie einem Rückkehrer angemessen, nahm mit einem Plätzchen am Ende der Schiffsschlange vorlieb. Der Marsch von Suez nach Port Said verlief programmgemäß. Der Aufenthalt im Großen Bittersee war weder der Rede noch der Reede wert. Wir erreichten Port Said mindestens so schnell, wie es den ungeduldigen Kilometerfressern Neubert, Zeise und Amigo angenehm war. Ich selber konnte dem zügigen Marschrhythmus des Geleitzugs nichts Wohltuendes abgewinnen. Port Said bedeutete die Einweisung der »Chimborazo« in Mittelmeergefilde. Man brauchte nur einen Blick aufs Thermometer zu werfen und wußte sofort, was die Uhr geschlagen hatte. Zehn bis fünfzehn Grad Celsius, je nachdem, ob man die Temperaturskala um Mitternacht oder am späten Vormittag anvisierte, verrieten deutlich den Beginn einer rauhen, unafrikanischen Saison. Da ich natürlich kein Hypochonder bin und diese Bezeichnung, wollte man sie auf mich beziehen, als Diffamierung empfinden würde, scheue ich mich nicht, jetzt erstmals von meinen launigen Bandscheiben zu sprechen, die das plötzliche Absinken der Temperaturen mit Unmut quittierten. Mit leicht gekrümmtem Rücken, aber aufrecht in seelischer und charakterlicher Hinsicht, stand ich neben Gotthilf auf der Kommandobrücke und versuchte, nachdem wir längst aus Port Said ausgelaufen waren, mit einem kühnen vorwärtsgerichteten Seemannsblick mein physisches Handikap auszugleichen und zu vergessen.

Der Kurs auf Marseille versprach die schönsten Aussichten, wenn es mir nur gelang, Kapitän Ambachs gelegentlich erwachende Fotoamateurleidenschaft gegen Neuberts Passagier-Mißgunst auszuspielen. Der direkte Weg vom ägyptischen Norden zum gallischen Süden zwang normalerweise zur Befolgung einer Route, die mit landschaftlichen Reizen reich dekoriert war. Aber dachte Neubert normal? Nein, er hätte wohl am liebsten, auch auf die Gefahr hin, doch noch zeitlich in Verzug zu geraten, insulare Mittelmeerschönheiten in weitem Bogen umschifft und mich entgeistert auf monotone Wasserflächen, unendliche und ungesäumte, blicken lassen. Neuberts Perfidie machte sich in wiederholten Hänseleien Luft. »Das haben Sie sich wohl anders ausgerechnet, Herr Stengel, wie? Ihr Teleobjektiv können Sie sich sauerkochen lassen. Sagten Sie Kreta? Da werden wir mal für anständigen Dunst sorgen und für Dämmerung! Sagte ich Dämmerung? Nein, Nacht muß es sein, wenn Kretas Küsten – na, die Litanei kennen Sie ja als Schreiberling!« Mir war solches Gerede zu dumm, um meine geistigen Waffen ins Gefecht zu führen. Während Kraushaar Dienst auf der Kommandobrücke hatte, verglich ich die Seekarte mit den Logbucheintragungen und ermittelte exakt, daß mir Kreta nie und nimmer entgehen konnte. Lange bevor die Sonne sank, zogen wirklich die öden Gebirgsstöcke des geschichts- und sagenumwisperten Eilands an meinen andächtigen Augen vorüber. Hier stand, wie die Gelehrten glauben, die Wiege der abendländischen Kultur, und selbst Griechenland kann sich nicht annähernd so vieler Zeugen und Überbleibsel aus frühen Jahrtausenden rühmen wie Kreta, das Mekka staunender Archäologen. Ich hätte meine Füße natürlich gern auf kretischen Boden gesetzt, doch man kann nun einmal nicht alles haben auf der Welt, und ich war in diesen Abendstunden schon glücklich genug, mein Fernglas dorthin richten zu können, wo so vieles, was wir die Errungenschaften Europas nennen, seinen Ursprung hat. Neubert, der Kraushaar inzwischen auf der Kommandobrücke abgelöst hatte, war unwirsch. »Was ist da schon zu sehen, Herr Stengel«, brabbelte er, »nichts als Gelände!« So betrachtet, hatte Neubert recht. Ein Farbfilm konnte zu dieser Stunde und auf die beträchtliche Entfernung gewiß keine Bäume ausreißen, zumal mir die Vegetation an Kretas Küste nicht extrem üppig zu sein schien. Aber aus dem sehr spröde dreinblickenden Landstreifen und meiner schwärmerischen Phantasie ließ sich schon ein unvergeßliches Erlebnis fügen. Ich sah Kreta, stellte, soweit mir die Bord-Bibliothek behilflich sein konnte, bedeutende historische Zusammenhänge zwischen Vorgestern, Gestern und Heute her und achtete nicht vulgärer Maßstäbe, wie sie Neubert an die Insel legte.

Das Ionische Meer war in meinen Unterlagen nicht als kapriziös und wetterwendisch verzeichnet. Ich erfuhr nun, daß ein Seemann auf dem Wasserweg von Kreta nach Sizilien streng geprüft werden kann. Nachts mußte sich die tapfere »Chimborazo« mit einem Seegang vom Kaliber 7 auseinandersetzen, und ich hatte Mühe, in meiner Koje Halt und Schlaf zu finden. Doch man glaube nicht, ein Passagier von der Unverwüstlichkeit eines in vielen Stürmen bewährten Transäquatorianers wäre selbst bei noch stärkerem Wind- und Wellentosen aus der Balance zu bringen! Ich begab mich, als es mir einige Farbtöne zu bunt wurde, mit zünftig breiten Schritten auf die Back, ließ mich von wütenden Brechern begeifern und spottete den aus Angeln und Harpunen geratenen Elementen. Bin ich ein Wagebold, ein Fürchtegarnichts und Aberwitzling? Wie dürfte ich mir solche Prädikate zuerkennen! Das Geheimnis meines nicht zu brechenden Trutzgeistes war einfach die Erhabenheit der »Chimborazo«, die nach allen Regeln der nautischen Kunst entworfen und konstruiert war. Ich konnte mich auf dieses Wunderwerk der Technik verlassen und sah für mich nicht die geringste Chance, wenigstens ein bißchen seekrank zu werden, nur um ausführlich darüber berichten zu können. Man mag in konservativen Kreisen auf dem Standpunkt beharren, daß nur derjenige von sich behaupten könne, zur See gefahren zu sein, der mindestens einmal das Gefühl ausgekostet hat, nicht mehr leben zu wollen, aber dennoch nicht sterben zu dürfen – doch im Zeitalter der »Chimborazo« gehört Seekrankheit nicht mehr unbedingt zum Repertoire aktiver Meereskunde.

In gewisser Weise war die herrliche Seereise Rostock-Sansibar-Rostock auch eine Parade klassischer Meerengen und Kanäle. Es hatten sich bereits vorgestellt: der Nordostseekanal, der Ärmelkanal, die Meerenge von Gibraltar, der Suezkanal und der Bab el Mandeb. Nun sollten die Straßen von Messina und Bonifacio an die Reihe kommen, zwei Schmalhänse, denen ich mit Spannung und freudiger Unruhe entgegenfieberte. Nach Lage der Dinge konnte ich nicht damit rechnen, jeden mir bemerkenswert erscheinenden Festland- und Inselzipfel, den die »Chimborazo« in günstiger Entfernung passierte, am Tage zu erschauen. Die Nächte verschluckten wenigstens den dritten Teil aller Sehenswürdigkeiten, zu denen ich auch die italienische Stiefelspitze und Sizilien vis-à-vis rechnen mußte.

Neubert hatte endlich mal triftigen Grund zu frenetischem Jubel: Es gab keinen Tag, sondern eine Nacht vor Sizilien. Die »Chimborazo« quetschte ihren stattlichen Leib von vier bis sieben Uhr am frühen trübdunklen Morgen durch die dem Meer verbliebene Fahrrinne zwischen Messina und Südkalabrien. Nichts zu sehen von Orangehainen, Behausungen und Schillers Messina-Braut, aber immerhin Lichter, die den sizilianischen Port deutlich markierten. Der Kapitän selber dirigierte das Schiff ins Tyrrhenische Meer, denn die Spur, die Ozeanschiffen in der dreieinhalb Kilometer schmalen Straße von Messina zur Verfügung steht, bedarf besonnener Meisterung. Der rasch anbrechende Tag bescherte mir am Ausgang der Meerenge wenigstens noch die Wahrnehmung einer italienisch-sizilianischen Kuriosität: die hoch über der »Chimborazo« gespannte Überlandleitung zwischen Messina und der Appenninhalbinsel. Ich konnte die Drähte deutlich sehen, wenn schon nicht fotografieren – so sehr auf Draht war ich nun auch wieder nicht.

Wie es manchmal im Leben so zu sein pflegt, folgte dem Sieg oder – sagen wir genauer – dem Pyrrhussieg Neuberts die Schlappe auf dem Fuß. Die durch Nachtdüsternis bewirkte Beschneidung meiner Erlebnisskala bot zugleich die Gewähr für einen Augenschmaus im Bereich des Archipels der Liparischen Inseln. Jeder Rucksack- oder Süßwassermatrose – das sind die gängigen seeläufigen Bezeichnungen für Hafenarbeiter und Binnenschiffer – und erst recht ein weitgereister Pässentscher konnten sich nach Verklingen des sizilianischen Capriccios ausrechnen, daß die idyllische Inselgruppe von Strombolis Gnaden dem hellen Licht des morgenfrühen Tages zugewandt sein würde. Man hätte die »Chimborazo« schon anhalten oder auf ein Korallenriff fahren lassen müssen, wollte man das brillante Schauspiel verhindern, das Poseidon als Dessert aufs Frühstück folgen ließ. Von idealem Italienwetter war keine Rede, als die »Chimborazo« bei Regen und Novemberkälte an den Liparischen Inseln und dem etwas abseits steuerbord gelegenen edel geformten Vulkanberg des Stromboli vorüberzog. Stromboli! Das klingt und schwingt wie ein weithallender legendärer Glockenton von unendlicher Süße und lauernder Gewalttätigkeit. Stromboli – ewig brodelnde, aber den Hütten der Einwohner seit Jahrhunderten gnädige Lava. Was für ein schöner, was für ein übermächtiger Stein im Ozean! Dieser Stromboli zwang sich meinem Blick für Stunden auf. Wer da meint oder gar ausspricht, es gebe Hinreißenderes auf der Welt als diesen mickrigen Stromboli, soll nur dann mit dem Leben davonkommen, wenn er damit ausdrücken will, daß nichts, auch nicht der Stromboli, über die »Chimborazo« geht. Die »Chimborazo« ist freilich immer und ewig die Krönung aller irdischen Phänomene. Doch der Stromboli gehört an die zweite Stelle.

Auch die Straße von Bonifacio, Meerenge zwischen Sardinien und Korsika, war dem Passagier wohlgewogen. Das korsische Bonifacio und das sardinische Teresa Gallura bildeten für ihn bei hellichtem Tage Spalier. Mir kam das steuerbordseitig alles sehr historisch und napoleonisch vor, obwohl ich, um ganz ehrlich zu sein, bekennen muß, weder von Sardinien die Sardinen noch von Korsika den Geist Bonapartes gesehen zu haben. Dunst und Regenschauer vereitelten tiefere Einblicke in vorspringendes Inselgebirge. Aber ich kann doch wenigstens ohne zu lügen behaupten, den insgesamt drei flächengrößten Meeresvorposten Italiens und Frankreichs, nämlich Sizilien, Sardinien und Korsika, per Distanz begegnet zu sein.

Mit gemischten Gefühlen machte ich eine Wahrnehmung ganz neuen Typs: Ich war auf dem Wege, ein seemännischer Routinier zu werden, dem das Näherrücken eines geographischen Novums nur ein müdes Lächeln entlockt. Bisher wachte ich in ganz buchstäblichem Sinn über jede mehr oder minder wichtige seetouristische Begebenheit, ließ keinen Lotsen, keinen Delphin, keine Hafenboje, keine Abendsonne und kein neues Sternbild aus. Zeise schüttelte das Haupt, wenn er mich nachts an der Reling stehen sah und sich meine Elogen über einen fern am Horizont aufblitzenden Lichtpunkt anhörte. »Sehen Sie nur, Chief! Ein Leuchtturm! Ein Gruß von ferner Küste. Wunderbar!« – »Ja«, pflegte dann Zeise im allgemeinen zu erwidern, »das Schönste an der Seefahrt sind die Lieder! Gehen wir schlafen.«

Nun also schien sich in mir und mit mir einiges zu verändern. Meine Neugier hatte einen Schwächeanfall. Die »Chimborazo« machte in Marseille fest, und ich verschlief das Hafenmannöver. Dabei war ich noch um Mitternacht wach und entschlossen gewesen, den ersten Lichtern Frankreichs temperamentvolle Grüße zu entbieten.

Das Erwachen an der Cote d'Azur war von einem eisigen Windbauch begleitet. Damit hatte kein Mensch gerechnet. Marseille wird immerhin subtropischen Zonen zugerechnet, und die Palmen des Rhone-Deltas verstärken die Illusion halbafrikanischen Klimas. Sei es, wie es sei: Jetzt, gegen Ende der zweiten Februardekade, waren die Thermometersäulen Südfrankreichs unter den Nullpunkt gesunken. Ein kräftiges Hoch beherrschte das Wetter der Dreiviertelmillionenstadt, dieses neben dem Giganten Paris einzigen wirklich sehr großen Gemeinwesens Frankreichs. Das Hoch brachte Marseille freilich nicht nur Kälte, sondern auch eitel Sonnenschein und jenes Himmelsblau, das der Küste den Namen gibt.

Neubert ließ es sich nicht nehmen, mich noch vorm Frühstück in meiner Kammer zu beehren und Überbringer zweier Hiobsbotschaften zu sein: Erstens werde die »Chimborazo« nur einen einzigen Tag im Hafen liegen, und zweitens verbiete die französische Fremdenpolizei kategorisch den Landgang eines DDR-Passagiers ohne Travelboard-Siegel. Neubert war kein politischer Säugling. Im Gegenteil. Er fand das anachronistische NATO-Theater genauso widerlich und pervers wie ich. Aber Neubert war eben auch der Passagier-Mephisto, und als solcher rieb er sich fröhlich die Hände, grinste herausfordernd und sagte unverblümt: »Nix Marseille, Herr Stengel! Übrigens, falls ich Ihnen ein hübsches Souvenir aus der Stadt mitbringen soll – ich bin selbstverständlich erbötig, Sie ganz nach Wunsch zu bedienen, denn ich beabsichtige, mit meiner Frau einen kleinen Stadtbummel zu machen!« – »Danke, Chief-mate«, sagte ich, »merci beaucoup.« Dann vertiefte ich mich ins Dictionnaire, um mein Französisch für alle Fälle aufzufrischen. Für alle Fälle. Ganz klar, daß ich so leicht, wie sich das Neubert vorgestellt hatte, nicht kapitulierte.

Ich wandte mich an den für die »Chimborazo« zuständigen Schiffsmakler und ersuchte ihn, da er mit einem roten Renault auf den Kai gefahren war, mich s'il vous plaît zur Hafenpolizei zu bringen und dort ein gutes Wort für den Passagier einzulegen. Alles lief wie am Schnürchen. Die Marseiller Hafen- und Immigrationspolizisten kannten und, was schwerer wog, verstanden meinen Schmerz. Sie zogen also, wie ihnen vorgeschrieben war, meinen nach Hallsteins Begriffen ungültigen Paß zeitweilig ein und schrieben mir ein provisorisches Papierchen aus, das mir befristeten Stadtaufenthalt ermöglichte. Mir wurde lediglich die Pflicht auferlegt, den Passierschein bei Rückkehr ins Hafengelände vor Mitternacht abzugeben und meinen Reisepaß wieder in Empfang zu nehmen. Man könnte nun fragen, ob und inwiefern diese Manipulation mit dem Buchstaben des heimtückischen Travelboard-Manifests übereinstimmte, denn im Grunde war ja die Hinterlegung meines Reisepasses eine reine Formsache. Doch man mag sich nicht weiter den Kopf zerbrechen. Es bleibt lediglich zu vermuten, daß besonders die Franzosen viel zu höflich und wohl auch zu realistisch sind, als daß sie sich immerdar am Blindekuhspiel der westgermanischen Alleinvertreter zu beteiligen wünschen.

Somit war der Zusammenbruch einer der beiden Neubertschen Hiobsbotschaften angezeigt. Der zweite Kassandraruf verhallte, als bereits gegen Mittag bekannt wurde, daß Lösch- und Ladearbeiten längere Zeit als geplant beanspruchen werden und mit dem Auslaufen unseres Schiffes erst morgen mittag zu rechnen sei.

Was hatte ich je schon von Frankreich gesehen? Dieses Vierteljahr an der Kanalküste bei Calais und die wenigen Tage in Lille und in Paris aus der Sicht des Luftnachrichten-Besatzers im Krieg konnten keinen wirklichen Eindruck vermitteln.

Nun lernte ich eine weitläufige französische Kommune kennen, in der sich großstädtischer Habitus und provencalische südliche Romantik aufs reizvollste mischten. Marseille ist nicht aufgetakelt und versnobt. Die Boulevards mit den vielstöckigen Wolkenkratzern durchweht die frische fruchtige Luft des Landes, und die Bewohner der Stadt ähneln Pariser Vorstädtern mit einem saloppen sizilianischen Einschlag. In einem Bistro trank ich einen Espresso für fünfzig Centimes, ein Kaffee-Spottpreis, an den ich mit Wehmut denken mußte, als ich spätabends in einer Bar ganz andere Erfahrungen machte.

Die größte Aufmerksamkeit bei meinen Promenaden kreuz und quer durch Marseille widmete ich dem Passagier-Überseehafen. Wie sehr ich mich stets gesträubt habe und mich immer sträuben werde, die »Chimborazo« zu degradieren oder auch nur zart zu kritisieren, ist weltbekannt. Dennoch versetzte mich der plötzliche Anblick des italienischen 43000-Tonnen-Giganten »Cordillera« in einen euphorischen Zustand. Das war ein göttliches Wesen, Apoll und Aphrodite zugleich. Was für ein Schiff, das mit beinahe dreißig Knoten, also fünfundfünfzig Stundenkilometern Geschwindigkeit, die Wogen des Atlantik schnitt. »Chimborazo« – du bist und bleibst die große Liebe meines Lebens, aber die »Cordillera«, das liebliche Schneewittchen, ist noch tausendmal schöner als du!

Marseille war bei Nacht eine Überprüfung aller jener Vorstellungen wert, die ich mir vom Hamburg Südfrankreichs machte. Als ich nach dem Abendbrot durch leere Gassen und Straßen unweit des Frachtschiffhafens stiefelte, redete ich mir ein, es müsse in zentraler gelegenen Gebieten der Stadt viel betriebsamer und hektischer zugehen. Doch auch die City schien in Mecklenburg zu liegen. Kaum ein Passant, nur wenig Taxis und keine Spur von dröhnender Großstadtunruhe. Das kam, wie ich mir bald erklärte, vom Einfluß des Polarwinds. Ich schlich mich in die erste beste Bar, deren rotilluminiertes Äußere gewisse Amüsements versprach. Man hatte hier, schien es, gerade noch auf mich gewartet. Aus einer Gruppe am Dampfheizungskörper klebender leichtbekleideter Damen löste sich sofort eine bezaubernde madagassische Lieblichkeit, schwang sich auf den Barhocker, zog mich in ihre verführerische Nähe und begehrte, indem sie mich mit sanftbraunen Mandelaugen anblickte, fürs erste einen doppelten Whisky oder ein Glas Sekt oder auch eine ganze Flasche schäumenden Champagners. Meine Lage wurde prekär. Das Marseiller Nachtleben so umfassend und tiefgründig wie möglich zu studieren war zwar mein Begehr, doch um den zahlenden Gigolo zu spielen, reichte meine kärgliche Barschaft nicht im geringsten. So kam es, da ich die Spende eines Doppelwhiskys, des gerade noch annehmbar ausgepreisten Getränks, nicht vermeiden konnte, daß ich meine Flucht vorbereitete, während die Blume Tananarives weiteren Durst anmeldete. Solcher Pression nicht achtend, bestellte ich mir einen Espresso und erklärte der reizenden Zecherin, wie ich es ähnlich schon einmal in Mombasa tat, ich müsse eiligst zurück zum Hafen, es sei sehr nett gewesen und au revoir. Der Barkeeper ließ sich das bißchen Zeug mit zehn Francs bezahlen, einer Summe, für die ich am Nachmittag fünfundzwanzig Tassen Kaffee hätte einhandeln können. Mein Bedarf an verderbtem Nachtleben war gedeckt. Ich leistete mir für vier Francs ein Taxi, kehrte aufatmend in die solide Kammer meiner braven »Chimborazo« zurück und beschloß, dem nächtlichen Marseille erst wieder einen Besuch abzustatten, wenn die Zeit der Anoraks und Pelzkappen vorüber ist.

Die »Chimborazo« hat viele Reederei-Geschwister auf allen Weltmeeren. Beim Auslaufen unseres Schiffes entsandte der in Marseilles Ölhafen löschende Tanker »Monte Viso« aus Rostock der südwärts schwimmenden Stallgefährtin herzliche Typhongrüße. War das ein Tag! Das graziös geschwungene südfranzösische Küstengebirge rekelte sich in der Sonne. Stadt und Hafen wichen nur zögernd zurück. Die See wogte blau und sanft, und ich hätte ergriffen weinen mögen bei so viel mittelmeerischem Charme, der mir den Abschied aus Marseille schwer machte und dem Herzen weh tat. Ich weinte natürlich nicht, denn die Frachtschiffseefahrt verbindet Abschied und Ankunft zu einer endlosen Kette, zu tausend Akkorden aus Moll und Dur, und das Glück, nicht die Trauer, bildet das immer wiederkehrende Leitmotiv des Meeres.

DIE UMSCHIFFUNG SPANIENS

Wer auf dem Seeweg von Marseille nach Antwerpen will, muß einen Bogen um Spanien machen. Was es mit dem vielgerühmten und vielbesungenen Frühling der iberischen Halbinsel auf sich hat, merkte ich zu meinem großen Wohlbehagen beim Passieren der Balearen- und Pityusen-Inseln. Mallorca, Menorca, Ibiza schickten den Duft von Apfelsinen, Mandeln, Feigen und Oliven durchs geöffnete Bullauge in meine Kammer. Die Arktis Südfrankreichs hatte ausgespielt, der Wind Algeriens, fast mailind und weich wie Daunen, verführte zu vorsichtigem Sonnenbad. Zeises Maschinenmenschen waren zu träge, die Botschaft des Frühlings zu vernehmen und beim Heizen der Kabinen zu berücksichtigen. In Amigos Sauna-Schlafgemach herrschte eine Bullenhitze: vierzig Grad. Mir indessen war die Defekthexe freundlich gesinnt. Sie setzte den Dampfheizungskörper meiner Kabine kurzerhand außer Betrieb, was sicherlich nicht in Neuberts Konzept paßte, denn der Chief-mate, der wie Amigo unter der Hitze zu leiden hatte, gönnte mir das Labsal einer wohltemperierten Zimmerluft bestimmt nicht.

Die schneebedeckten Gipfel der Sierra Nevada täuschten

grimmige Kälte vor. Doch die Luft erwärmte sich von Stunde zu Stunde und erreichte in der Meerenge von Gibraltar mit zwanzig Grad im Schatten das mitteleuropäische April-Maximum. Kann ich »Gibraltar« einfach so hinschreiben? Was bleibt mir anderes übrig! Diesmal war kein verrückter Hochseeschlepper in der Nähe, der unsere »Chimborazo« in den Steven biß, und es gab auch sonst nicht das geringste Anzeichen für das Heranreifen eines Spektakels, das sich literarisch in eine muntere Burleske umformen ließ. Die Umschiffung Spaniens vollzog sich nun in Süd-Nord-Richtung, und der Atlantik tat so, als wolle er mich doch noch das ABC der Seekrankheit lehren.

Da kam er aber bei mir an den Richtigen! Obwohl ich meiner Unverwüstlichkeit ganz sicher war, zog ich für alle Fälle die Notbremse, indem ich mir zwei jener Pillen einverleibte, von denen Freund Mulhaupt behauptete, man könne sich durch sie vor jeglicher Unbill schützen. Ich hätte die Pillen, versicherte ich mir nachdrücklich, als die »Chimborazo« bei gedämpftem Seegang am Kap Finisterre vorüberfuhr und in den Golf von Biskaya eintauchte, ruhig sparen können. Meine Magengrube war ruhig und friedlich. Ich aß alles, was Krumme gekocht und Amigo serviert hatte, mit großem Appetit und verschmähte nicht einmal Heisingers kremstrotzende Torten, die ich in Berlin nur essen würde, wenn ich als Gast einer staatsoffiziellen Party den zudringlichen Nötigungen eines Botschaftssekretärs ausgesetzt wäre.

Amigo hatte sich, als er es in seiner Tropenkabine gar nicht mehr aushalten konnte, zu mir geflüchtet und löcherte mich wie üblich mit seinen Antibabypillen. »Wechseln wir das Thema, Amigo«, sagte ich. »Beantworte mir eine viel wichtigere konkrete Frage: Gibt es auf Frachtschiffen einen sexuellen Notstand?« Ich hatte in dieser Angelegenheit natürlich meine eigenen Urteile und Antworten, doch ich hielt sie allesamt nicht für ausreichend kompetent und schlüssig. Also hub Amigo in seiner weitausholenden und bedächtigen Art zu referieren an: »Ja und nein. Man muß da natürlich alle Probleme im Zusammenhang, in ihren Widersprüchen und in ihrer Entwicklung sehen, davon abgesehen.« – »Amigo«, sagte ich stirnrunzelnd, »ich weiß ja, daß du ›Chimborazo‹-BGL-Vorsitzender bist, doch ich bin im Augenblick weniger auf eine Darlegung der Grundzüge der Dialektik gespannt als auf deine ehrliche Meinung.« So kam mit der Zeit doch noch ein vernünftiges Gespräch zustande, und ich bin nunmehr willens, den Extrakt des Dialogs mit eigenen Worten wiederzugeben.

Die Liebe, wie ich ein verbreitetes physisches und psychisches Seemannsleiden vereinfacht einmal nennen will, ist nebst der Valutaknappheit und dem Knuff das wichtigste Matrosenthema seit Urväterfahrenszeit.

Dieses Thema bildete unter verschiedenen Aspekten einen nie endenden Gesprächsstoff selbstverständlich auch unter Chimborazoanern. Ich habe Erörterungen über Segen und Fluch Aphrodites oft zugehört, in kleinen Zirkeln oder Plenardebatten, und mich rege an ihnen beteiligt. Es wäre vermessen und wohl auch gar nicht möglich, aus allen diesen Diskussionen ein gültiges Fazit zu ziehen, doch Zoten waren auf der »Chimborazo« verfemt. Man unterhielt sich auf einer Ebene, die dem Niveau exzessiver Herrenabende weit überlegen war. Die meisten »Chimborazo«-Matrosen und Maschinenmenschen waren offensichtlich gut verheiratet, anhänglich verlobt oder treu verliebt. Sie trafen sich mit ihren Familien, ihren Frauen und Mädchen, wenn es gut ging, alle Vierteljahre oder in Viermonatsintervallen für Tage oder ein paar Urlaubswochen in der Heimat, und nicht selten gingen Seemannsehepaare gemeinsam auf große Fahrt, sofern sich eine Oma inzwischen um die verwaisten Kinderchen kümmern konnte.

Decksmatrose Schuchert schüttete mir einmal in rührender

Weise sein Herz aus: er denke jeden Tag an Monika, mit der er sich im nächsten Jahr verloben wolle. Schuchert stand, wie er offenherzig bekannte, vor einem Berg schwieriger Probleme. Da war nun der Seemann, dessen Herz für die Ozeane schlug, und da gab es die Himmelsmacht Liebe, zu der sich Schuchert ebenfalls hingezogen fühlte. Was sollte ich dem guten Matrosen raten? Schuchert war kein Einzelfall. In ihm verkörperte sich das Dilemma der nomadisierenden Wind- und Wellenreiter, jener Zwiespalt, mit dem auch Amigo nicht fertig wurde.

Und die vielen Junggesellen auf See? Manche sind unterwegs auf ewiger Brautsuche, etliche, vermeldet die Sage, leben wie die Mönche. Doch die Jäger und Gejagten Amors – wo ist ihr Revier, wie steht es um ihre Beute? Amigo, der vielgereiste und vielerfahrene Weltmann, gab mir im Golf von Biskaya anläßlich eines unserer gemütlichen zweisamen Bildungsabende Auskunft. Ich erfuhr, daß es die sogenannte Liebe im Hafen, die Romanze der Liebe aus Liebe nicht mehr gibt. An ihre Stelle ist längst der Kommerz mit Eros getreten, und wenn schon Geld allein nicht glücklich macht, dann das Geldausgeben für unsolide Ware noch weniger. »Nun ja, Amigo«, wandte ich ein, »du sprichst von Normen, nicht aber von den Ausnahmen! Maschinenmensch Schneider – nicht einmal so gänzlich unbeweibt, wie mich dünkt – brüstete sich doch erst neulich mit diversen Hafenbräuten, die ihm, wie Schneider schwur, aus Liebe und nur aus Liebe Zärtlichkeit und Bratkartoffeln gewährten.« – »Dummes Zeug«, sagte Amigo, »welches wirklich anständige Hafenmädchen wirft sich schon einem unsteten Seemann an den Hals!« – »Und die unanständigen, Amigo?« – »Die unanständigen werfen sich aufs horizontale Gewerbe und somit auf größere Beträge, davon abgesehen!« So sprach Amigo, der seine Pappenheimer kannte, und ich mußte den Schluß ziehen, daß es Essig ist mit der winkenden, wartenden und weder nach Geld noch Gut fragenden Seemannsbraut an fremdem Kai. Die von abenteuerlustigen Chimborazoanern dann und wann besungenen und tatsächlich erlebten orientalischen Amouren waren von keinem Wonneseufzer der Liebe begleitet und immer zu teuer bezahlt. Und nicht einmal Bratkartoffeln gab es gratis.

Die Seefahrt kam mir längst nicht mehr spanisch vor. Die »Chimborazo« stampfte nördlichen Breiten entgegen. Gemäßigter Winter, der mir schon einmal in Marseille seine Visitenkarte in die Hand gedrückt hatte, empfahl sich mit polaren Winden. Am neunzigsten Reisetag war der gefürchtete, wetterlaunische Biskaya-Golf ausmanövriert. Wir kamen mit bescheidenen Windstärken davon, und ich sah mich um das Erlebnis eines atlantischen Schiffbruchs unwiederbringlich betrogen. Das Panorama des westlichen Küstenfrankreich löste die uferlose Meereslandschaft ab.

Die Umschiffung Spaniens war abgeschlossen.

DAS BELGISCHE DREIECK

Fast eine Banalität: Die »Chimborazo« kam schnell vom Fleck, und Neubert trank Knuff, was der Chief-mate, der das Gesöff nicht ausstehen konnte, nur tat, wenn er bester Laune war. Die Aktien standen zwar für den Pässentscher insofern nicht schlecht, als die Reise das von Neubert erhoffte Limit bereits überschritten hatte, aber mein Gegenspieler durfte wenigstens mit der flotten augenblicklichen Gangart der »Chimborazo«, mit dem Wetter und mit einer morgenfrischen Funkmeldung zufrieden sein. Rostock hatte gefunkt, daß ein Küstenmotorschiff der Reederei, nämlich die »Fläming«, am Pier von Antwerpen bereit läge, um die für England bestimmte »Chimborazo«-Ladung zu übernehmen und in die Humber-Mündung nach Hull zu transportieren.

Da ich von England auf meiner bisherigen Lebenslaufbahn nur die Silhouetten der britischen Kanalinseln gesehen hatte, bedeutete das tückische Reederei-Arrangement für mich einen Schlag ins Kontor meiner Träume. Hull hätte das Salz in der Suppe sein können, wobei ich mir mit dem Blick auf meteorologische Regeln unter Suppe den Nebel Londons vorstellte. der ja auch in der englischen Provinz zu dieser Jahreszeit Heimstatt haben müßte. Traurig blickte ich in Zeises fröhliche Miene. Seine jüngste Prophezeiung lautete: Finale in der ersten Märzwoche. Ich widersprach heftig, und ich sollte recht behalten.

Ärmelkanal und der Pas de Calais wiesen der »Chimborazo« den Weg zur Schelde. Nun wäre eigentlich die schikanöse Depesche fällig gewesen: »Fracht für ›Fläming‹ auf Reede entladen und auf Heimatkurs gehen!« Dann hätte ich der Seefahrt für immer abgeschworen, die Dämonen allen Unglücks, an ihrer Spitze Neubert, Zeise und Amigo, über Bord geworfen und mich selbst nach vollbrachter Missetat mit dem Ruf »God save the Queen!« in die Fluten gestürzt. Doch die Sterne von Calais glitzerten freundlich, und die »Chimborazo«, frühmorgens an der Schelde-Schleuse angelangt, wurde dazu verurteilt, gewisse Symptome des im Antwerpener Hafens ausgebrochenen Lohnkampfs zur Kenntnis zu nehmen. Schleusenpersonal und Ladearbeitskommandos hatten zwei Gänge runtergeschaltet. Noch wurde nicht gestreikt, doch auch die praktizierte Langsamarbeitsbewegung schien den belgischen Arbeitern geeignet zu sein, ihre berechtigten Forderungen durchzusetzen. Zehn Stunden vergingen, bis unser geduldiges Schiff samt einem ungeduldigen Neubert durchgeschleust wurde, und eine weitere Stunde später lag die »Chimborazo« endlich an einem der Hafenpiers und hielt Ausschau nach emsigen Werktätigen, die sich, Teufel noch mal, partout nicht blicken ließen. Anders die Einwanderungsbebörde. Sie war weniger müßig und erschien in Gestalt eines Offiziers und zweier Polizisten gleich nach Eintreffen unseres Steamers an Bord. Mißmutig ging ich in meiner Kammer auf und ab, denn heute war Freitag und Zapfenstreich der dreizehnten Reisewoche. Das verhieß wenig Gutes. Amigo rief meinen Namen. Ich solle den sechs Augen des Gesetzes einen Besuch abstatten. Der Offizier wog meine staatsbürgerliche Urkunde unschlüssig in den Händen, gab sich dann einen Ruck und teilte mir mit einer Geste ehrlichen Bedauerns mit, daß mir selbstverständlich auch diesmal nicht gestattet werden könne, die Stadt Antwerpen zu betreten. Dies habe er mir offiziell mitzuteilen, und er sei ganz sicher, ich werde die Anordnungen der Behörde respektieren. Ich nickte verständnisvoll, und ich nickte ihm sogar ein zweites Mal mit noch größerer Ehrerbietung zu, als mir einer der Polizisten beim Verlassen des Schiffes zublinzelte wie Ulenspiegel.

Wäre ich ein Flunkerer, wofür mich der eine oder andere Leser ganz unberechtigt halten mag, würde ich jetzt die Geschichte von der Stengel-Wachspuppe auftischen und ausspinnen, die Storekeeper Rinderer mir zuliebe modellieren wollte, als ich ihm beiläufig meinen Dialog mit der Einwanderungsbehörde schilderte. »Da baue ich Ihnen«, erbot sich Rinderer, »aus allerlei Krimskrams ein charmantes Stengel-Double zusammen, und das stellen wir vor Ihrer Kammertür auf. Wenn dann die Polizisten kommen ...« – »Unsinn, lieber Rinderer«, entgegnete ich. »Wie soll eine Puppe Fragen beantworten!« – »Fragen? Ach so. Nun, wir müßten vielleicht noch eine Art Magnettonband ...« Die Puppe wurde nicht gebaut, und Rinderer hatte solchen Unfug in Wirklichkeit auch nie vorgeschlagen. Im stillen aber ging ich den sonderbarsten Projekten nach, denn die Lade- und Löschzeit in Antwerpen würde nach Lage der Dinge einige Tage, vielleicht sogar eine Woche dauern, und kein Passagier chimborazoanischen Geblüts konnte sich damit abfinden, langfristig die Rolle eines Stubenarrestanten zu spielen.

Um Antwerpen ja nicht zu betreten, beschränkte ich mich an den folgenden Tagen im wesentlichen darauf, die reizvolle Stadt zu befahren. Es gab einen pünktlich verkehrenden Linienbus, der mich nicht weit von der »Chimborazo«-Gangway entfernt bis ins Stadtzentrum brachte. Er fuhr, wie auch hierzulande üblich, ohne Schaffner und hielt an den Haltestellen nur bei Bedarf. Wer aussteigen wollte, so gebot eine flämische Anordaung, mußte bellen. Ich er mittelte auf Anhieb, daß es sich bei dem Bus keinesfalls um ein Beförderungsmittel für Dackel und Schäferhunde handelte, sondern um eine durchaus humane Einrichtung, und nicht von Hunden, sondern von zweibeinigen Passagieren, die den Bus zu verlassen wünschten, wurde gebellt, also geklingelt. Ich weiß nicht genau, wie oft ich in Antwerpen gebellt habe, doch da ich mit einer umfangreichen Dokumentation meines Gebells keinen Hund hinterm Ofen hervorlocke, beschränke ich mich auf die Feststellung, daß ich an vielen Haltestellen Antwerpens gebellt habe und diese Stadt nun kenne wie ein Pinscher seinen Freßnapf.

Ich hätte vielleicht niemals davon zu sprechen begonnen, wenn das Stichwort nicht gefallen wäre. Da es nun gefallen ist, ergreife ich die günstige Gelegenheit, mich über gewisse Eßgewohnheiten der Scheldebürger (nicht Schildbürger) zu beklagen oder wenigstens zu mokieren. Weil ich bei meinen Fahrten und Märschen durch Antwerpen nicht auf Essenszeiten an Bord Rücksicht nehmen wollte, geriet ich manchmal in die Versuchung, meinen Appetit außerhalb des Hafens zu stillen. Wehel Die Bockwurst Antwerpens ist eine randvoll mit Muscheln gefüllte Schüssel, über die sich ganze Familien, was sage ich: vielköpfige Sippschaften hermachen, ohne daß man sie zu solchem Masochismus etwa zwingen müßte! Sie tun's ganz freiwillig und lecken sich dabei noch die Lippen, als hätten sie soeben etwas völlig Normales und Appetitliches verzehrt. Diese Muscheln – sie sahen aus wie ordinäre Pfahlmuscheln, die wir als Kinder aus schlammigen Dorfteichen fischten – kosten sogar Geld, und sie werden nicht billiger dadurch, daß sie grundsätzlich mit Pommes-frites-Pyramiden gekoppelt sind. Ich hatte einmal viel Mühe, dem beflissenen Kellner eines Speiselokals klarzumachen, wie sehr ich an einer eßbaren Mahlzeit und wie wenig an Muscheln interessiert sei. Wegen unüberbrückbarer Verständigungsschwierigkeiten verzichtete ich darauf, das Ergebnis seiner Beteuerungen, er werde mir etwas anderes servieren als Muscheln, abzuwarten. Die Alternative war womöglich noch grausamer. Ich denke da an Austern.

Antwerpen ist eine große Stadt. Antwerpen ist eine reiche Stadt. Antwerpen ist eine bildschöne Stadt. Groß: Die Statistiken beziffern die Einwohnerzahl, je nachdem, wie viele Außenbezirke und Vororte dem Gemeinwesen hinzugerechnet werden, auf eine Viertel- bis zu einer Dreiviertelmillion. Sagen wir getrost, Antwerpen beherbergt ebensoviel Seelen wie Leipzig. Reich: Hafen und Handel haben die Blüte Antwerpens wesentlich begünstigt. Die Stadt strotzt von Geschäften, unter ihnen unzählige Juwelierläden, mit hochwertigen, gediegenen, aber freilich auch vielen nur für Nabobs erschwinglichen Preziosen. Bildschön: Die fast siebenhundert Jahre alte Hansestadt ist eine architektonische Wohltat aus Tradition und Gegenwart. Spätgotik, Renaissance und Moderne verschmelzen in Antwerpen zu stimmungsvoller städtebaulicher Harmonie. Die Bewohner der Stadt erschienen mir wohlgenährt, unbefangen und gegen jedermann aufgeschlossen, keinesfalls übertrieben urbanisiert oder naserümpfend erhaben über den Wind aus umliegender kernschrötiger Provinz.

Da mußte ich mir schon einen Gentleman-Haarschnitt beim Bahnhofsfriseur leisten. Die Leute auf den Straßen machten in der Mehrheit einen gepflegten Eindruck. Meine Haare, seit der Äquatortaufe nicht mehr internationalem Standard entsprechend, verdienten eine Generalüberholung. Ich betrat den luxuriösen Herrensalon und bestimmte, man möge dem liederlichen Gestrüpp meines Hauptes durch Waschen, Frisieren und Parfümieren neuen Glanz verleihen. Nach einer Stunde war ich aufs beste bedient und um sage und schreibe einhundertsiebzig belgische Francs, was einem Gegenwert von drei und einem halben Dollar entsprach, ärmer geworden. Das hätte mir vorher einer sagen sollen! An Bord, wo man meine Exquisitfrisur gar nicht genug loben konnte, reduzierte ich meine Auslagen verschämt auf die Hälfte und wurde auch noch ausgelacht wegen erwiesener Tölpelhaftigkeit. – »Fünfundachtzig Francs?« höhnte Kraushaar, »das hätten Sie bei mir für einen doppelten Knuff haben können!« Er sagte die Wahrheit. Kraushaars Schere war, wie ich schon dreimal erfahren hatte, von beachtlich schnittiger Klinge. Ihr konnte man sich schon, ohne allzuviel Haare zu lassen, anvertrauen. Aber immerhin tröstete ich mich bei dem Gedanken, einen echt belgischen Haarschnitt nach Rostock transferieren zu können, und ich hielt treu an ihm fest bis Anfang April.

April? Der lag gottlob in noch weiter Ferne. Soeben war das letzte Februar- Kalenderblatt gefallen. Antwerpens Hafenarbeiter sangen unbeirrt die Melodie »Immer langsam voran«, und dem Pässentscher begann das Fell zu jucken. Wie, wenn man die Gunst der vom Largo-Arbeitstakt regierten Stunde für Ausflüge in die nähere Umgebung nützte? Ich besaß eine wunderschöne Landkarte und legte nun mit ihrer Hilfe meine Reiseroute fest. Selbstverständlich galt es Brüssel, die belgische Hauptstadt, zu besuchen. Gedacht – beschlossen. Außerdem lag das flandrische Gent, wie mir schien, in durchaus erreichbarer Nähe, und auch dorthin zog es mich unwiderstehlich. Und weiter? Ich ließ es bei diesem Dreieck Antwerpen-Brüssel-Gent bewenden, denn noch vermochte ich nicht präzis abzuschätzen, wie ich mich als heimlicher Eisenbahnpassagier aus der Affäre ziehen würde und welche Zeit mir für die geplanten Unternehmungen zur Verfügung steht.

Mußte ich Gewissensbisse haben? Nicht im geringsten. Mir war das Betreten Antwerpens untersagt worden. Von Brüssel und Gent sprach kein Mensch, kein behördlicher und auch Kapitän Ambach nicht. Er hatte sich offensichtlich gar nicht vorstellen können, mit welch kühnen Gedanken sein Äquatorianer Tintenfisch längst spielte.

Von Antwerpen bis zum Brüsseler Nordbahnhof tährt man auf schnellen Gleisen nicht länger als eine halbe Stunde. Die in dichter Folge verkehrenden elektrischen Züge betonen nicht quietschend und rumpelnd, daß sie es eilig haben. Sie liegen diskret und ruhig auf ihrer Spur, passieren mitunter Mecheln ohne Halt und erreichen ihr Fahrtziel ohne asthmatische Beschwerden. Prächtige Weggefährten meiner belgischen Landpartie! In Brüssel angekommen, gedachte ich beim Anblick der modernen, hektisch belebten City des EWG- Ministerrats und seines Häuptlings Hallstein. Ich hatte davon abgesehen, ihn von meinem Eintreffen zu benachrichtigen, und er hätte mir wohl auch kein freundliches Willkomm geboten, da ich mir meiner Nichtexistenz durchaus bewußt war. Wenn man Brüssels Hauptstraßen und Nebenstraßen entlangpilgert, hat man den unauslöschlichen Eindruck, in ein Dorado der Kneipen und Espressos geraten zu sein. Bürger des klassischsten aller von ewigem Personalmangel heimgesuchten Länder, wanderte ich fasziniert und nicht ohne Mißgunst durch das Spalier einer unendlichen Gastronomie. Der Rhythmus des belgischen Hauptstädters scheint mir in starkem Maße von den flinken Schritten der Kellner und von unermüdlich laufenden Bierhähnen bestimmt zu sein. Wer Brüssel gesehen hat, findet die statistische Vorrangstellung wallonischer Biertrinker unbedingt bestätigt. Kenner wissen auch, daß Brüssel eine Hochburg des Lasters ist. Es war zu prüfen, ob sich Anzeichen in dieser Richtung finden ließen. Ein mittelgroßes Kino lockte die Männerwelt mit einer Palette sensationeller Striptease-Kurzfilme. Der Eintrittspreis war niedrig, der künstlerische Zuschnitt des Nuditäten-Panoptikums ebenfalls. Wie gewöhnlich hatte ich meine Kamera bei mir und nahm mir die Freiheit heraus, einige der besonders leicht bekleideten Stripperinnen zu fotografieren. Die später entwickelten Bilder ließen der Phantasie weitesten Spielraum, doch Dokumentationswert haben sie keinen. In einer Seitenstraße kam ich schon etwas näher ans pulsierende Laster heran. So gut oder so schlecht das zuvor gesehene hautentblößende Zelluloidband auch sein mochte – lebendige Natur hat dem Auge zweifellos mehr zu bieten. Da gab es nun eine schmale Häuserzeile, die sich durch aneinandergefädelte Luxusbars auszeichnete. Die ausgestellten Getränkepreise ließen zunächst die Vermutung zu, man könne in diesen Etablissements für einen nur geringfügig erhöhten Preis Pernod und Martini genauso schlürfen wie in jeder anderen Brüsseler Gaststätte auch. Doch das war ein Irrtum. Bei genauerem Hinsehen bemerkte man hinter großflächigen Fensterscheiben, sofern sie jetzt am Nachmittag nicht zugezogen waren, pro Bar eine Art Kosmetik treibender Vorführdame, deren zur Schau gestellte Schönheitspflegearbeiten den Passanten neugierig auf Genüsse machten, die so eine Bar tatsächlich vorzuweisen hatte. Kühn, wie ich nun einmal bin, betrat ich ausgerechnet diejenige duftende Lasterbar, die mir wegen einer sehr attraktiv erscheinenden und sanftäugig blickenden Blondine gründlicher Erforschung wert zu sein schien. Das reizende, mit virtuoser Maniküre beschäftigte Schaufensterfräulein war trotz merkbarer Distanziertheit wenigstens liebenswürdig genug, mir zu enthüllen, daß sich die Unterbrechung ihrer kosmetischen Gymnastik meinetwegen nicht lohne. Die verhältnismäßig solid wirkende Auspreisung von Getränken sei lediglich ein Zugeständnis an die Behörden und eine Art Gimpelfang. Sie, die Blondine, stelle das hauptsächliche Warenangebot dar, das man jedoch keinesfalls kaufen, sondern nur aus einigem Abstand betrachten und mit Sekt verwöhnen dürfe. Die Flasche Sekt sei im übrigen obligatorisch, koste siebenhundert Francs – etwa sechzig Mark also – und verbürge keineswegs anschließenden zwanglosen Austausch kleiner und großer Zärtlichkeiten. Zwar könne man – den Champagner immer vorausgesetzt – bei gutem Einvernehmen zu dieser und jener Vereinbarung gelangen, doch dafür bedürfe es der Bereitschaft des Gastes, weitere Getränke zu spendieren und eine nicht unbeträchtliche Summe baren Geldes am Tatort zurückzulassen. »Voila!« sagte ich und gedachte mit Wehmut der Hetären Griechenlands, die wenigstens noch taten, wofür man sie auserwählte und bezahlte, wogegen die emanzipierte Abendlandedelkokotte mit beiden Nylonbeinen und lockenden Brüsten ins Neppgeschäft eingestiegen ist, denn nicht zu lieben, sondern Liebe zu verweigern ist Schaufensterpüppchens Geschäftsprinzip.

Dann gab es in Brüssel, was ich der Vollständigkeit halber noch erwähnen muß, der käuflichen Liebe Hinterhof, bestimmt für den kleinen Mann, dessen kleine Beträge gerade ausreichten, billigste Vergnügungen zu genießen oder sagen wir genauer: die Umarmungen billigster Schlampen zu erdulden. Das Laster von Brüssel hockt in Amüsierlokalen verschiedenster Varianten. Wer diese Höhlen betritt, ist prügelwert. Von Amüsements ist nämlich gar keine Rede mehr, sobald man das Vergnügen, ein hohes Entree entrichtet zu haben, genossen hat. Die vom Portier hinter vorgehaltener Hand geflüsterten Delikatessen erweisen sich bei näherer Betrachtung als Schlagersternchen Lieschen Müller aus Oudenaarde oder als Tamburin-Tänzerin Emma Lehmann aus Etterbeck.

Wer nach Gent reist, tut es gewiß nicht, um die in der belgischen Hauptstadt begonnenen Studien des Lasters fortzusetzen. Flandern ist kein Rummelplatz für Voyageurs und Nachtschwärmer. Ich fuhr nach Gent, ohne Brüssel schon ausreichend besichtigt zu haben. Doch ich hatte mir fest vorgenommen, Brüssel ein zweites Mal zu besuchen. So konnte ich mich also fröhlich und guter Dinge dem alten schönen Gent zuwenden, einer flämischen Großstadt, wie sie im Bilderbuch steht. Gent und Antwerpen ähneln sich in vieler Hinsicht. Wie Antwerpen bietet auch Gent eine große Fülle anmutiger historischer Bauten, idyllische Winkel, schiffbares Scheldewasser und den Reiz inniger Verschmelzung städtischer und ländlicher Elemente, was Luft, Licht und Leute betrifft. Es gibt Ortschaften auf der Welt, wo man nimmer begraben sein möchte. Sollte mir Gent als letzte Ruhestatt vorgeschlagen werden, ließe ich mit mir reden. Ich war schon früh am Morgen in Antwerpen aufgebrochen, um mich den Schönheiten Gents einen ganzen Tag lang hinzugeben.

Sie wurden mir in reichem Maße geboten, und als die Sonne Flanderns am abendroten Horizont versank, richtete ich meinen Blick gen Brügge, ein wenig mit dem Gedanken spielend, auch dieser meernahen Stadt für wenige Stunden meine Aufwartung zu machen. Das kleine mir noch verbliebene Quentchen Vernunft gebot jedoch, meine touristische Hybris im Zaum zu halten. Ich strich Brügge von der Reiseliste und befreite mich, wieder nach Antwerpen zurückgekehrt, auch von der Zwangsvorstellung, den Rest meiner Devisen einer Blitzreise nach Paris opfern zu müssen. Diese fixe Idee war gar nicht so leicht umzubringen. Von Brüssel aus fahren viele Züge an die Seine. Die »Chimborazo« konnte mich, wie es aussah, noch einige Tage entbehren, und nur meine Furcht vor irgendwelchem Trouble an der belgisch-französischen Grenze gab schließlich den Ausschlag zugunsten weiser touristischer Beschränkung. Amigo hörte sich meine Reiseberichte mit Skepsis an, doch spürte ich bald, daß er selber Feuer gefangen hatte. Brüssel, bemerkte er mit gespielter Gleichgültigkeit, sei wohl des Ansehens wert, davon abgesehen. »Wir reisen zusammen, Amigo«, sagte ich, »auf meine Kosten, versteht sich, und die Sphinx wird dich dieses eine Mal an Bord schon vertreten.«

Amigo und ich fuhren zwei Tage später nach Brüssel. Unterwegs erklärte ich Amigo: dies sei ein feiner elektrischer Zug, die hübsche Stadt steuerbords heiße Mecheln, und etwas voraus, dort im Hintergrund, glitzere schon das Atomium, Schmuckstück der Brüsseler Weltausstellung. Amigo war ein Schmalfilmmensch. Er kurbelte immer, überall, alles. Leichter Regen an diesem Tag ließ wenig genießbare Beute erwarten. Doch Amigo frönte seinem Hobby ohne Unterlaß. Wir gingen durch Straßen und Gassen, die mir vertraut waren, tranken Kaffee und Bier und freuten uns im übrigen sehr, an einem Ort zu weilen, wohin konsequent hafentreue Seeleute und »Chimborazo«-Passagiere nur äußerst selten gelangen. Mir erschien die Gelegenheit günstig, da sich Amigo gleich mir etwas außer halb der Bannmeile unserer schwimmenden Herberge befand, dem Chefsteward auf den Zahn zu fühlen. »Gib es doch endlich zu, Amigo«, sagte ich mit Dr.-Watson-Zungenschlag, »Käptn Schremmer, Neubert, Zeise und du wollten und wollen mich zur Strecke bringen, stimmt's?« Satan Amigo tat, als ob er kein Wort verstünde, wechselte aber auffällig schnell das Thema und erinnerte mich an die Antibabypillen.

Der Apotheker, den ich danach fragte, bedauerte sehr. Er dürfe nicht ohne Rezept, und das gelte auch für Ausländer, und es seien Kunden im Laden, und einerseits, andererseits. »Siehst du, Amigo«, sagte ich zu meinem enttäuschten Begleiter, der meinem französisch geführten Pharmazeutengespräch staunend und mit banger Hoffnung zugehört hatte, »nun heißt es Äpfel essen. Es gibt hier in Brüssel sehr schöne. Kauf dir einen Zentner!«

In der Nähe des Hauptbahnhofs gingen wir blind in das erste beste Espresso, aßen Würstchen mit Weißbrot und tranken ein gutgepflegtes Pilsner dazu. Der Wirt war eine ulkige

Nudel. Er sah aus wie ein Steiermärker aus Bologna, und meine Vermutung bestätigte sich halb und halb. »Ich stamme aus der Region Alto Adige, aus Trient«, verriet uns der muntere Gastgeber. »Sozusagen Südtirol-Italiener«, sagte ich. »Si, ja, oui!« bestätigte er und spendierte eine Lage. »Nun müssen wir noch«, sagte ich zu Amigo, »fünfzehn bis zwanzig Postkarten an unsere Lieben und an unsere Liebsten schreiben, damit man in deutscher Heimat respektvoll zur Kenntnis nimmt, wohin überall die Wogen des Atlantiks unsereinen gespült haben! Aus Sansibar zu schreiben«, fuhr ich fort, »ist keine Kunst, aber wie kommt die Kuh aufs Dach respektive ein Matrose in Belgiens Hauptstadt?« Amigo und ich schrieben also, bis die Feder glühte, zahlten die Zeche und verließen am späten Abend mit einem gejodelten »Arrivederci!« das Tirolerviertel von Brüssel.

In Mecheln hatten wir gleichzeitig das Gefühl, etwas Wichtiges vergessen zu haben: nämlich den Einwurf der Postkarten. »Schnell raus aus dem Zug, Amigo«, kommandierte ich, »auch der Poststempel von Mecheln hat gewisse Reize. Er ist wenigstens binnenländisch und dokumentiert halbwegs unseren respektablen Aktionsradius.« Das Unternehmen lief planmäßig ab. Unsere Briefe wurden in Mecheln gepostet, und mit dem nächsten Zug erreichten wir gegen Mitternacht den Scheldehafen.

Im Hafen hatte inzwischen, aus Rotterdam kommend, die »Fläming« festgemacht und von der »Chimborazo« die für Hull bestimmte Ladung übernommen. Die »Fläming«-Menschen habe ich zeitlebens in mein Herz geschlossen. Sie hatten mich zwar – ohne Schuld – um die Englandroute betrogen, doch sie bewirteten mich an Bord des Achthunderttonners in so freundschaftlicher Weise, daß ich gleich Feuer für Schiff und Besatzung fing. Bei Kuchen und Kaffee erzählten mir die liebenswerten Zeitgenossen, wie harmonisch so ein Liliput-Steamer die Manuschaft zu einer fröhlichen und glücklichen Familie verschmelzen lasse, und ich spürte bei angeregtem Gespräch viel von dem oft nur plakatierten Kollektivgeist, der auf der »Fläming« in vielen Stürmen gereift und gewachsen war. Ich durfte mir das Küstenmotorschiff in- und auswendig genau betrachten. Ja, das war noch ein Hauch Windjammer-Romantik! Wo die »Chimborazo« Fenster hatte, behalf sich die »Fläming« mit klassischen runden Bullaugen, und die Kabinen reduzierten den chimborazoanischen Hotelkomfort auf das gerade Notwendigste und Zweckmäßige. »Die nächste Fahrt also mit der ›Fläming‹, Herr Stengel!« bestimmte Kapitän Adomeit, und sein Chief steckte mir das vierte Stück Quarkkuchen in den Mund.

Hundert »Chimborazo«-Reisetage mußten vergehen, ehe mir die belgische Abschiedsstunde schlug. Sie schlug mit einem charmanten Akzent, denn unser stolzes Schiff hatte zwei versprengte Stewardessen der Rostocker »Popocatepetl« an Bord genommen. Die »Popocatepetl« war wegen eines Maschinenschadens in Antwerpen liegengeblieben und die männliche Besatzung von der polnischen »Lot« nach Berlin geflogen worden. Aus irgendwelchen Gründen – vielleicht weil das Flugzeug nicht genügend freie Plätze hatte oder weil die Rostocker Reederei einen strengen Buchhalter beschäftigt – wurden die reizenden Teenager, achtzehn und neunzehn Jahre alt, der Obhut Kapitän Ambachs und den Direktiven Amigos anvertraut. Mit dreifacher Weiblichkeit an Bord machte sich die »Chimborazo« nach Vlissingen davon, zeigte den westfriesischen Inseln bald ihr Hinterteil und sagte Westeuropa adieu.

Der Wasserweg Antwerpen-Aarhus führt entweder durch den Nordostseekanal oder durchs Skagerrak. Man muß schon Neubert heißen, wenn man sich für die kürzere Route entscheidet. Meinem Herzen lag das Skagerrak näher, weil es weiter weg lag. So oder so waren nun keine Blumentöpfe mehr, geschweige denn Palmen zu gewinnen. Zeises Maschinenmenschen tranken unbekümmerter und zuversichtlicher als in heimatfernen Epochen und praktizierten einmütig das Alpha und Omega des Chiefs, der jetzt bis spät in die Nacht mit den Worten »Das Schönste an der Seefahrt sind die Lieder« den Auftakt zu ohrenbetäubenden Gesängen gab und die Richtung der Emotionen an Bord der »Chimborazo« bestimmte. Wer war nun eigentlich die vielgeschmähte Landratte? Konnten Kapitän Ambach, Zeise, Neubert, Amigo und alle anderen Maschinen- und Matrosenmenschen noch länger ausgerechnet mir dieses Prädikat unter die Weste schieben? Ich war, wenn wir schon im Tierreich bleiben wollen, Wasserschlange, Wasserbüffel und Wasserfloh in einer Person. Die Landratten hockten im Tagesraum und grölten sich euphorisch an die Ostseeküste heran.

Nun zählten auch die kleinen und ganz kleinen Gewinne. Da ich auf den Lottofünfer und -vierer nicht mehr hoffen durfte, konzentrierte ich mich darauf, wenigstens noch das Geld für zwei Richtige zu kassieren. Zwei Richtige – das waren also der Umweg durchs Skagerrak, ein Stürmchen, ein Nebelschleierchen, ein Defektchen und ein Schläfchen der, wie ich mir von Herzen wünschte, Aarhuser Hafenarbeiter. Kraushaars Mitteilung, das Unternehmen Aarhus nehme höchstens sechs Stunden in Anspruch, da in Dänemark nur vierzig Tonnen Fracht zu entladen seien, deprimierte mich außerordentlich. Nun hilf mir, Neptun!

Wir fuhren nicht durch den Nordostseekanal. Die »Chimborazo« tat mir den Gefallen, das launische Skagerrak zu durchpflügen. Stürme und Nebel enthielten sich der Stimme. Die Nacht war kalt, klar und ruhig, als Matrose Finster vor der Nordspitze Dänemarks, bei Skagen, das Ruder auf Südkurs drehte.

Amigo, hafenbräugestärkt und bester Laune, lud mich zu meiner letzten Flasche Whisky ein. Rosemarie (blond) und Ingeborg (brünett), Amigos reizende Helfershelferinnen für den Rest der Reise, hatten in der Kammer des Chefstewards an einem weißgedeckten Party-Tisch bereits vor meinem Eintreffen Platz genommen. Das war nun endlich mal ein Quartett nach meinem Seemannsherzen! An die Tafel der landgierigen Meistersinger zog es mich nicht. Hier aber, wo Starkes sich und Mildes paarten, da gab es einen guten Gläserklang. Amigo führte das große Wort. Ich kannte seine Litanei: letzte Reise – endgültig – Berliner Kneipe – Heim und Herd – für immer – nie wieder – wenn der Mast auch bricht – davon abgesehen. Mich störten solche Sonntagspredigten nicht, nicht an diesem Ort. Rosemarie und Ingeborg waren schließlich mit von der Party. Sie würden, auch wenn sie womöglich gar nichts sagten, schon durch ihre Anwesenheit dafür sorgen, daß die Gedanken den Seeweg und nicht voreilig den Landweg einschlugen. Ich fragte Rosemarie und Ingeborg: »Wie geht Ihr Leben, das Sie dem Meere zugeeignet haben, weiter?« – »Nun ...«, sagte Rosemarie. »Also ...«, erwiderte Ingeborg. Und ihr gemeinsamer Refrain lautete: »Absteigen – so bald wie möglich!« Seliger Joachim Ringelnatz, hast du solches vernommen? Hält es dich noch länger in der Gruft? Da sitzen wir nächtens zu viert, ich mit der ungestillten Sehnsucht in den Eingeweiden, die auch die deine war, und an meiner Seite drei Heimchen am Herd. Ahoi, liebes Mädel, nimm dein Bett und gehe heim.

Jeder vierte Däne – das beweist die Statistik – wohnt in Kopenhagen. Die übrigen Städte und Dörfer dieses südlichsten aller skandinavischen Länder sind dünn besiedelt. Aarhus ist eine der ganz wenigen Ausnahmen. Ich lernte eine passable Großstadt mit hohen Häusern und einigermaßen breiten Straßen kennen. Nachts hatte es geschneit. Die »Chimborazo« lag von einem Schneeflaum bedeckt am Pier von Aarhus, und als die Planken der Ladeluke II beiseite geschoben waren, damit das Löschen der Fracht unverzüglich beginnen könne, setzte ein Schneesturm ein, wie ich ihn in Dänemark noch nie zuvor erlebt hätte, wenn ich schon einmal dort gewesen wäre. Nun war ein Ausgang fällig. Dänische Einwanderungsbehörden schien es in Aarhus nicht zu geben. Ich fragte niemanden, ob ich dürfe oder ob ich nicht dürfe. Kapitän Ambach hatte bekanntmachen lassen, daß die »Chimborazo« wenigstens noch einen Tag im Hafen zu bleiben gedenke und jedermann tun könne, wozu er gerade Lust habe.

Der Vormittag hatte gerade erst begonnen. Ich marschierte stadteinwärts, fand die hübsch geputzten oder geklinkerten Häuser und Häuschen rings um die City und vor allem die Feinkostläden recht appetitlich. Wer an Dänemark denkt, assoziiert sogleich Butter, Schinken, Eier und ein entsprechendes Äußere der Konsumenten. Ich widerspreche nicht und widerlege nichts. Nahrung und Genuß prägen viele Gesichter und Formen der Aarhuser Bevölkerung. Dänenherren und Dänendamen sind zwar nicht generell mollig, aber sie bilden eine starke Fraktion.

Der Aarhuser Bahnhof zog mich magisch an. Der Leser kann sich schon denken, warum. Als Reiseziele kamen, wenn ich Kapitän Ambach keinen Ärger machen wollte, im äußersten Fall Odense oder Aalborg in Betracht. Doch die verhältnismäßig langen Reisewege versprachen da oder dort nur kurzfristigen Aufenthalt. So entschied ich mich für Randers, eine mittelgroße Hafenstadt, etwa fünfunddreißig Kilometer von Aarhus entfernt.

Während die von Koch Krumme an Bord bereiteten Mittagsbratkartoffeln in der Pfanne verschmurgelten, dinierte ich im Bahnhofsrestaurant zu Randers. Die Spiegeleier schmeckten ausgezeichnet, und da sich Petrus mittlerweile für Sonnenschein entschieden hatte, trampte ich bald fröhlich durchs liebliche Dänenstädtchen, dessen Optik, Ausdehnung und Bevölkerungszahl etwa an Wismar erinnerten. Ich drang tief in die Psyche und intellektuelle Beschaffenheit der Bewohner des Ortes ein und registrierte mit leichter Bestürzung vor allem dieses Faktum: Die Randers-Menschen sind dumm! Den Beweis lieferte mir ein Fischgeschäft. Beim Nur-so-Vorüberbummeln gewahrte ich hinter dem Schaufenster auf dem Ladentisch mehrere offene Kisten mit Räucheraalen! Niemand außer mir hatte von dieser Rarität Notiz genommen. Ich stürzte in den Laden, erwarb eines der herrlich duftenden Tiere und vergewisserte mich beim Verlassen des Fischgeschäfts, daß sich noch immer keine Schlange gewitzter Aal-Weidmänner gebildet hatte. Wenn ich da an uns fixe Berliner denke! Schon das Gerücht eines in die Ostsee zufällig eingeschwommenen Aals macht den Spreeathener mobil. In Randers verdöst und verschläft man die wahren Sternstunden des Normalverbrauchers. Das konnte nur auf geistige Unterentwicklung schließen lassen.

Auf dem Postamt der Stadt Randers meldete ich ein Ferngespräch nach Berlin an. Ich wollte meiner Frau das Unvermeidliche, Unverschiebbare, Unabwendbare als Gruß an diesem 8. März, dem Internationalen Frauentag, durch den Draht flüstern: »Übermorgen läuft die ›Chimborazo‹ in Rostock ein!« Während ich noch an meinem Gesprächskonzept bastelte, war die Verbindung hergestellt. Ich hatte nur vierzig oder fünfzig Sekunden warten müssen, und ein bißchen unvorbereitet schwatzte ich drauflos: »Aus Randers – Dänemark – zehnter März – ja, in Rostock – wie geht's? – Zabel mit dem Auto – ganz gut soweit – die Kinder auch? – tschüss!« So sprechen Dichter, wenn ihnen von vorwitzigen

Postbeamten keine Zeit zu längerer Konzentration gelassen wird.

Der Zug von Randers nach Aarhus zurück hatte keine belgischen Allüren. Er jagte nicht die Schienen entlang, sondern schnaufte und quietschte, wie es sich gehört. Auf jedem Dorfhahnhof wurde brav gehalten, uncl der Lokomotivführer tauschte Anekdoten mit dem Stationsvorsteher. Aarhus empfing mich hell und betriebsam. Amigo wartete schon mit dem Abendbrot.

Ein paar Dänenkronen waren noch unterzubringen. Amigo und die ihm anvertrauten weiblichen Geschöpfe schlossen sich meinem Vorschlag, gemeinsam das Aarhuser Nachtleben zu studieren, gern an. Schneller, als uns lieb war, machten wir die bestürzende Erfahrung, daß es erstens gar kein Nachtleben gab in dieser Stadt und daß zweitens selbst frugalste alkoholische Getränke wie Bier und Aquavit zu einem Fabelpreis gehandelt werden. Da ich mich nicht lumpen lassen wollte, gab ich wenigstens eine Lage Korn in einem halbwegs gemütlichen Restaurant. Ich legte zehn Kronen auf den Tisch und erhielt einen Ore zurück. Zabel stand grinsend an der »Chimborazo«-Reling, als die mürrisch und frühzeitig heimkehrenden Nachtlebemänner die Gangway hochkletterten, und provozierte mich mit der Bemerkung: »In Rostock gibt es gutes Bier!«

Nur mit der Ruhe, ihr Schnapphänse! Seht ihr, da liegt Aarhus. Wir schreiben den 9. März, und die »Chimborazo« will wohl gar nicht so recht. Noch ein Vormittag für den Pässentscher, noch eine letzte behagliche Promenade auf ausländischem Territorium. Ich machte Devisen-Kehraus. Aarhus bediente mich zuvorkommend. Die Apfelsinen waren billig, der Kaffee schmeckte. Die Reklame eines Kinos versprach ungeheure Sünden, und ich mußte an den Bericht Krummes denken, den er mir vorgestern von seinem Antwerpener Kinoabenteuer gab. Krumme wurde, wie er erzählte, von einem Kinokassenfräulein der belgischen Hauptstadt als Jugendlicher unter achtzehn Jahren eingestuft und zur Vorführung eines amerikanischen Schmachtfetzens nicht zugelassen. Doch Krumme wußte sich zu helfen. Pfiffig zog er einen Ausweis aus der Tasche, der das kinoreife Alter des Schiffskochs einwandfrei belegte, und Krumme durfte passieren. »Den Deutschen Personalausweis?« fragte ich naiv. »Ach wo«, sagte Krumme, »so was hat man als Seemann nicht bei sich. Den FDJ-Ausweis natürlich!«

Aarhus reichte der »Chimborazo« ihren einzigen Passagier gegen dreizehn Uhr zurück, und kurz nach fünfzehn Uhr gab der dänische Lotse das Abfahrtssigual.

FINALE

Für drei Stunden hielt das Tageslicht über See und dänischem Inselgewirr unserem Schiff noch die Treue, dann kam mir Goethe in den Sinn: »Die Nacht schuf tausend Ungeheuer, doch frisch und fröhlich war mein Mut!« Auf meinen Mut hatte ich mich, fürwahr, all die Monate verlassen können, doch konnte er meine Melancholie besiegen? Hundertzwanzig Seemeilen bis Rostock waren eine knappe Zeitspanne für die herrliche und doch wehmütig stimmende Bilanz eines unvergeßlichen Abenteuers. Osterhold hatte mir ausgerechnet, daß die »Chimborazo« einschließlich der noch zurückzulegenden Strecke mehr als fünfzehntausend Seemeilen oder achtundzwanzigtausend Kilometer besiegte. Zwei Drittel des Äquatorumfangs – das war die arithmetische Seite der Angelegenheit. Doch die andere Seite, der wirkliche Inhalt der Reise, die von ihr ausgehenden Eindrücke und durch sie ausgelösten Impulse wogen schwerer: Sansibars Nelkenduft, Mombasas Elfenbeinportal, die Korallenriffe von Port Sudan, die Mekkapilger von Jeddah, Suezkanal, Stromboli,

Marseille, Gibraltar, Belgien und ein Zipfelchen Skandinavien. Wann würde ich, wenn ich morgen nach hundertundvier Reisetagen heimatliches Festland betrete, je wieder festen Boden unter den Füßen spüren? Der Traum vom Meer hatte sich in wunderbarer Weise erfüllt, aber er zeugte neue Träume, die nach Erfüllung drängen.

Kommt mir jetzt nicht zu nahe, ihr Diavolos meiner Träume, ihr Neubert, Zeise und auch du, Amigo! Ihr habt nichts unversucht gelassen, mein Glück zu schmälern, meine Glückseligkeit zu dämpfen. Ihr habt mich nicht besiegt. Ich habe euch getrotzt zu jeder Stunde, denn es fehlte mir weder an Kraft noch an Weisheit, die gleisnerischen Gleise rechtzeitig zu entdecken, deren Weichen von Rädelsführer Käptn Schremmer gestellt worden waren. Ihr glaubtet zu intrigieren und wurdet von mir ausmanövriert. Ich habe eure Anschläge auf meine Gesundheit, meinen Humor, meine Ausgehfreudigkeit und meinen unstillbaren Reisehunger abgewehrt. Ihr triebt die »Chimborazo« zur Eile. Ich gewann den englischen Hochseeschlepper »Cheviot«, die unerforschlichen Ratschläge Mohammeds und den Trotz Antwerpener Hafenarbeiter zu Verbündeten. Wir sind nicht quitt. Unser Kampf endete nicht remis. Ich habe gewonnen. Meine Liebe zur See ist nicht gezähmt worden, sondern gewachsen. Das Schönste auf der Welt, wer wollte das bestreiten, sind kleine Kinder. Und das Zweitschönste ist die Seefahrt, und das Schönste an diesem Zweitschönsten sind meinetwegen die Lieder, wenn Zeise partout darauf besteht.

Letzter »Chimborazo«-Schlaf bis zur Morgendämmerung ohne Tiefe und ohne Traumgespinst. Warnemündes Leuchtturm warf grelle Lichtsignale bündelweise in meine Kammer. Der Lotse stand neben Kapitän Ambach auf der Kommandobrücke und wärmte sich an einem doppelt starken Türkischen. Im Überseehafen stemmten sich Eisschollen dem Bug der »Chimborazo« entgegen und bremsten ihre Fahrt. Am

10. März, sechs Uhr morgens, kehrten wir heim an die Stätte, die wir am 27. November vorigen Jahres um die Mittagsstunde verlassen hatten. Am Kai standen sie alle: Kapitän Ambachs Familie, Osterholds Braut, Amigos teure Gemahlin – und etwas im Hintergrund mein schönes Auto mit drei winkenden Kühlerfiguren, die bei näherem Hinsehen leicht als meine Frau, als Leibschofför Zabel und Käptn Schremmer zu identifizieren waren.

Erst als Zoll und Polizei ihre Arbeit getan hatten, wurde das Schiff von seiner Exterritorialität erlöst und als Festplatz der Wiedersehensfreude freigegeben. Nach fast grenzenlos langer Abwesenheit kamen mir die Umarmungen meiner Eheliebsten direkt illegitim vor, also äußerst angenehm. Plötzlich geschah etwas Außerordentliches. Käptn Schremmer, den ich nur flüchtig begrüßt hatte, wie man eben mit einem Brutus umzugehen pflegt, schleppte Amigo, Zeise und Neubert herbei und stellte die drei falschen Fuffziger meiner Frau mit den Worten vor: »Das sind sie, die drei!« – »Ja, das sind die drei Oberdrahtzieher«, wollte ich gerade mit großer Empörung ausrufen, als sich – ich muß es schon ganz offen sagen – meine von allen guten Geistern verlassene Frau dem Tenfelsterzett buchstäblich an den Hals warf! Käptn Schremmer schien dieses widerliche Schauspiel auch noch normal zu finden, und weil ich die Sentenz lange nicht gehört hatte, sagte er gleich doppelt: »Das ist die Frage! Das ist die Frage!«

»Du bist mir eine Erklärung schuldig!« schrie ich die Meine an, als wir nach dem unglaublichen Eklat in meiner Kammer gemeinsam Koffer packten. »Die kannst du haben«, erwiderte meine Frau spöttisch, »Käptn Schremmer, Amigo, Herr Zeise, Herr Neubert und ich sind Verbündete!« – »Aha!« zischelte ich »Das willst du mir weismachen. Und woher kennst du die alle überhaupt?« – »Käptn Schremmer«, antwortete meine schlechtere Hälfte, »habe ich während meiner Reportage in Bad Doberan ...« – »Ich weiß ja gar nicht, daß du damals auch in Rostock warst«, empörte ich mich. »Man muß nicht gleich alles erzählen«, belehrte mich mein Weib, »und im übrigen haben sich Käptn Schremmer und ich beim Pfefferminzlikör in die Hand versprochen ...« Ich war platt, nein, ich war wütend. »Und wie hast du Amigo, Zeise und Neubert in deine Fänge gelockt?« fragte ich lauernd. »Die? Die habe ich eben erst kennengelernt!« – »Lüge!« brauste ich auf. »Wie können sie dann deine Verbündeten sein!« – »Brieflich, mein Lieber, brieflich!« flüsterte Frau Stengel geheimnisvoll, »Käptn Schremmer hatte mir die drei Herren als seine besten und zuverlässigsten ›Chimborazo‹-Freunde nachdrücklich empfohlen, und so korrespondierte ich mit ihnen eifrig und sehr fruchtbar von November bis März! »

Die Bekenntnisse einer schwarzen und noch dazu mit mir verheirateten Seele hatten immerhin ein Gutes: Mein Sieg über die »Chimborazo«-Verschwörung strahlte in noch hellerem Licht als zuvor, da ich nun erfuhr, daß auch meine Frau am Ast gesägt hatte, auf dem ich trotz labiler Wirbelsäule fest und unerschütterlich länger als hundert Tage gesessen hatte. Ich bekundete darum mein Triumphgefühl mit den Worten: »Falsch kalkuliert, Räuberhauptmännin! Das Komplott gegen mich ist gescheitert!«

»Aber was heißt denn ›gegen dich‹?« korrigierte mich Frau Schwarzseele verblüfft. »Wir fünf verständigten und berieten uns unaufhörlich, wie wir dir die Seefahrt so angenehm wie möglich machen könnten! Hast du denn nicht bemerkt, daß Amigo, Herr Zeise und Herr Neubert immerzu um dein Wohlergehen besorgt waren und dich vor Quertreibereien und Nadelstichen des Zweiten, des Dritten, des Schiffszimmermanns und des Schiffskochs beschützten?«

»Nein, nein, nein – das habe ich allerdings nicht bemerkt«, widersprach ich leidenschaftlich. »Kraushaar, Osterhold, Pausniak und Krumme waren meine besten Freunde! Wer aber intrigierte andauernd? Amigo, Zeise und Neubert. Das ist die reine Wahrheit!«

»Ach, du mein liebster Hypochonder!« titulierte mich, Zartheit simulierend, meine Frau. »Du siehst Gespenster. Sind deine Bandscheiben nicht tadellos in Ordnung? Verlief die Reise nicht ganz nach deinem Geschmack, und stärkte sie dir nicht Leib und Seele? Das alles verdankst du, mein geretteter Tintenfisch, nur uns, dem Fähnlein der fünf Aufrechten!«

Ich glaubte ihr kein Wort.

Als ich mal in Japan war

Schiffsreisenotizen auf und unter dem fernöstlichen Diwan

DIE HABEN MIR SCHON IMMER

mächtig imponiert, die Tausendsassa-Komiker, die mit ihrem intimen Verhältnis zur großen weiten Welt, auch der exotischsten und mythischen, beim staunenden Publikum hausieren gingen: »Wenn Sie nach Madagaskar kommen, gleich neben der Sparkasse ...« oder »Wenn Sie durch den linken Vordereingang in den Garten Eden gelangen und am Apfelbaum, vorbei an Adam und Eva, rechts abbiegen ...« Ich glaubte den flunkernden Berichterstattern aufs Wort, desto eher, je älter und skeptischer ich wurde. Diese verbalgeographischen Ausflüge waren zu schön, um unwahr zu sein. Die Klage eines Kabarettisten, der nach mühevoller Besteigung des Mount Everest auf eine wegen Inventur geschlossene Bockwurstbude stieß, ergriff mich zutiefst, zumal mir vor sechsundzwanzig Jahren, als ich, tödlicher Erschöpfung nah, den Nordpol erreicht hatte, der Verkaufsstellenleiter einer Milchbar weismachen wollte, er dürfe wegen irgendwelcher arktischer Gewerkschaftsbestimmungen nach neunzehn Uhr keinen Grog mehr ausschenken.

Solche besonderen globalen Vorkommnisse hallen stets in mir nach, und wenn ich alle meine touristischen Erlebnisse an meinem Gedächtnis vorüberziehen lasse, wird mir jedesmal bewußt, daß ich ein viel sensiblerer Globetrotter bin als beispielsweise mein Freund Semmel, für den sich jede fremdländische Sehenswürdigkeit auf eine klägliche Nachahmung städtebaulich oder landschaftlich höheren, also Köpenicker, Niveaus reduziert. Für Semmel ist die masurische Seenplatte

»ooch nischt anderes als der Müggelsee«, die Gdansker Altstadt »ooch nischt anderes als der Köpenicker Kietz«, und setzte Semmel seinen Fuß auf die Osterinseln, so empfände er solche Begebenheit gewiß nur halb so gravierend wie ein Pfingstkonzert in der Müggelheimer Laubenkolonie.

Ich dagegen, wie gesagt, ließ Erhabenes, wo immer es mir in der Ferne begegnete, nie zu einer Banalität enger lokaler Maßstäbe schrumpfen, sondern verstand weltweit fein zu differenzieren, spürte Nuance, wo Semmel nur stumpfe Identität zwischen Nepal und den Gosener Bergen zu wittern vermochte. Meine Promenaden außerhalb heimatlicher See- und Landesgrenzen waren immer von feinem Takt, staunender Hingabe und demütiger Ergriffenheit gekennzeichnet. Ganz im Gegensatz zu Semmel fand ich jenseitige Gefilde jedesmal unvergleichbar, meist attraktiv, manchmal auch scheußlich, niemals aber passend zum Oochnischtanderes-Kehrreim aus Semmels Klischierwerkstatt.

Leider fehlte mir zeitlebens die Grandezza des perfekten Kosmopoliten. Ich bin sicher, daß es gelenkigere Neo-Nomaden gibt als ausgerechnet mich, und je mehr Abstand ich gewinne – oder verliere? – zu den markantesten Expeditionen der siebziger Jahre, um so schmerzlicher zwickt mich die Erkenntnis, damals nicht tief genug geschürft, sondern Zeit verplempert zu haben. Ein zweites Penang, Hongkong, Yokohama oder Kamakura würde ich, das weiß ich jetzt, gescheiter nutzen. Dennoch brauche ich die Vorwürfe, die mir zu machen sind, nicht zu Komplexen hochzustilisieren. Es gibt schließlich noch mehr geborene Vogtländer, die sich bei erster Normandie-Landung ähnlich linkisch verhalten mögen wie ich.

Nach kurzem Aufenthalt in Dunkerque war unser Dampfer in westliche Richtung, immer dem Ärmelkanal entlang, ausgelaufen, und mein gedanklicher Vorlauf ankerte irgendwo im Golf von Biskaya, wenn nicht gar erst in afroatlantischen Gewässern. Bei derartiger Reisestrategie kann einer schon ganz schön verblüfft sein, wenn er sich nach morgendlichem Erwachen nicht auf hoher See, sondern in einen Flußlauf verfrachtet sieht, von dem zunächst nicht festgestellt werden kann, ob es sich um die Themse oder die Loire handelt. Oder doch tatsächlich um die Seine. Als das Schiff festmachte, verriet die Kalkschrift über einem Getreideschuppen unseren zeitweiligen Ladehafen: Rouen.

Das Schöne ist, daß mir, wo auch immer ich anlande, etwas Assoziables einfällt. Rouen. Rouen ist die erste Bürgerpflicht. Meine Mutter, die Johanna heißt. Jeanne d'Arc. Studienassessor Dyroff, der auf dem Greizer Gymnasium Geschichte unterrichtete und anläßlich der Durchnahme entsprechenden historischen Stoffes franglaisisch ins Klassenbuch eintrug: »Jeanne dark«. Diese Eintragung ist mir unauslöschlich in sozusagen dunkler Erinnerung geblieben.

Bei dritter oder vierter Ordnung der Gedanken am ersten Rouen-Morgen kam mir schließlich auch die nicht gar so abgelegene französische Hauptstadt in den Sinn. Sie heißt, daran erinnerte ich mich dyroffdunkel, Paris und wäre, wie ich in einer ersten Erwägung kalkulierte, eine Landeinwärtsreise wert, sofern sich, und das war meine zweite, von Skepsis begleitete Erwägung, ein solches Unternehmen ohne große Unbequemlichkeit praktizieren lasse und einen vertretbaren Effekt habe.

Was, so fragte ich mich, in jeder Sekunde auf rationelle Welttouristik orientiert, was soll ich in Paris? Die Millionenstadt: die hatte ich als Berliner alle Tage. Der Eiffelturm: den sah ich, wenn auch in unseliger Kriegszeit, schon als Zwanzigjähriger, und im übrigen ist der Turm am Alexanderplatz viel höher. Pigalle: gehört so was ins Reisealbum eines vom Zwielicht schillernder Halbwelt befreiten DDR-Bürgers?

Ein Motiv für Paris, eins, das sich auch, wieder in der Heimat, in der mißtrauisch lauernden Öffentlichkeit vertreten ließ, ein Motiv, ein Königreich für ein Motiv, und ich werde noch heute auf den Chemins de fer in die Kapitale reisen!

Sagte ich Eisenbahn? Warum sind die Gedanken nur dazu da, uns immer neue Abgründe ahnen und in sie stürzen zu lassen? Gewiß, Eisenbahnen schlechthin würde es, in diesem Punkt war ich mir ganz sicher, auch in Frankreich geben. Aber sind es wenigstens so beschaffene, daß der Umgang mit ihnen genauso oder wenigstens auf ähnliche Weise erfolgen kann wie etwa zwischen Berlin und Meiningen ? Banger Ahnungen voll, ging ich zum Bahnhof der Stadt Rouen und fragte einen Schalterbeamten in der von mir beherrschten individualfranzösischen Sprache, wann der D-Zug nach Paris fahre. Die mir erteilte Auskunft übertraf meine schlimmsten Befürchtungen: D-Züge zwischen Rouen und Paris verkehren durchaus, nämlich stündlich, von den Personenzügen auf der 125-KilometerStrecke ganz zu schweigen.

Ach, so sollte der Wahrheit und Weisheit Kern eben doch im Sprichwort unserer Ahnen liegen: »Bleibe im Lande, verkehre schlicht redlich!«? Wie einfach und publikumsfreundlich haben die Schienenfernverkehrsexperten meiner Heimat das Passagierbeförderungsproblem gelöst! Für Strecken über hundert Kilometer gibt es pro Tag einen bis höchstens fünf Schnellzüge, so daß kein Reisender die Qual der Wahl hat. Man muß sich in extremen Fällen zwischen Vormittagszug, Mittagszug, Nachmittagszug und Abendexpreß entscheiden, aber französische Frequenzen kann der einfache Mensch ohne Computerhilfe nicht meistern, und ich argwöhne, daß viele Franzosen deshalb resignieren und auf eine Fahrt von Rouen nach Paris von vornherein verzichten.

Bei uns ist das Eisenbahn-Fernreisen Aufgabe und Lust zugleich. Seht sie euch an: Tausende Ostseeurlauber mit energisch gespannten Gesichtszügen harren auf dem Bahnsteig C des Berliner Ostbahnhofs der Ankunft des D 270 Dresden-Saßnitz. Das »Vorsicht an der Bahnsteigkante«, reichsbahnseitig nur als spielerische Improvisation begriffen und zu begreifen, wird vom Bremsgeräusch des soeben einfahrenden Zuges verschluckt. Der Sturm auf das sogenannte neuzeitliche Beförderungsmittel schürt dann jedesmal das Pathos expressionistischer griechischer Bühnendramen. Massenszenische Anstürme von atemraubender Dynamik und Dramatik. Und dann: Der Einstieg, nur der Einstieg zwar, aber immerhin – welch Hochgefühl nach tagelanger bänglicher Ungewißheit – der Einstieg ist gelungen. Der Einstieg!

Da mag vom höchsten Triumph, von der Gewinnung eines Sitzplatzes, in diesem Augenblick träumen, wer will. Den Einstieg bewältigt zu haben: Was für ein Erfolgserlebnis! Und dann: Eine halbe oder eine Dreiviertelstunde später, zwischen Löwenberg und Gransee, sanfte Minderung der Zuggeschwindigkeit, allmähliches Verhalten, Ausrollen der Räder bis zum Stillstand, schöne Gelegenheit zu einem gemeinschaftlichen Spaziergang des Passagierkollektivs längs des Schienenstrangs. Knüpfen neuer Bekanntschaften, Freundschaften sogar, Aussprache von Mensch zu Mensch über persönlichste Interessen und Anliegen wie zum Beispiel neue Methoden der Führung des betrieblichen Wettbewerbs oder Erfahrungen bei der Stärkung hausgemeinschaftlicher Kontakte. Schließlich, vielleicht schon vor der Abenddämmerung und vor der Ausdiskutierung erregendster Themen, ein sanftes Anrucken der Bahn aus Eisen, flinker Zustieg, Fahrt gen Norden in einem Zug, der längst aufgehört hat, nur einfach Beförderungsmittel irgendwelcher namenloser unbekannter Personen zu sein. Nein, diese Wagenkette ist dank der unvermeidlichen engen Tuchfühlung in allen Abteilen sowie in den Gängen und auch wegen des eingeschobenen längeren Streckenaufenthalts zum Transmissionsriemen menschlich-nachbarlicher Intimbeziehungen geworden. Angesichts solcher Erfahrungen mit heimatlichem Schienennetz und im Besitz der Auskunft des französischen Schalterbeamten, lag der Schluß nahe, daß französische Eisenbahnreisen persönlich und sozial unergiebig sind. Um trotzdem nach Paris zu fahren, bedurfte es schon eines ganz schwerwiegenden Motivs. Noch hatte ich keins.

Plötzlich geriet mir eine Zeitungsnotiz in den Sinn, die ich vor acht Tagen während eines kurzen Schiffsaufenthalts in Rotterdam gelesen hatte: Die Japaner, wurde mitgeteilt, seien bei der französischen Regierung wegen zeitweiliger Ausleihe der im Pariser Louvre hängenden Mona Lisa Leonardo da Vincis vorstellig geworden, und der Adressat habe diesem Wunsch mittlerweile entsprochen, so daß ein Überseetransport der Gioconda schon im folgenden Quartal erfolgen werde. Als ich die Meldung studierte, wurde mir wieder einmal blitzartig bewußt, daß die Japaner meinen Landsleuten eben doch in vielen Punkten auf zahlreichen Feldern überlegen sind. Was für eine Kühnheit des Denkens! Was für ein Höchstmaß nationaler Beharrlichkeit und entschlossener populärer Interessenvertretung! Wie viele meiner Landsleute hörte ich murren und nörgeln, weil ihnen unbürokratischer Zugang zu Leonardos Meisterwerk verwehrt sei. Aber niemand zog aus solchem Unmut den richtigen, sozusagen japanischen Schluß: die zuständigen Kulturbehörden in Berlin zu ersuchen, das begehrte Gemälde zeitweise im Pergamonmuseum zu etablieren. Ich bin überzeugt: Dieser Bitte der Bevölkerung zwischen Vogtland und Kap Arkona wäre stattgegeben worden, und ebenso wie die Kunstfreunde Nippons hätte keiner meiner Mitbürger den ästhetischen Genuß einer weihevollen Bildbetrachtung mit einer zeitraubenden Reise nach Paris verbinden und demzufolge teuer bezahlen müssen.

Das Motiv für einen lohnenden Paris-Abstecher war gefunden. Mir erschien diese Reise vorm knapp bevorstehenden Exodus der lächelnden Dame nunmehr nicht nur möglich und vertretbar, sondern geradezu unabweisbar zwingend. Der Eintritt in den Louvre mußte erfolgen, bevor japanischer Zugriff den weltberühmten Museumspalast an der Seine einer wichtigen Attraktion vorübergehend beraubte.

Die Eisenbahnfahrt nach Paris war, wie ich aus der Frequenz der im Kursbuch verzeichneten Züge zwischen Le Havre und Paris unschwer schließen konnte, das reinste Mißvergnügen. Keine Rede von Erfolgserlebnissen und dem Lustgewinn, den ich vorhin am Beispiel heimatlicher Transportnormen geschildert habe. Ich bestieg zu einer ziemlich willkürlich gewählten Abfahrtszeit, so gegen neun Uhr frühmorgens, einen dieser fahrplanmäßigen Schnellzüge. Die Menschenleere auf dem Bahnsteig Rouens war schon irritierend, noch mehr jedoch schockte mich die durchaus lückenhafte und keineswegs rationelle Belegung beziehungsweise Besetzung der Zugabteile! Es gab nicht nur massenhaft völlig leere Stehplätze, sondern auch Überfluß an leeren Sitzplätzen.

Das Abteil, in das ich nach längerem Zögern meinen Fuß setzte, war durch die Präsenz von vier Reisenden wenigstens einigermaßen positiv. Aber da es sich um ein Coupé zweiter Klasse handelte, blieben bei Abfahrt des Zuges dennoch drei Sitzplätze unbesetzt, und ich wurde, während ich die Mitreisenden bis zur Ankunft des Expresses auf dem Pariser Bahnhof St. Lazare argwöhnisch musterte, eine Fahrtstunde lang das Gefühl nicht los, daß ich mich vielleicht doch besser mir gegenüber oder links neben mich in Korridornähe oder gar neben das vis-à-vis gelegene Zugfenster hätte setzen sollen – Mutmaßungen, genährt von Zweifeln und Verunsicherung, eine dekadente Sackgassenphilosophie, die nur keimen kann, wo nicht, wie bei uns zu Hause, der eroberte Sitzplatz in jedem Fall der richtige, weil der einzige disponible ist. Dazu in diesem französischen Schienenfahrzeug die ganz und gar unpersönliche Art der Beförderung. Weder das Fehlen von Schienenstößen noch das Ausbleiben ärgerlicher gastronomischer Zwischenfälle waren geeignet, erregte Fahrgastdebatten zu fördern oder auch nur zu entzünden. Jedenfalls war mir sehr wohl, als das Reiseziel erreicht war, und ich fuhr auf Metrogleisen schnurstracks zum Louvre.

Das war nun alles andere als Du-bist-die-schönste-Stadt-der-Welt-Paris an diesem neblig-niesligen Februartag. Ich war versucht, Mürrisches in Semmel-Manier in mich hineinzubrabbeln, denn es ist ja schließlich nicht ganz von der im Nebel kaum sichtbaren Hand zu weisen, daß bei solcher Wetterlage Paris und etwa Treuenbrietzen austausch- und verwechselbar erscheinen.

Am Louvre-Hauptportal gab es eine Menge Fremdenverkehr, der, wie ich schlau vermutete, wesentlich motiviert war vom bevorstehenden Mona-Lisa-Auszug. Natürlich: Auch andere hatten die alarmierende Zeitungsnotiz längst gelesen und wollten sich die befristete Gelegenheit eines ersten und letzten Blickes aufs Leonardo-Original nicht entgehen lassen.

Während ich immer näher an den Bannkreis der angebeteten lächelnden Anmut herantrat, ging ich Gedanken nach, die von gewissen Kindheits- und Jugenderlebnissen inspiriert waren. Mir fiel ein, daß ich, weil mir als Kind die Sixtinische Madonna Raffaels immer nur reproduziert im Postkartenformat vor Augen geriet, so lange glaubte, dieses Format sei die tatsächliche Bildgröße, bis ich in Dresden überwältigt dem Original mit seinen gewaltigen Dimensionen gegenüberstand. Auch die Mona Lisa war in meinem Bewußtsein, und nicht nur im Bewußtsein des Knaben und des Jugendlichen, sondern noch ganz aktuell, zur Postkarte geschrumpft. Die Erfahrung mit der Sixtinischen Madonna schützte mich vor der aberwitzigen Vermutung, es könne sich bei der originären Mona Lisa um ein kleineres Format als das sixtinische handeln. Ich kombinierte also: Der globale Mythos Mona Lisas läßt den Rückschluß zu, daß es sich hier um ein Gemälde von wenigstens stirnwandfüllenden Ausmaßen handelt, wobei ich mir sogar eine noch höhere Stirnwand vorstellte als die im elbflorentinischen Albertinum. Ja, nur großformatige Bildwerke haben im Endeffekt eine Chance, als ganz große Kunst in den Musenhimmel gehoben zu werden und als Legende im Gedächtnis der Menschheit bewahrt zu bleiben. Das Kleine, wußte ich, hat noch nie Weltruhm erlangt, auch nicht, wenn die Miniatur dem schöngeschliffenen Kohinoor geglichen hätte wie ein Edelstein dem anderen. Ein noch so genialer Karl-Valentin-Sketch wird nie des Menschen inbrünstige hingebende Bewunderung wecken wie dieser zweiteilige Dramen-Koloß Goethes, das klügste Epigramm der Welt wird immer im Schatten homerischer Monster-Oden stehen, und das bezauberndste Feuilleton Auburtins wird zu Staub unter der Ramme der Roman-Monumente Dreysers, Barbusses und Thomas Manns. Die Dimension der Dimension als Kriterium der Kunst – ja: Mona Lisa, der ich sogleich meine Aufwartung machen werde, konnte nur ein Areal zwischen zehn und zwanzig Quadratmetern Größe sein. Vielleicht hatte ich mit meinem Mutmaßungs-Flächenmaß nicht einmal hoch genug gegriffen.

Ich will nicht dümmer erscheinen, als ich bin. In Wirklichkeit war ich mir der Mona-Lisa-Kleinflächigkeit ahnungsvoll bewußt, doch ich bot alle in mir schlummernde kindliche Phantasie auf, um unangemessene Realitäten zu verdrängen. Das tat ich schon deswegen, weil – so widersprüchlich es klingen mag – die Nähe des gerühmten Bildwerks eben doch alle in mir bereits getilgt geglaubten Zweifel erneut beflügelte. Die große Mona Lisa konnte nur groß sein. Ein anderes Fazit ließ sich nicht ziehen.

Das Menschengewimmel vorm musealen Palast erwies sich nicht nur als Ballung ausstellungshungriger Touristen, sondern auch als improvisiertes Stelldichein zwielichtiger ambulanter Händler, die den Louvre-Besuchern, namentlich dem Onkel Fritz aus Neuruppin oder, besser gesagt, der

Tante Minna aus Ostfriesland mehr oder minder seriöse Offerten machten.

Auch ich ging zwei raffinierten Straßengewerblern, nämlich Polaroid-Kammerjägern, auf den Leim, und das ging schneller, als ich sonst im allgemeinen übers Ohr zu hauen bin. Während mich ein schwarzlockiger und braunhäutiger, offenbar nordafrikanischer Jüngling ins Polaroid-Visier nahm und mehrmaliges Knipsen simulierte, wandte sich sein Kompagnon, ein ähnlicher Typ, mit herausfordernden Gebärden an mich, an meine Bereitschaft appellierend, die angeblich schon vollzogenen und kostenverursachenden Lichtbildakte durch den Ankauf von vier Stengel-Schnappschüssen zu sanktionieren. Der Preis erschien mir kulant: quatre vingt francs. Also gab ich dem Handel meinen Segen und sah nach meiner Zustimmung mit Verwunderung, daß der Fotograf nochmals und wieder viermal auf den Auslöser drückte. Ohne mir anfangs jedoch Gedanken zu machen, fingerte ich in meinem Portemonnaie nach einem Fünffrancstück, denn – der gebildete Leser errät die Intrige – ich hatte, schon seit fünfunddreißig Jahren dem Schulfranzösischen entfremdet, quatre vingt francs flink in vier Francs und zwanzig Centimes übersetzt, statt der kuriosen französischen arithmetischen Regel eingedenk zu sein, derzufolge die Zahl achtzig als Multiplikation der Zahlen vier und zwanzig zu verstehen ist. Quatre vingt francs waren demnach tatsächlich viermal zwanzig Francs, eine horrende Summe für das dafür gebotene Lichtbildquartett. Ich wurde mir meiner Milchmädchenrechnung erst bewußt, als einer der beiden Geldschneider das ihm hingehaltene Fünffrancstück ärgerlich beiseite wischte und sich, als ich für einen Augenblick verwirrt und ratlos war, ganz ungeniert an meiner Geldbörse vergriff und ihr eine Hundertfrancnote entnahm.

Der Seifensieder, der mir endlich aufging, vermochte das schon zu weit fortgeschrittene Verhängnis nicht mehr zu korrigieren, sondern lediglich zu mildern. Ich zahlte mit saurer Miene vierzig Francs für zwei Fotos, die ich nach flüchtiger Betrachtung – so häßlich waren sie, was nicht nur an den Porträtisten lag – in den Papierkorb warf.

Laß fahren dahin. Vergessen wir schnell das gehabte Polaroid-Desastre. Vorwärts zu Mona Lisa. Von vornherein war es meine Absicht, nur dieses singuläre und säkulare Gemälde in Augenschein zu nehmen, obwohl, wem sage ich das, die Schätze der musealen Institution Louvre stunden- und sogar tagelange Besichtigungen erheischten. Indessen waren mir während langen Nachdenkens im Eisenbahnzug schließlich doch noch einige Gesichtspunkte eingefallen, die bei befristetem Paris-Aufenthalt beachtet werden mußten. Nur schnell also hinein in den Kunstpalast, treppauf bis zur beschriebenen Etage und genießerisches Auskosten des bewußten Gigantgemäldes beim historischen Rendezvous mit Gioconda, der Lächlerin.

Mit Herzklopfen betrat ich den Saal aller Säle. Mona Lisa – ich sah sie nirgends. Wer beschreibt meine Enttäuschung? Gewiß, viele Gemälde, wie ich sogleich erkannte, waren von Besuchertrauben verdeckt, aber hätte ich Mona Lisa nicht dennoch auf den ersten Blick identifizieren müssen? Ein Bild der von mir kalkulierten Großfläche – mußte es sich nicht schon vom Saaleingang her jedem Kunstfreund allmächtig und unverstellbar enthüllen? War ich im falschen Saal? Ich war nicht. Die Lösung des Rätsels war niederschmetternd und legendenvernichtend: Mona Lisa hing unauffällig an einer der beiden Seitenwände des Saals, nicht einmal am Anfang einer langen Bilderkette, auch nicht am Ende und nicht in der Mitte. Ein Bild neben und unter vielen, nicht lorbeerumkränzt und, am schockierendsten, nicht einmal von einigermaßen ruhmwürdigen Dimensionen. Ein Gemälde im Behördenformat.

Ich trat so dicht an Mona Lisa heran, wie es der kümmerliche Absperrbindfaden erlaubte. Ich sah sie in ihrer Kleinheit lächeln, sanft freilich wie Renate Blume, die viele kennen, und Monika Flohr, die außer mir nur wenige kennen, aber keinesfalls welterschütternd, ja, nicht einmal bedingt mitreißend oder auch nur offenherzig, eben nicht so recht nach vorn, eher von leisem Unmut umwoben, ein bißchen lauernd und verkniffen gar. Das Lächeln der Mona Lisa! Über Jahrhunderte war den Menschen aller Kontinente eingeredet worden, Kunst und Leben seien durch nichts so gefördert worden wie durch diese beiden ominösen Mundwinkel. Wie war solche Behauptung zu stützen und zu verbreiten? Gab es jenseits von Mystik und Metaphysik auch nur den geringsten Anhaltspunkt für das so erstaunliche Gedeihen der Mona-Lisa-Lächelkampagne? Jetzt sah ich es ganz deutlich: Mona Lisa lächelte spöttisch, herablassend, geringschätzig, skeptisch. Was, so empfand ich bei nicht enden wollender Betrachtung der Lächlerin, hätten Walter Wacker und Willi Welle-Sittich aus Mona Lisa gemacht: ein, wie es sich gehörte, Breitwandgemälde mit einer Titelheldin, deren Lachen losgeht: perspektivisch und optimistisch. Mindestens.

Lange und gedankentief stand ich vor diesem als Gipfelleistung gefeierten, obwohl so minimalen und unscheinbaren Bildwerk, und ich versuchte mir kopfschüttelnd zu erklären, wie es zu einer so phänomenalen Aufwertung gekommen sein mochte. Ich konnte und kann einen plausiblen Grund nicht finden. Oder wäre es denkbar, daß Leonardo einen außergewöhnlich geschickten Public-relations-Manager hatte? Wer weiß. Einen Verdacht aus Künstlerkreisen möchte ich jedenfalls ausschließen: Der berühmte Maler habe seinerzeit in hoher einflußreicher Verbandsfunktion selber für sich die Werbetrommel gerührt. Diese Version ist unglaubhaft, denn es gab damals gar keinen Verband bildender Künstler Italiens und also auch keinen Vorsitzenden.

führen über Singapur, es sei denn, der Schiffer bedient sich einer anderen Route. Dann freilich geht es auch ohne Singapur. Wem aber könnte die Vermeidung Singapurs, der Löwenstadt, ernstlich am Seemannsherzen liegen?

Es gab in Singapur niemals wildlebende Löwen, und sie sind auch künftig nicht vorgesehen. Warum Singapur trotzdem Singapur heißt, ist ungeklärt. Dessenungeachtet ist es ein angenehmes Gefühl für den Löwengeborenen, eine so reizvolle Stadt in sein Tierkreiszeichen einbeziehen zu dürfen. Von allen nach dem König der Savanne benannten Wappenstädten, die ich je durchwandert habe, ist mir Singapur am liebsten, noch lieber als das fraglos malerische flandrische Löwen und sogar das zwischen Oranienburg und Gransee gelegene apart unauffällige Löwenberg.

Ich pausierte sowohl auf dem japanischen Hin- als auch auf dem Rückweg für zweimal drei Tage in Singapur, und meine Devise lautete selbstverständlich: Löwen und löwen lassen.

Nach meiner ersten Singapur-Ankunft marschierte ich vom Hafen aus die Anson Road entlang in die City. Bei meinem zweiten Aufenthalt sollte nämliche Anson Road tiefe Wunden in mein Gleichgewichtsbewußtsein ritzen. Aber das geschah sechs Wochen später, und wir werden weiter unten ausführlich darüber sprechen. Zunächst sah ich mich per pedes, per Auto oder Fahrradtaxi weitschweifig im Stadtstaat um.

Singapur ist eine chinesische Stadt mit einer starken Drittel-Minorität aus Malaien, Indern und ein paar Europäern. Wegen des scheinbaren harmonischen Zusammenlebens dreier asiatischer Bevölkerungsgruppen haben Apercüniker Singapur die Schweiz Südostasiens genannt. Die Harmonie ist bei Licht betrachtet nicht lupenrein. Nach meinem Eindruck machen die Chinesen die Politik, die Inder Geschäfte und Malaien die Dreckarbeit. Wie er freilich beim Eidgenossenschaftsvergleich an alpenrepublikanische Naturschönheiten, einschließlich weiblicher Anmut, denkt, der trifft ins Schwarze des Zifferblatts jeder Schweizer Kuckucksuhr.

Ich kann mir nach dem Abstand von Jahren noch immer keine Vorwürfe machen. Exotische Schönheiten können allenfalls Tropenbewohner oder meinen Freund Semmel unberührt lassen. Wer Singapurs grüne Wälder, Inseln, Gärten, Parks und die in ihnen enthaltenen Mädchen und Frauen ohne Entzücken mustern und passieren kann, setzt sich dem Verdacht aus, statt eines sinnbegabten Kopfes eine Kokosnuß auf den Schultern zu tragen oder wenigstens hart von einer solchen getroffen und am Dachgebälk beschädigt worden zu sein. Übrigens waren mir Kokosnüsse in Singapur, weil es sie reichlich gab, ziemlich gleichgültig. Auch das zwischen Berlin-Altglienicke und Luckenwalde – um mal willkürlich einen biederen Landstreifen in Mitteleuropa herauszugreifen – fehlende, dagegen in der Löwenstadt bereitgehaltene Laster-Sortiment erregte mich nicht sonderlich. Opiumhöhlen, Erodrome und ähnliche Zitadellen homöopathischen Lustvollzugs sind meine Welt nicht, schon gar nicht meine Halbwelt.

Ich will es noch eine Spur ehrlicher formulieren: Die mir an der Südspitze äquatorialer Malakka-Halbinsel angebotenen Reizworte und Reizorte wurden desto stumpfer, je mehr meine Barschaft schrumpfte. Ein Paria kann nun mal nicht so leichtsinnig wirtschaften wie ein Nabob, und schon wegen dieser ökonomischen Faustregel war ich auf Bestreitung alltäglicher Bedürfnisse programmiert und bestreite energisch, nach kostspieligen Niederungen sinn- und leiblichen Menschenvergnügens geschielt zu haben. Wer mich dennoch in Zentren relativen Tugendverzichts gesehen hat, der hat mich dort nur bei einer Cola und in studierender Funktion beobachten können. Der mir zu Verfügung stehende knappe Etat hinderte mich sogar an völlig ungezielter alkoholischer Mitgift für aufdringliche sowie charmante Tanzmädchen.

Blieb, um dennoch ein Zipfelchen des Vorhangs vom Separée der Sündenfallgrube beiseite zu schieben, die Hoffnung auf zufällige glückliche Begegnung mit Singapurs Mäzenatentum, plötzliches Auftauchen irgendwelcher irgendwie motivierter Gönner und Samariter, die mich, gedenkend meiner Ohnmacht, an der Hand nahmen, um mich ganz selbstlos, aus Freundlichkeit oder gar Liebe also, gratis an allem möglichen zu beteiligen, was mir neu, zu teuer und im Unterbewußtsein moralisch womöglich zuwider war.

Während der ersten Halbzeit meines Singapur-Sechstage-umher-Rennens machte ich die angenehme Bekanntschaft des vielbesuchten Einkaufs- und Vergnügungszentrums »People's Park«, eines Mehr-Etagen-Ladenstraßen-Warenhauses, wie es sich als neuer Komplextyp allgemeiner Bevölkerungsbedarfsbefriedigung – einschließlich der Flaniergelüste – immer mehr auch in Europa herausbildet. Ein Bummel durch People's Park unterrichtete angesichts vieler Spezial-Importwaren-Shops auch über die verwirrend große Anzahl unterschiedlicher China-Territorien mit verschiedenen Gesellschafts- und Regierungsformen: Hier ein Laden mit Offerten aus dem volksrepublikanischen China, dort einer von inseltaiwanischer Herkunft, daneben die Filialen der britischen Kronkolonie Hongkong und der portugiesischen Zwergbesitzung Macao.

Was ich an Kleinigkeiten für Singapur-Dollars – damals waren das etwa dreißig USA-Cents – einkaufte, ließ sich als preiswert bezeichnen. Der große inflationäre Trend, der die ostasiatischen kapitalistischen Hochburgen Japan, Hongkong und Singapur längst erfaßt hat, war Anfang der siebziger Jahre noch ein Trendchen, und der Berlin-Tourist geriet beim Einkauf kleiner Textilien, knackiger Südfrüchte und souvenirträchtiger Jade-Schmuckstücke nicht in Verlegenheit.

Von Japan zurück, beim zweiten Löwenanteil, wurde ich, als ich mit der Grandezza und Saturiertheit eines Spieljungen (englisch: Playboy) über singapurischen Asphalt schritt, in der Anson Road wie ein guter alter Bekannter willkommen geheißen. Es war schon Abend, und ich hatte bei meiner Stadtpromenade nichts Besonderes vor. Die völlig unvermutete Umzingelung meiner Person durch einen, wie ich aufrichtig bekenne, bezaubernden Dreiklang chinesisch-indisch-malaiischen Charmes tat dem nach Anerkennung jungmännlicher Stabilität und Unverwüstlichkeit lechzenden seniörlichen Amateur-Fahrensmann wohl. Ich geriet so fest in die Hände des Damen-Terzetts, daß es mir schwerfiel, alle mir ins Ohr geflüsterten pikanten Offerten mittels deutlicher Gesten und Gebärden zurückzuweisen. Gleich drei fernöstliche Diwans auf einmal nahmen in den nachdrücklichen Einladungen der unabweisbaren Liebeswerberinnen visionär Gestalt an.

Was nützte es da schon, daß ich, mehr stammelnd als mit gebieterischer Strenge, die Litanei meiner Ohnmacht wie einen Rosenkranz herunterbetete: »Sorry – I'm a poor sailor indeed – no dollars, you understand, sorry ...« Die drei Grazien, als gerade schichtfreie Tanzmädchen offenbar freischaffend um ein Zubrot bemüht, trauten solcher Argumentation nicht im mindesten. Sie hingen mir am Hals und nicht nur dort.

Die reizende sowie massive Zudringlichkeit des exotischen Kleeblatts – eigentlich sollte ich präzis von Efeu und Lianen reden – hatte insofern einen mir ganz unriskanten und karitativen Akzent, als alle mir in diesem Stadium gewährten Umarmungen und Liebkosungen gratis und franko gegeben wurden. Nur ein Stockfisch konnte bei so solider Geschäftsgrundlage mit größerer Entschlossenheit, als ich sie aufzubringen vermochte, gegen liebreizenden Würgegriff und delikaten Belagerungszustand ankämpfen. So begehrlich umworben und unterjocht fühlte ich mich schon lange nicht. Meine Befreiungsversuche waren demgemäß halbherzig. Überzeugend können die wiederholten Beteuerungen meiner Geldverlegenheit keinesfalls geklungen haben, denn noch deutete sich auf seiten meiner vielhändig operierenden Leibamazonen keine Rückzugsabsicht an. Ich fühlte mich stürmisch in die Arme genommen und genoß, wie ein Pascha, meine wohltuende Unterlegenheit.

So impulsiv, wie die drei Freischärlerinnen vorhin auf mich eingestürmt waren, so blitzartig stoben sie jäh auseinander, winkten eilends ein Taxi heran, warfen sich behende in dessen Polster und entschwanden, zügig hinwegchauffiert, am Anson-Road-Horizont meinen Blicken.

Ich guckte mäßig verdutzt und perplex aus meinem Khakihemd, sinnierte bei langsamem Davonschreiten noch eine Zeitlang, wie sich der merkwürdige Vorfall bis hin zur plötzlichen Pointe wohl deuten lasse, und entschloß mich dann, die Turbulenz der vergangenen Viertelstunde durch einen Coca-Cola-Dämmerschoppen zu besänftigen. Um nicht zuviel Zeit zu verlieren, leerte ich mein Glas an der Theke eines dicht am Hafentor liegenden Nachtlokals. Als ich bezahlen wollte, traf mich der Schreck wie ein elektrischer Schlag bei ungeschicktem Berühren einer Glühlampenfassung: Dort, wo ich mein Portemonnaie vermutete, war nur noch inhaltlose Gesäßtasche. Die drei Damen, die mich so begehrlich umringt und dann im Stich gelassen hatten, waren, das war nun bestürzend offenkundig, niederträchtige Pickpockets, abgefeimte Taschendiebinnen.

Seltsam, wie einer in meiner Situation zunächst einmal, bevor er den Umfang der Katastrophe ermißt und bejammert, zunächst reflexiv das unaufschiebbar Nötigste hinter sich bringt: Da ich keinen Penny mehr hatte, um mein Getränk zu bezahlen, mußte ich, weil ich als Ortsfremder nie und nimmer plausibel hätte erklären können, daß ich Bestelltes nicht würde bezahlen können, mußte ich also dem vorhin geschehenen kriminellen Akt einen zweiten hinzufügen, mußte somit die zwar geringfügige, aber jedenfalls vollzogene Zeche prellen, koste es, was es wollte. Wie einer, der nur eben mal schnell nach seinem parkenden Chevrolet sehen möchte, stürzte ich aus dem Restaurant und lief, als ich ein sicheres, verfolgloses Gefühl hatte, in gebremstem Spazierschritt meinem Schiff entgegen.

In meiner Kammer angekommen, eröffnete ich sogleich die Sondersitzung mit dem einzigen Tagesordnungspunkt: Ermittlung des Inhalts und Umfangs aller durch Taschendiebstahl eingetretenen Verluste.

Geld: Die Bilanz war nicht der Rede wert. Meine bei Schiffsweltreisen geübte Landgangspraxis, immer nur die für den Ausgangstag benötigte Finanzration bei mir zu führen, vereitelte ein umfängliches Kapitalverbrechen. Wenn ich sehr hoch greife, fielen den räuberischen Miezen fünfzig Singapur-Dollars in die Hände. Sei's drum. Aber heißer Schreck durchfuhr mich, als es mir einfiel – das Dokument! Ich trug meinen Personalausweis in dem mir entwendeten Lederbehältnis mit mir herum. Warum ich's tat – der Teufel oder sein Psychiater mögen nach Beweggründen suchen, die mich veranlaßten, ein staatliches Papier zu exportieren und dort mit mir herumzuschleppen, wo kein Betriebsschutz und kein Polizist je auf die Idee kommen würden, meine Identität durch den PA besiegelt zu sehen. Als Reisender zum fernöstlichen Diwan besaß ich schließlich einen ordentlichen Reisepaß, und der, wenn überhaupt, genügte den zuständigen oder auch nur neugierigen ausländischen Instanzen, wenn es darum ging, die Legitimität meiner Anwesenheit in fremdem Land zu erforschen. Glück im Unglück: Diesen hochwichtigen, für die Weiterfahrt unentbehrlichen Reisepaß hatte ich während meines Spaziergangs durch Singapur an Bord deponiert. Dem Personalausweis gewährte ich Ausgang. Grundlos. Sinnlos. Der Gedanke des singapurischen DDR-Reedereivertreters, auf erfolgreiche Polizeifahndung nach meinem Personalausweis zu hoffen, war nicht abwegig, machte mich indessen wenig zuversichtlich. »Den kriegen Sie wieder«, frohlockte unser Mann in Singapur, »denn nach unseren Erfahrungen entledigen sich Taschendiebe nach Sichtung der Beute allen Ballastes.«

Mag sein, daß die Löwenstadt-Miliz auf Grund unserer ordentlichen Anzeige den Müll sämtlicher Müllkästen Singapurs um- und umwühlte, doch mein Personalausweis hat sich bis zum heutigen Tag nicht wieder blicken lassen.

Ich hatte die mit Hilfe meines nicht sonderlich aktiven Gedächtnisses anberaumte Aufstellung einer Verlustliste abgebrochen oder zumindest unterbrochen, als mir dieser verdammte Personalausweis eingefallen war. Was immer noch sonst in dem stibitzten Portemonnaie gewesen sein mochte – im Augenblick hatte ich keine Lust mehr, über Vergängliches oder Vergangenes zu grübeln. Der Personalausweis war dahin. Nichts, was womöglich sonst noch zwischen die langen Finger des perfiden Dreibunds geraten war, konnte für den Bestohlenen heikler sein und war also im Augenblick kein tieferes Nachdenken wert.

Was ich damals dunkel ahnte, erfüllte sich Monate später nach meiner Heimkehr ins Heimatland streng und folgerichtig. Als ich bei dem für mich zuständigen Berliner Volkspolizeirevier den Diebstahl meines Personalausweises meldete und als Verlustort lakonisch Singapur angab, hatte ich das Gefühl, daß mich der protokollierende Genosse für einen gewissenlosen Lügner hielt, zumal kein normaler Mensch, geschweige denn ein DDR-Bürger, mit dem Personalausweis nach Japan unterwegs ist oder, wennschon, denselben beim Ausgang – wohin, wollen wir gar nicht lang und breit recherchieren – mit sich führt und sich klauen läßt wie einen lumpigen Valutadollar.

»So – man hat Ihnen also, Bürger, angeblich Ihren Personalausweis in Singapur gestohlen?«

Dieser Satz, diese Formulierung verriet nicht nur Mißtrauen und Verachtung, sondern er ließ mich auch Konturen einer nahezu kriminellen Schuld erkennen, die aus dem Tatbestand zu schließen ist, daß ein DDR-Bürger nicht mehr im Besitz seiner polizeilich dokumentierten Identität ist.

»Angeblich?« stotterte ich, fühlte aber die Fadenscheinigkeit meines Befremdens, zumal mein offizieller Zweifler gewisse Erwägungen, mißbräuchliche Veräußerung und Handel mit Dokumenten betreffend, ins Gespräch streute. »Haben Sie Zeugen?«

Des peinlichen Verhörs Fortgang und Ende hier zu schildern, widerstrebt mir bis ins Mark meiner Bürgerehre. Jedenfalls hatte ich auch vier Wochen später, als ich einen nagelneuen Personalausweis empfangen durfte, nicht den Eindruck, in den Augen und Köpfen zuständiger Amtspersonen amnestiert und rehabilitiert zu sein. Der von mir mehrmals poetisch farbreich geschilderte Dreimäderlcoup wurde, so spürte ich bei allen Reaktionen meiner offiziellen Zuhörer, eben doch nur als angeblicher und nicht als wirklichkeitsgetreuer Sachverhalt angesehen.

Das Leben ging weiter. Was sollte ich mich wegen der Welle staatlichen Argwohns länger grämen.

Als ich die Sache mit dem Personalausweis schon vergessen und ein rechtschaffen freundliches Verhältnis zu allen Hütern von Ordnung und Sicherheit wiedergewonnen hatte, traf mich ein neuer Axthieb des Schicksals.

Nach einem größeren Einkauf in einer Berliner Kaufhalle, deren Träger nicht die HO, sondern der Konsumgenossenschaftsverband war, gab ich an der Kasse nach Begleichung der Warenrechnung zu erkennen, daß ich Wert auf die mir als Konsummitglied zustehenden Konsummarken lege.

Da passierte es: Die Verkäuferin fragte, wenn auch nur nebenbei, aber eben immerhin: »Ausweis?«

Es ist schon wahr: Konsumenten haben in den einschlägigen Filialen Anspruch auf Rabattmarken nur dann, wenn die Konsummitgliedschaft besteht und gegebenenfalls nachgewiesen werden kann. Aber wer fragt schon einen Kunden, der Rabattmarken begehrt, nach dem Ausweis, zumal nachweisbar gewisse Konsumkunden bei kleineren Einkäufen auf den legitimen Bonus verzichten. Die Verkäuferin fragte also: »Ausweis?«

Ich suchte ihn und konnte ihn nicht finden. Und weil ich die Frage der Verkäuferin für kleinlich und ungefällig hielt, brabbelte ich: »Machen Sie doch nicht soviel Wind wegen der paar Marken. Ich bin Mitglied, hab meinen Ausweis vergessen, und außerdem halten Sie mit Ihren Kontrollfragen den ganzen Betrieb hier auf!«.

Die Verkäuferin dachte nun erst recht nicht mehr daran, auf den Einblick ins geforderte Dokument zu verzichten, und um die Mißlaune der Schlange hinter mir nicht zu vergrößern, ging ich erst mal in Richtung Ausgang, während ich erwog, den Verkaufsstellenleiter um ein Kundengespräch unter vier Augen zu bitten.

Mitten aus dieser Erwägung heraus dämmerte mir der ganze Jammer. Natürlich! Der unauffindbare Konsumausweis war nicht anders als mein Personalausweis Teil der dreidimensionalen Diebesbeute geworden. Mit dieser Erkenntnis stiefelte ich nun doppelt forsch ins Büro des Verkaufsstellenleiters.

»Sie wünschen?«

»Ich habe für achtzig Mark eingekauft in dieser Kaufhalle«, sagte ich sachlich, »und nur deshalb keine Konsummarken bekommen, weil ich den Ausweis nicht zur Hand hatte, bin aber Mitglied, was ich beschwöre, und finde die Haltung der Kollegin an der Kasse bürokratisch sowie kleinlich, nicht wahr.«

»Wo ist denn Ihr Konsumausweis?«

»Ich habe ihn verloren.«

»Verloren. Wo?«

»In Singapur.«

Der Verkaufsstellenleiter sah mich durchbohrend, fast feindlich an und bemerkte dann in sarkastisch zelebrierendem Tonfall: »Natürlich. In Singapur. Wie das Leben so spielt.« Dann ging er, leopardenhaft, langsam auf mich zu, stemmte seine Arme in die Hüften und schlug wortgiftig zu: »Verscheißern kann ich mich alleene! Hau'n Se ab.«

Mein Freund Lothar Kautz, zu dem ich mich, weil er neben der Kaufhalle wohnt, ratsuchend geflüchtet hatte, machte mir klar, daß die Unerbittlichkeit der Konsumkollegen im Grunde nicht zu tadeln sei. »Denn«, so argumentierte Kautz, »stell dir mal vor, hunderttausend DDR-Bürger, um nur mal irgendeine beliebige Zahl zu nennen, verlieren in Singapur ihren Konsumausweis ...«

»Lassen ihn sich stehlen.«

»Oder so. Jedenfalls haben in diesem Falle hunderttausend Malaien, Chinesen und Inder die Möglichkeit, mit unrechtmäßig erworbenen Papieren auf das Konsumwarenangebot unserer Republik zu drücken, Lücken ins Warenangebot zu reißen und obendrein noch einskommasechs Prozent Rückvergütung zu kassieren. Können wir uns eine derartige Auspowerung leisten?«

Mir standen die Haare zu Berge. Asiatische Einkaufsbrigaden in den von Kautz beschriebenen Dimensionen stießen sich an inländischen Waren des täglichen Bedarfs, und nicht nur leider an denen, gesund! Galt der Raubzug aus Singapur am Ende nicht auch hochwertigen Industriegütern, wie Farbfernsehern, Tiefkühlschränken, Möbeln? Mich fröstelte.

»Weißt du«, sagte ich zu Kautz, der mir, um mich über meinen Verlust zu trösten, nonchalant zwei Konsummarken im Gesamtwert von zehn Mark über den Tisch geschoben hatte, »ein sehr relevanter ökonomischer Gedanke tröstet mich bei allen apokalyptischen Schreckensbildern, die du soeben an die Regalwände des Konsums gemalt hast: Wer auch immer mit meinem Konsumausweis mißbräuchlich einzukaufen versucht – es gibt zum Glück Waren, die nicht zum Sortiment des Konsums gehören und, weil nicht mit Rabattmarken belohnt, für illegale Kunden aus Singapur keinen Kaufanreiz bedeuten: Volvos, Diamanten und Einfamilienhäuser!«

»Das stimmt«, nickte Kautz, »und deshalb solltest du, ich meine bis zur Ausstellung eines neuen Konsumausweises, erst mal markenlos über die Runden zu kommen versuchen.«

»Ich verstehe, Lothar. Ich soll, meinst du, zunächst mal abwarten und Tee trinken.«

»Nicht Tee. Kaffee! Kaffee gilt in unserem Staat als Luxusartikel, und für so was Extraordinäres gibt es selbstverständlich keinen Rabatt!«

DER GROSSE BUDDHA VON KAMAKURA

ist nicht nur ein japanisches Nationalheiligtum, sondern Nippons wichtigstes Ausländer-Ausflugsziel, besonders für Touristen, denen die Trauben des Mount Fuji zu hoch hängen.

Ich gehöre zu den betroffenen Füchsen, die zwar heute und in absehbarer Zukunft von ergreifenden Begegnungen mit dem Berg aller Berge reden und schwärmen werden, in Wahrheit jedoch weder vom Nationalpark Hakones aus noch unweit Odwaras durch eines der Zugfenster des »Blitzstrahls« auf der Tokaido-Eisenbahnlinie den mäßigen Viertausender erspähten.

Genauer: Ich war zu keinem Zeitpunkt in Hakone oder in der Nähe Odwaras. Der Tag meines eingeplanten Fuji-Trips fiel mit dem Tag des Auslaufens jenes Schiffs aus Yokohama zusammen, auf das ich angewiesen war und, wenn ich an die Schiffsküche denke, bis zum Einlaufen in Warnemünde liebend gern angewiesen sein wollte.

Hätte ich schon die für den Fuji nötige Zeitlücke gehabt, wäre meine Wanderung dorthin kulinarisch empfehlenswert gewesen? Ein Vogtländer, der ich nun mal bin, kernig, eintopforientiert, Angehöriger eines Volksstamms, aus dem man urwüchsige und unverwüstliche Superschwergewichtler sowie Kosmonauten filtert, kann nun mal Fragen ortsverändernden Charakters nicht ohne physiologischen Zusammenhang betrachten. Das heißt: Ich fahre, wenn man mich nur läßt, nach Katmandu wie Reykjavik, nach Manila wie La Valetta, nach Chabarowsk wie Santos, sofern die Verpflegungsangelegenheiten vorher mit mir erörtert und im Sinne meines Gaumens geregelt worden sind.

Die Entfernung des Mt. Fuji vom Liegeplatz des Schiffs schloß die Bewältigung der Expedition in Tagesfrist aus. Im Gegensatz zum nahgelegenen Ausflugsziel Kakamura mußte ich demnach bei Inspektion des Vulkanberges irgendwo und irgendwann japanische Inlandkost in Anspruch nehmen. Der Gedanke war mir mindestens unheimlich, wenn nicht gar abscheulich.

Beneidenswert sind alle Leute, die ihre exotische Gesichtskreiserweiterung nicht am Rand eines Suppentellers verenden lassen. Ich habe Europäer beim Genuß von Baumpilzen, Tintenfischen, Bambusspitzen, Schwalbennestern, Schlangen und sogar nicht definierten und nicht zu definierenden Scheußlichkeiten wollüstig stöhnen und schmatzen hören. Es waren oft, was mich kopfschütteln machte, ganz normale zivile Leute, wenn vielleicht auch nicht gerade Vogtländer, darunter. Mein Neid mischte sich nicht selten mit Abscheu, doch die

Allesvertilger haben mir die unendliche Weite des Reise-Improvisationsspielraums voraus. Sie fahren, ohne lange zu fackeln, überallhin, wohin man sie schickt, und sie nähren sich, nach strapazenreichem Flug am Zielort eingetroffen, mit Heißhunger von gerösteten Heuschrecken oder ranzigem Tee.

Das Leben ist, nehmt alles nur in allem, ein strapaziöser Marsch in eine mehr oder minder ungewisse Zukunft. Kompromisse sind bei aller Redlichkeit und Rechtschaffenheit existentiell unumgänglich. Auch ich habe oft geschwankt und klein beigegeben. Nur bei der Gastronomie machte ich keine Zugeständnisse.

Mein Alptraum ist die Versetzung in den diplomatischen Dienst oder in eine mit protokollarischen Heimsuchungen verknüpfte ähnliche Tätigkeit: zum Beispiel die eines Frachtschiffleiters. Macht ein Handelsdampfer aus Rostock am Pier irgendwelcher Häfen fest, die nicht gerade an den Küsten intimer Bruderländer liegen, so mag es noch hingehen. Gebotene Distanz charakterisiert den Umgang des DDR-Kapitäns mit einem kanadischen Schiffsmakler. Aber die von sozialistischen Ländern ausgehenden kulinarischen Gefahren!

In Tschongtschin, dem Ostküstenhafen der Koreanischen Volksdemokratischen Republik, waren wir vier Tage mit dem Laden von Zinnbarren beschäftigt. Ich wußte: Der regionale koreanische Parteisekretär würde sich aus sozialistischen Erwägungen sowie den daraus sprießenden Tugenden Höflichkeit und Disziplin nicht daran hindern lassen, zu einem Cocktail einzuladen.

Ein grimmig bewaffneter Volksarmist – alle koreanischen Soldaten, wenn ich mich richtig erinnere, wirken wegen ihres allzeit aufgepflanzten Bajonetts und angesichts mißtrauisch gestimmter Gesichtszüge grimmig – brachte die schriftliche Einladung an Bord.

Die Überbringung der Geselligkeitsbotschaft fiel exakt mit dem Zeitpunkt plötzlichen Unwohlseins des Kapitäns zusammen. Jedenfalls wurde ich kurze Zeit, nachdem der kriegerische Kurier die Gangway herauf- und wieder hinabgestiegen war, Zeuge eines verzweifelten, von Erfolglosigkeit gekrönten Kapitänsversuches, die Cocktail-Einladung an den Chief mate Kaiser zu delegieren. Kaiser roch den bevorstehenden Satansbraten – schließlich weiß jedes Kind, was in diesen asiatischen Breiten alles so als eß- und genießbar gilt – sofort und dankte mit den durchaus bezeichnenden Worten: »Vielen Dank, Genosse Kapitän, ich war vor drei Jahren schon einmal in Tschongtschin essen!«

Es half alles nichts: Unser Schiffskommandeur mußte ganz persönlich und im Gefühl galoppierenden Unbehagens den Weg nach Canossa antreten (an Bord wurde der Kapitän hinter vorgehaltener Hand seither gelegentlich als Canossa-Genosse bezeichnet), während ich mir wie so oft schon ins Fäustchen lachte und mich glücklich pries, kein protokollarischer Kader zu sein.

Zwei Stunden vor Mitternacht kam unser koreanisch gespeister Flottenchef vom ungeliebten Gastmahl zurück.

Ich stand, obwohl ich mich schon vor einer Stunde sensationslüstern dort aufgestellt hatte, wie zufällig an der Reling und erkundigte mich beim Heimkehrer hinterhältig unbefangen: »Na, wie war's? Was gab's zu essen?«

Der Kapitän, dessen kalkiger Teint auf erlittene Körper- und Seelenqualen schließen ließ, winkte ab. Doch ich ließ nicht locker und zwang den einsilbigen (um nicht nullsilbig zu sagen) Cocktaillerand schließlich zu dem Geständnis: »Ich weiß nicht – es sah komisch aus, und es schmeckte fürchterlich!« Dann schlurfte er seiner Kammer entgegen, während ich ihm einen geheuchelten mitleidigen Blick hinterherwarf. Ich ahnte, schadenfroh, wie ich nun mal – besonders bei vermiedenen fernöstlichen Gastmählern – bin, was dem Kapitän an abendlicher Speise widerfahren war. Ich ahnte es, mehr noch: Ich wußte es mit einer an Sicherheit grenzenden Wahrscheinlichkeit zu bestimmen, denn noch drei Stunden vorm koreanischen Eßgelage hatte, wie schon morgens und mittags, ein Hund gebellt, der, als die Cocktailstunde näher rückte, urplötzlich verstummte.

Die koreanische Regel, daß man alles, was da kreucht und fleucht, verzehren könne, ist göttlich-buddhistischen Ursprungs. Wie zu hören ist, haben weder bürgerliche noch sozialistische Säkularisierung überlieferte Speisepläne außer Kraft gesetzt. Mochte der Kapitän sehen, wie er mit seinem magenpeinigenden Schüsselerlebnis fertig wird. Ich ging zum Kühlschrank, versah mich mit einer Griebenschmalzstulle und biß mit einem hundsföttischen »Cave canem!« in den köstlichen europäischen Sauerteig.

Wie gesagt, ich war, um nicht inländisch speisen zu müssen, von Yokohama aus nur bis Kamakura gefahren, woran sich der freundliche konzentrierte Leser nach Lektüre des koreanischen Einschiebsels erinnern wird. Der Große Buddha erschien mir wie ein Symbol für die in Japan gelungene Synthese aus Religion und Rationalismus. Der Große Buddha, stimmt schon, ist eine durchaus fromm und ehrfürchtig angebetete Götterstatue. Aber er will seinen Verehrern ganz offensichtlich nicht überirdisch, weltentrückt erscheinen, denn der zu beobachtende Umgang der Pilger und Touristen mit dem GB ist auf mitunter rührende Weise familiär, zutraulich und derart profan, daß kein Hauch von Bigotterie den göttlichen Park von Kamakura durchweht.

Der Tourist wandert dem Daibutsu, wie der Große Buddha japanisch heißt, auf blumen–, strauch- und baumgesäumten Wegen entgegen – hie und da im Blickfeld auch ein Tempelchen oder ein Teich mit farbenprächtigsten Fischen.

»This bronze statue was made in 1252 ...« Andächtig stehe ich vorm Buntmetall-Methusalem, dessen Gewicht im Katalog mit 274428 englischen Pfund verzeichnet ist. Das ist nicht ganz leicht auf hiesige Gewichte umzurechnen, doch komme ich bei flüchtigem Überschlagen der GB-Masse auf wenigstens hundertfünfundzwanzig Tonnen. So kolossal will mich Daibutsu, der fünfzehn Meter hohe, in der Tat auch dünken, obwohl nichts Bombastisches, nichts Übermenschliches, Dämonisches an ihm ist. Wie er da so hockt, die Hände über den Schoß gefaltet, mit geschlossenen Augen meditierend, keinen Gedanken, schon gar keine Beichte dem Touristen suggerierend, gewinne ich unverzüglich Zutrauen zum grünen gnädigen Gott«.

Der Eindruck fehlender Götterdistanz beflügelte mich zu genauerer Betrachtung der Statue. Wie, fragte ich mich naseweis, sieht der Große Buddha von hinten aus? Kann, darf man ihn überhaupt aus verkehrter Besucherperspektive betrachten? Auf Anhieb hielt ich den Vollzug meiner Erwägung für vermessen. Der Rücken der Götter ist schließlich die Nahtstelle vom Erhabenen zum Lächerlichen, wobei ich noch nicht einmal an den Rücken unterhalb der Gürtellinie dachte.

Zu meiner Überraschung erwies sich die Umrundung des GB jedoch als völlig unproblematisch. Der Weg in rückwärtige Göttergefilde war zwar nicht offiziell, aber es gab kein deutliches Hindernis, das dem Passanten Zugang zum Hinterhof des Bronzegebäudes verwehrte. Der Anblick des Buddha-Rückens war nicht ohne Komik. Vom »Tor der Welt« als Tropus eines geschäftigen Handelshafens ist oft die Rede. Nun aber erschloß sich mir – und zwar buchstäblich, denn sie stand sperrangelweit offen – die Tür zur Götterwelt: die gelüfteten Flügel einer in den Rücken des Daibutsu gekerbten Pforte, ein Einstieg, groß genug, um einer mittelgroßen Handwerkerbrigade aus Klempnern, Elektrikern und Kupferschmieden den Zugang zum Eingeweide der Statue zu ermöglichen.

Wann hat man je erhabene Denkmäler mit der unbefangenen Draufgabe intimbereichlicher Akzente gesehen? Wohlgemerkt: Ich spreche von erhabenen und nicht irgendwelchen

Denkmälerchen. Genaugenommen spreche ich von Denkmälern, die seit einigen Jahren als Denkmale durch die Zeitungen und Prospekte geistern. Denkmale! Ich gebe die Schuld an dieser modernen Pluralbildung einem Sprachlogiker, einem philologischen Tüftler, der die von Mahn- und Grabmalen jahrhundertealte abweichende volkstümliche Denkmäler-Fehlbildung nun nicht länger hinnehmen mochte, zumal sich Denkmale um Äonen monumentaler anhören als umgangssprachlich ungewichtige Denkmäler. Denkmale, versteht sich, können, nein, müssen einer Hintertür à la Daibutsu entraten. Hintertüren, Hintertreppen, Hintergedanken – sie verdunkeln den Glorienschein der Götter. Noch immer rangiert dort, wo ich wohne, bei Denkmälern, pardon, Denkmalen das abstrakte Akzessoir, das Symbol vorm praktischen Gegenstand. Wir können leider drauf wetten, daß auch in hundert Jahren dem Denkmal des großen Staatsmannes die große freihändige rhetorische Gebärde das Gepräge geben wird, nicht aber der konzentrierte Blick aufs Manuskript, ohne das in unserem Zeitalter kein Referat, kein Statement, ja, nicht einmal der Cocktail-Toast zu Ehren eines Auslandsdiplomaten zustande käme.

Solchen vergleichenden Gedanken hingegeben, trennte ich mich zur Mittagszeit von meinem Freund Buddha, ging durch Kamakuras Straßen und bemerkte zu meinem nicht gelinden Schreck ein sanftes Aufkommen von Hunger, der mir um Buddhas willen nicht widerfahren durfte, bevor ich in den Bannkreis jener kulinarischen Zone eingetreten war, die europäische Speisung, am besten Hülsenfruchteintopf, garantierte: ins Hafenbecken von Yokohama, wo mein Schiff mit einem diskutablen Koch an Bord ankerte.

Hunger in Fernost. Ziemlich ungestümer dazu. Der für mich passende Zurück-Zug Kamakura-Yokohama sollte gegen vierzehn Uhr fahren. Da ließ sich das Einschieben einer Festlandmahlzeit wohl kaum vermeiden. Ein Rostbratwurstgrill, ein Spanferkel-Imbiß nach Dubrovniker Muster oder eine schnelle Frikadelle, wie sie ganz Europa an fast jeder Großstadtstraßenecke bereithält, das wäre eine gang- und durchaus eßbare Lösung gewesen.

Indessen erspähte ich in Kamakura nicht einmal die rettenden würstchenähnlichen Gebilde, die mir im Bahnhofsrestaurant von Nagoya ein paar Tage später verwandtschaftliche Beziehungen zu Halberstädtern vortäuschten. Natürlich waren es sehr ferne Verwandte, die ohne den Senf, den ich erst nach längeren Recherchen ergatterte, schlapper und würzloser schmeckten als schlimmste Diätwürste.

Sollte ich also doch einmal, geliebteste Gewohnheiten und Vorurteile wegwischend, zu fernöstlichen Gaumenheimsuchungen Zuflucht nehmen? Ich stand vor einer Gaststätte mit zahlreichen illustrierten Menüs, täuschend natürlich wirkenden Nachahmungen aus irgendwelchen Plastgebilden. Das mochte ganz appetitlich sein für einen, der so was mag: rosarote Garnelen, hübsch angerichtet mit interessant anzusehenden, freilich undefinierbaren Gemüsesorten, mehrere unterschiedliche Kombinate aus Fischen sowie krakenmonströsen Gebilden mit bunten Kräutern, die alles Unheimliche fürchten ließen, was mir bei meeresfreundlicher Küche in den Sinn kam. Mich fröstelte. Doch da: ein vertrauenerweckendes Schüsselchen mit, ja, freilich, mit ganz unverdächtigen Nudelchen, Spaghetti darin! Dieses Gefäß nebst Inhalt würde ich doch wohl wagen dürfen, ohne von der Einbahnstraße meiner Speiseröhre abzuirren. Die, wie ich bei genauerem Hinsehen feststellte, über die Nudeln getuschten schwarzen Fäden schienen ein nur dekoratives Element zu sein. Hinein also.

Die Kellnerin nickte, als ich auf die von mir gewünschte, auch in der Speisekarte abgebildete Nudelschüssel deutete, und schon drei Minuten später hatte ich den Salat. Wehe!

Dies sei, tröstete mich, den kulinarisch Beleidigten und

Verzweifelten, mein des Englischen und sogar etwas des Deutschen mächtiger Tischnachbar, eine japanische Spezialität, geschätzt von Hokkaido bis Kyushu. Wenn es mir nicht schmecke, sei das ein tragischer Fall, aber ein wenigstens finanziell zu verschmerzender, denn die vierhundert Yen, ungefähr vier Mark also, seien kein zu hoch kalkulierter Preis für diese Götterspeise.

Er hatte wirklich Götterspeise gesagt, und ich dachte mit Wehmut an Daibutsu, den wahrhaften Gott, der sich von diesem abscheulichen Schüsselinhalt so wie ich distanziert hätte, wenn ihm Derartiges vorgesetzt worden wäre: die Nudeln – eiskalt (»eine japanische Spezialität«), garniert mit Fäden, die mir bis zur konkreten Begegnung unver dächtig vorkamen – Tang (»eine japanische Spezialität«), dazu eine Sauciere mit, um es über das kaltgrausige Nudelgericht zu gießen, heißem Fischöl (»eine japanische Spezialität«).

So war Kamakura göttliche Offenbarung und kulinarisches Waterloo zu gleichen Teilen. Während ich die japanische Spezialität zur Seite schob und ersatzweise einen Suppenteller mit unverdächtiger Fleischbrühe auslöffelte, schwor ich den Eid in mich hinein, nie, niemals mehr in den Küstenländern des Pazifiks und des Indischen Ozeans gleisnerischen Speiseofferten, geschweige denn geschönten oder piktografisch vereinfachten Nachbildungen zu vertrauen. Nicht einmal die eindeutige Darstellung eines wunderschönen Räucheraals sollte mich, den Aal-Gourmet von Karibiks Gnaden, künftig zu forcierter Bestellung eines solchen Tieres verleiten dürfen. Schon gar nicht in Japan und näherer Umgebung. Denn die Erfahrung hat gelehrt: Der Räucheraal auf dem Bild könnte bei näherer Betrachtung eine Schlange sein, und niemand kann mir einreden, Schlangen seien etwas Köstliches.

ist für viele meiner Landsleute das einzige Faktum, das ihnen zur Zweimillionenstadt unweit Tokios auf Anhieb einfällt. 1923 wurde Yokohama verheerend heimgesucht. Zehntausende Menschen starben in der aufblühenden Stadt, wo damals kaum ein Baustein auf dem andern blieb.

Mehr über Yokohama zu wissen setzt Literaturstudium voraus, denn touristische Ortsbesichtigung findet nur in seltenen Fällen statt. Wer hat schon das Glück, etwa Posaunist der Dresdener Staatskapelle oder ein seereisender Stengel zu sein. Aber auch der wetzt nicht alle Nase lang durch Yokohamas Gassen. Sein japanischer Kurzaufenthalt ist womöglich restlebenslang der einzige in diesen Gefilden, und wer mich um einen großen und tiefen Einblick ins Nippon-Dekolleté beneidet, neidet falsch. Wie das eben mit Handelsschiffen und ihren Hafenkontakten so ist: Wirtschaftliche Gesichtspunkte haben den Vorrang. Die von mir, dem Frachtschiffpassagier, ersehnten und starrsinnig immer wieder mit Windmühlenflügeln umkämpften Prioritäten blieben auf der Strecke.

Japanische Tragik außerdem: Das fernöstliche Inselland ist, was technischen Fortschritt und Arbeitsorganisation betrifft, weltweit führend. Der Güterumschlag in japanischen Häfen geschieht auf ekelhaft hochmechanisierte und automatisierte Weise, so daß ich als potentieller Nutznießer landweiter Sehenswürdigkeiten niemals richtig zum Zuge kam – was man ganz wörtlich verstehen mag, wenn an touristische Erschließung des Landes per Eisenbahn gedacht wird.

Die Einfahrt ins Hafenbecken Yokohamas hatte für mein Gefühl den erhabenen geschichtlichen Rang eines glücklichen Polarexpeditions-Finales: nach achtundfünfzig Reisetagen am Himmel die Sonne überm Land der aufgehenden Sonne. Ein Bilderbuchvorfrühlingstag. Nichts vom Schatten jener schwarzen Kater, die an diesem Aschermittwoch eigentlich das Maunzen hätten haben müssen.

Eschner, Bruno, Zweiter nautischer Offizier, seit zwölf Jahren mit allen Salzwassern gewaschen, diskussions- und kalauerfreudiger Trink- und Gesangspartner zwischen Warnemünde und dem soeben erreichten Zielhafen, trat feierlich in meine Kabine, meldete bevorstehende Anlandung und setzte mich fürs erste vom Wichtigsten in Kenntnis: Herr Nishibe, Porzellanhändler, bewährt als solider und kulanter Lieferant einschlägiger hauchdünner Geschirre, stehe oder sitze mit absoluter Gewißheit in seinem Hafenschuppen bereit, um auch mir jenes Tee-Service zu verkaufen, das als Mitbringsel zu Hause unstreitig großen Eindruck machen werde. Nur für den Fall, so Eschner, daß Nishibe aus Krankheits- oder anderen leidvollen Gründen nicht zugegen sein könne, müsse ich mich am Wochenende in Kobe an einen gewissen Herrn Oshima wenden, dem, ähnlich wie seinem Kollegen Nishibe, der Ruf eines redlichen Geschäftsmannes nachzurühmen sei.

Nach dem Festmachen des Schiffes stürmte ich also, versehen mit einer Orientierungsskizze Eschners, der selber niemals von Bord ging, es sei denn, daß irgendwelche Hi-Fi-Prospekte einzuheimsen wären, dorthin, wo Nishibe seinen Porzellanladen betrieb.

Eschner hatte mich gut beraten: Herr Nishibe, mittelgroß, aber ausgesprochen klein während der üblichen Begrüßungs-Verbeugungszeremonie, verfügte über die wunderschönsten Porzellan-Sets unterschiedlicher Form, Größe und Bemalung. Ich entschied mich, eher verzückt als zweckbetont und finanziell kalkulierend, für ein kombiniertes Kaffee-Tee-Service mit typisch japanischem Landschafts-Kolorit auf so dünnwandigem Material, daß man, eine Nishibe-Tasse vorm Auge, die Sonne Japans durch sie hindurchschimmern sah.

Das Geschirr, vierundzwanzigteilig, obwohl aufs sorgfältigste in Seidenpapier, Holzwolle und Schaumstoff verpackt, wurde von Herrn Nishibe Stück für Stück aus dem Pappkarton genommen, auf Unversehrtheit geprüft, behutsam wieder stoffest eingeschreint, so daß der subtilen Kostbarkeit auch bei einem möglichen Taifun während der Heimreise kein Leid geschehen könne. Trotz solcher kundenfreundlicher Prozedur gewährte Herr Nishibe für den Fall späterer Feststellung irgendwelcher vom Porzellanhändler übersehener Materialmängel zusätzlich einjährige Garantie, und Eschner bestätigte mir, daß Seeleuten, die eine Kanne oder Tasse schuldhaft zu Bruch gehen ließen, von Herrn Nishibe oder auch von Herrn Oshima ohne viel Federlesen und gratis Ersatz ausgehändigt oder – wenn nicht anders möglich – auf dem Postweg zugesandt wurde.

Das Porzellanservice kostete übrigens neuntausend Yen, nicht mehr als neunzig Mark also, und es mag, was so gemunkelt wird, dann und wann schon vorgekommen sein, daß ein spekulierender Schiffer ein so begehrtes Party-Utensil irgendwo in Europa zum fünf- bis zehnfachen Preis verscherbelt hat. Ich gehöre glücklicherweise nicht zu den Wieder- und Weiterverkäufern des schönen Nishibe-Porzellans. Totärgern würde ich mich, wenn ich vor einem knappen Jahrzehnt für so geringen Aufpreis veräußert hätte, was, wie ich hörte, im Zuge der japanischen Inflation längst nicht mehr für weniger als zwanzigtausend Yen zu haben ist. Wer also unbedingt mit mir verhandeln will: Tausend Mark sind das Mindestgebot.

Auch mein Partner profitierte von meinem Kurz-Landgang. Ein Stapel schönster HiFi-Prospekte – ich hatte sie dem reichlich mit Werbematerial versehenen Fach eines Phono-Ladens im Hafengebiet entnommen – wurde von Eschner mit Jubel empfangen. Als einigermaßen bedrückend empfand ich freilich Brunos freudige Genugtuung, nunmehr jedes zwingenden Motivs zum Betreten japanischen Festlands entbunden zu sein. Dieser Mensch genoß geradezu das Glück selbstauferlegter Bordklausur. Er qualifizierte jeglichen Schritt außerbords als lästig, und Eschners Schiffsbodenständigkeit war in Europa nicht geringer als in Südamerika, genausogroß in Dakar wie in Daressalam. Immerhin hatte Eschner ob seiner landwärts gerichteten Askese ein schlechtes Gewissen. Einmal forderte er mich auf, ich solle bei möglichen späteren Begegnungen mit seiner Frau Annerose alle Landgänge recht farbenreich und vor allem aus der Perspektive seemannsbrüderlicher Gemeinsamkeit schildern. Er wolle sich auch bessern und in Hongkong ein deutliches Zeichen setzen, indem er mich zum großen Berg zu begleiten versprach.

Yokohama scheint in der Richtung auf die Hauptstadt nicht aufzuhören. Drei Städte gehen ohne sichtbare Begrenzung ineinander über: Yokohama, Kawasaki, Tokio – drei Millionenstädte mit zusammen fast sechzehn Millionen Einwohnern. Da hätte die Bevölkerung meines lieben Heimatlandes also Mühe, allein diesen Winkel Nippons zu besiedeln.

Als ich in einem der in verblüffend kurzen Abständen verkehrenden Vorortzüge von Yokohama nach Tokio fuhr (das dauert nur eine halbe Stunde, wenn nicht weniger), hatte ich zur Musterung meiner Mitpassanten ausreichend lange Gelegenheit. Die Japaner, das sah ich auf den ersten Blick, sind nicht mehr das, was sie mal waren und was Kurt Tucholsky vor fünfzig Jahren in einem bezaubernd vieldeutigen Chanson mit dem Kehrreim verallgemeinerte: »In Japan ist alles so klein ...«

Wenn es stimmt, und alle weltweiten Beobachtungen lassen auf die Richtigkeit dieser These schließen, daß Wachstumsbeschleunigung, Akzeleration, ein Phänomen namentlich in hochentwickelten Industriegesellschaften ist, dann braucht man sich über das aktuelle japanische Menschenbild nicht zu wundern. Abgesehen davon, daß die Japaner Anfang der siebziger Jahre einen Minister von stattlicher Zweimeterhöhe beschäftigten, fällt dem Touristen die durchaus europäische Ausgewachsenheit der fernöstlichen Insulaner zwingend ins Auge. Wer also in Kioto, Hiroshima oder Sapporo auf Pygmäen zu treffen vermutet, wird enttäuscht werden. Das Große wird im modernen Japan größer geschrieben als in manchen ländlichen Gebieten des europäischen Kontinents.

Groß, genauer: gigantisch ist Tokios Haupt-Geschäfts-Amüsier-Broadway die zwischen Abend- und Morgendämmerung vom Licht nervös tremolierender Reklameschriften und Reklamebilder- meistens sogar Reklamebildergeschichten – irritierte Superstraße, die, wie Kenner wissen, einen Vergleich mit der City New Yorks und San Franziscos nicht zu fürchten braucht. Groß in der Ginza sind nicht nur die Dimensionen der Lichtspiele, sondern groß ist auch, wie Tokioter Zeitungen scheltend notierten, das Risiko für den schweifenden Fremdling bei arglosem Imbiß und Umtrunk in einer der auf Maximalprofit orientierten Ginza-Bars. Erst vorige Woche wurden, wie ich las, wegen gastunfreundlicher Ausplünderung dreißig Nepplokale im Ginza-Viertel dicht gemacht. Fünfundzwanzig, sogar fünfzig US-Dollars als Entgelt für einen schottischen Whisky schien sogar liberalen Richtern als Profitrate ein paar Nummern zu groß zu sein.

Groß im Schwange sind auch die Ginza-Spielautomatenklubs. Entsprechend der von vielen Psychologen vertretenen Blitzableitertheorie muten derartige Spiel-Kriegsschauplätze an wie friedensfördernde Seelsorgeanstalten der Heilsarmee.

Mag dieser Theorie beipflichten, wer will: Mir kommen die automatenbestückten Ginza-Schlachtfelder – besonders beim Gedanken an die Atombomben von Nagasaki und Hiroshima – unheilvoll vor, um nicht pervers zu sagen. Maschinengewehrfeuer aus Düsenjägergeschützen, ohrenbetäubende Quittungen eines U-Boot-Volltreffers, laut zerplatzende

Raumschiffskörper – werden bei diesen Scharmützelspielen Aggressionen tatsächlich abgeleitet und verdrängt? Oder nicht doch eher provoziert und konserviert? Man braucht kein Pazifist zu sein, um diesem Freizeitbeschäftigungsstil zu mißtrauen.

Groß ist die hauptstädtische Virtuosität in Straßen- und Schienenverkehrsangelegenheiten. Tokio sei ein Verkehrschaos, die leibhaftige Asphalt- und Gleisanarchie, behaupten oberflächliche Augenzeugen einer auf den ersten Blick verwirrenden Großstadtszene. Man überhole, sagt man, in Tokio rechts wie links, und gäbe es, wenn überhaupt, eine Regel für Autofahrer, dann das Darwin-Gebot vom rigorosen Kampf ums Dasein, ums Überleben des PS-Stärkeren vor dem PS-Schwachen.

An solchen angeblichen Beobachtungen ist nur das eine wahr: Das in Europa gehätschelte Überhol-Dogma wird in Tokio eine Spur salopper gehandhabt. Davon abgesehen jedoch, ist die Straßenverkehrsdisziplin in der Metropole mustergültig, und es ist ein noch nicht erforschtes Geheimnis, wieso angesichts der zu einem großen Teil mittelalterlich eng bemessenen Straßen einerseits und der Millionenzahl von Kraftfahrzeugen andererseits städtischer Verkehrsfluß nicht permanent ins Stocken gerät.

Die Gleiskörperkultur Japans ist womöglich noch erstaunlicher. Sogar außerhalb der Hauptverkehrszeiten jagen bunte Wagenketten fast ohne Unterbrechung die Schienen im Großraum Tokio-Kawasaki-Yokohama entlang. Hier macht es noch Spaß, staatlichem Appell, öffentliche Verkehrsmittel dem persönlichen fahrbaren Untersatz vorzuziehen, Folge zu leisten. Während ich mich in Berlin bei ersatzweiser Benutzung von S-, U- und Straßenbahnen zahllosen Tücken (erspart mir die Aufzählung) aussetze, transportiert mich Tokios mobile Schienenflottille sanft, behende und vor allem zuverlässig an den richtigen Ort, sofern ich mich farbgerecht verhalte: Die Wahl der Richtung A gebietet Benutzung des blaugestrichenen, Richtung B des grüngestrichenen, Richtung C des gelbgestrichenen, Richtung D des rotgestrichenen Zuges und so weiter. Gibt es größere Idiotensicherheit als Verknüpfung der Richtungen mit einem Segment des Spektrums? Und wenn nicht gerade Olympische Spiele sind in Tokio, dann ist dem Reisenden fast immer auch ein bequemer Polstersitz sicher, in welchem man sich räkeln kann wie in Daibutsus, des Großen Buddhas, Schoß.

Es läßt sich über vieles große Große im Japan des zu Ende gehenden zweiten Jahrtausends reden und philosophieren. Aber gibt es nicht dennoch auch das Kleine im Reiche Nippon, einen Hauch von jener historischen en-miniature-Realität, wie sie von Tucholsky liebkosend beschrieben wurde?

Es gibt das Kleine im heutigen Japan, das winzig Kleine, durch dessen Existenz – man darf getrost behaupten, daß im Land der aufgehenden Sonne ein entscheidender Beitrag zur Pflege und Entwicklung dieses Kleinods geleistet wurde – der technische Fortschritt weltweit und weltallweit im Siebenmeilenstiefeltempo voraneilt: die Mikroelektronik.

Als ich mir 1971 in Tokio eine Armbanduhr mit Quarzsteuerung kaufte, tat ich das aus einem einzigen Grund: Ich wollte etwas typisch Japanisches, etwas ganz Besonderes und in der Heimat bis dahin so gut wie Unbekanntes nach Berlin überführen, etwas, womit ich bei meiner Rückkehr an die Spree Furore würde auslösen können, einen Knüller, der weitaufgerissene Augen und offene Mäuler macht. Ich war so in meinen Plan versessen und in meine Botschaft vernarrt, daß ich den damals noch sündhaft hohen Preis, ohne mit der Wimper zu zucken, berappte, und ich genoß während der ganzen achtwöchigen Heimreise die Vorfreude aufs bevorstehende Zusammentreffen meiner Freunde und Bekannten mit meinem exotischen Souvenir, dem lautlosen Wunderchronometer, einem mikroelektronischen Präzisionsinstrument, made in Japan, mit nur zwanzig Sekunden Abweichung im Jahr, in solchem Maße, daß ich für irgendwelche Unterwegsfreuden so gut wie unempfindlich war: Colombo, Mauritius (ich war nicht mal auf dem Postamt), Abidjan, Rotterdam, Hamburg (mein muffliges Verdikt: »Subkultur!«) reizten mich kaum zu ausgedehnten Landgängen. Meine Sinne und mein Trachten waren auf die Sternstunden jener Begegnungen gerichtet, in deren Mittelpunkt mein fernöstliches Mitbringsel, made in Japan, nur zwanzig Sekunden Abweichung im Jahr, stehen sollte.

Die japanische Quarzuhr war durchaus nicht meine einzige bestaunenswerte ostasiatische Erwerbung. Von meinem transparenten Porzellanservice war schon vorhin die Rede. Erwähnung im Ensemble meiner Souvenirs verdienen unbedingt noch: ein ziemlich großer Seestern (von spanischen Fischern erworben und von einem Schiffsingenieur kunstvoll präpariert), ein paar Jade-Schmuckstücke, wie sie zwischen Singapur und Osaka allerorts preiswert angeboten werden, fünf Kokosnüsse (aus einem auf der Malaysia-Insel Penang gelegenen Palmenhain, wo sie herumlagen wie hierzulande die Falläpfel) und ein Lachsack, mit dem ich, das war mir klar, zu Hause wenig Eindruck würde schinden können, weil sich Lachsäcke in Mitteleuropa längst herumgesprochen und sogar so energisch durchgesetzt und durchgelacht hatten, daß nicht einmal das thüringische Heiligenstadt wenige Monate nach meiner Rückkehr aus Japan umhin konnte, die Lachsackproduktion für den dringenden Bevölkerungsbedarf in Gang zu setzen, womit ich nicht sagen will, daß ich irgendeinen, wenn auch nur entfernten oder indirekten Produktionsanstoß zum Produktionsausstoß gegeben hätte.

Mit meiner mikroelektronischen Errungenschaft war das schon eine ganz andere Sache. »Bürger, friends, ladies und gentlemen!« so würde ich – und das wird bald sein! – in einem Knäuel aufgeregt gestikulierender Straßenpassanten verstrickt deklamieren, »dies hier an meinem Unterarm ist eine japanische Quarzuhr, Mikroelektronik, Nippon, nicht wahr, ein Chronometer von höchster Präzision, zwanzig Sekunden Abweichung im Jahr, eine Quarzuhr aus Japan!« Man würde mich auf unzähligen Schultern durch Berlin und die Naherholungsrandgebiete tragen, denn eine japanische Quarzuhr – das war, das mußte für meine Landsleute der Aufbruch einer neuen Ära sein, Beginn und Ouvertüre des mikroprozessualen Zeitalters, früher Vorgriff auf jenes berühmte Mikroelektronik-Plenum 1977, dem die Erzeugung von DDR-Quarzuhren auf dem Fuße folgte.

Meine Absichten und Spekulationen erfüllten sich in idealer Weise. Die ersten Tage heimatlicher Wiederkunft waren blaubehimmelt, sonnig, ein Mai par excellence! Niemand konnte einen Hintersinn in meinen aufgekrempelten Hemdsärmeln vermuten, als ich an sommerlichen Spreegestaden durch die zunächst noch ahnungslose Bevölkerung schritt. Na wartet!

Ich begab mich in der Hauptstadt Mitte, dorthin, wo Fernsehturm, Weltzeituhr, Hotel Stadt Berlin den Weg zur Karl-Marx-Allee weisen. Diese Allee wanderte ich, wohl öfter als fünfmal an diesem Nachmittag, bis hin zum Frankfurter Tor und wieder zurück zum Alexanderplatz, auf und ab und auf und ab und auf und ab, meinen linken Arm in Vorhalte, somit immer wieder auf mich und meine Quarzuhr aufmerksam machend.

Alles lief, wie ich es mir wohl tausendmal ausgemalt hatte. Die Leute, zunächst zaghaft, dann in Scharen, denn einer sagte es dem andern, umringten, bestürmten mich: »Was ist denn das?« Mir blieb die Antwort erspart, denn die Pfiffigsten, die es schon wußten, gaben den noch nicht Informierten stolz und bereitwillig Auskunft: »Dies ist eine Quarzuhr, Mikroelektronik, zwanzig Sekunden Abweichung im Jahr, Nippon, made in Japan ...!« Bald hingen die Menschen wie ein Bienenschwarm, was sag ich, wie Dutzende Hornissenschwärme an mir oder, um ein anderes Bild zu gebrauchen, umschwirrten mich wie die Motten das Licht aus dem Fernen Osten.

Damals – Bürger mit gutem Gedächtnis erinnern sich deutlich – ging es wie ein Lauffeuer durch Berlin: »Habt ihr schon den Mann mit der Quarzuhr gesehen? Der ist gerade von einer Quarzreise zurückgekehrt! Mikroelektronik, zwanzig Sekunden ...«

Mein Ruhm, mein Prestige, mein Image stiegen himmelan. Der mir bis dahin zugewiesene bescheidene Bekanntheitsgrad festigte und erhöhte sich. Ich wurde über Nacht zum prominenten, populären Quarzuhrstengel, den man (oder wenn schon nicht ihn, dann wenigstens seine Quarzuhr) unbedingt gesehen haben mußte wie Frank Schöbel oder Täve Schur.

Was wollte ich mehr? Einfaltspinsel könnten auf die Idee kommen, die von mir mittels Quarzuhr skrupellos betriebene Renommee-Kampagne sei als allenfalls positiver Nebeneffekt noch kein ausreichender Quarzuhr-Nutzeffekt. Gemeinhin solle sich einen derart ausgetüftelten Chronometer nur kaufen, wer von ihm auch und zuerst die Zeit erfahren möchte, und ich sei ein beklagenswert eitler törichter Geck, wenn ich der Hauptsache keine Beachtung schenke.

Gemach. Habe ich nicht von Anfang an darauf hingewiesen, daß ich mich zum Kauf der Quarzuhr nur entschloß, weil ich mit ihr und durch sie Aufsehen zu erregen trachtete? Hat man überlesen, daß ich wochenlang am Drehbuch des in Berlin aufgeführten Spektakels bastelte? Nichts anderes, nichts wollte ich mit meinem mikroelektronischen Utensil als Beifall, Bewunderung, Lorbeer.

Wie auch hätte meine Quarzuhr eine andere, beispielsweise zeitanzeigende Dienstleistung verrichten sollen? Ich bin schon seit den späten sechziger Jahren weitsichtig (genaugenommen war ich schon immer weitsichtig, aber mit sechsundvierzig, siebenundvierzig Jahren wurde ich es auch im medizinischen, augenärztlichen Sinne), und als ich die Quarzuhr kaufte, hatte ich mindestens plus einskommafünf Dioptrie. Ich konnte demnach die Zeitmeldung meines Quarzuhrfensters ohne Lesebrille – und die trug ich nur bei konzentrierter Lektüre – nicht entschlüsseln, da dieser herrliche Chronometer eines herkömmlichen Zifferblatts entbehrte und statt dessen diese unsäglich eckigen Digitalziffern zur Schau stellte.

Man soll also aufhören, Unmögliches von mir zu verlangen: meine Quarzuhr auch zu anderen als Renommierzwecken zu benutzen. Wer meine japanische Anschaffung deswegen für funktionsuntüchtig hält, der lasse sich gesagt sein: Seit ich meine japanische Quarzuhr besitze, hab ich sogar bei flüchtigem Blick auf dieselbe die Gewißheit, daß mein Präzisionsinstrument in diesem Moment die ganz ganz ganz genaue Zeit anzeigt. Ich weiß nur nicht, welche.

HEIMWEH NACH SANNOMYA

war und ist die wohlklingend fernöstliche Überschrift einer Geschichte, die ich kurz nach meiner Rückkehr aus Japan schrieb und dem bekannten Humoranzeiger »Der Klamaukermann« zur Veröffentlichung anbot. Doch zu einem Abdruck kam es nicht aus Gründen, die ich im folgenden darzulegen versuche.

Mein Japanaufenthalt reichte von einem Donnerstag zum andern – ganze sieben Tage, unterbrochen außerdem von der Versegelung Yokohama-Kobe. Summa summarum nicht mehr als hundertzwanzig japanische Festlandstunden, ein Stäubchen nur in meinem imaginären Reiseprospekt, durfte ich auf Nippons Diwan kauern. Ich nutzte die Zeit, die karge, in schwärmerischer Hingabe an erste Kirsch- und Pfirsichblütendüfte – auf immerhin subtropisch nordafrikanischen Breitengraden – des Frühlings zwischen Kobe und Yokohama.

»Was Sie da schreiben«, mäkelte der Fernostredakteur des »Klamaukermanns«, »ist eine kleinbürgerlich-sentimentale Schmonzette ohne jede Dialektik und Parteilichkeit. Schon die Überschrift ›Heimweh nach Sannomya‹ suggeriert dem Leser, den wir von Ihrem Traktätchen freilich zu verschonen gedenken, jenen süßlichen Japanmythos, der in schroffem Gegensatz zur Realität, beispielsweise zur bedrohlichen Umweltverschmutzung in Tokio steht.«

»Ich will die Umweltverschmutzung«, wehrte ich mich »nicht im geringsten übersehen, geschweige denn überriechen. Sie kommt lediglich deshalb in meiner Geschichte nicht vor, weil dies erstens eine Kurzgeschichte ist und weil ich persönlich in der Kürze der Zeit keine Erfahrungen oder Recherchen in umweltverschmutzender Hinsicht habe machen können.«

»Argumente eines Mondkalbs!« höhnte der Redakteur.

»Ich möchte, Himmel, Samurai und Kamikaze, einmal wissen, wieso!« bockte ich bildreich fernöstlich.

»Ganz klar: Sie haben Journalistik, Politische Ökonomie, Marxismus-Leninismus und was weiß ich sonst noch studiert. Und selbst wenn Ihnen unser Staat und seine Arbeiterklasse diese Chance nicht geboten hätten, müßten Sie auf Grund Ihrer täglichen journalistischen Praxis allmählich gefressen haben, wie ein kapitalistischer Staat mit feudalistisch-patriarchalischen Fundamenten beschaffen ist und auf welche Weise man ihn literarisch reflektiert. Schließlich haben Schiller über die Schweiz und Karl May über Amerika sogar ohne auch nur kürzeste persönliche Anwesenheit geschrieben. Am Beispiel der Umweltverschmutzung in Japan hätte der Leser ...«

»Sie wiederholen sich.«

»Wiederholung ist die Mutter der Pressearbeit, schlechthin

jeder progressiven Kunst, und weil Sie an der Wahnvorstellung leiden, Ihr ›Heimweh nach Sannomya‹ dürfe der belletristischen Kunst zugerechnet werden, gilt die Regel auch für Sie. Was soll das übrigens heißen: ›Heimweh nach Sannomya‹? Dieses Sannomya kommt in dem ganzen Erguß nicht ein einziges Mal vor.«

»Sannomya ist eine gewöhnliche, ziemlich zentrale Bahnstation in Kobe. Ich habe die Überschrift aber ganz bewußt deswegen so formuliert, weil sie einen Hauch von dem assoziiert, was sich in Gefühl und Gemüt des Touristen an Farben, Düften, Regungen, auch wehmütigen, regt und niederschlägt, wenn er seinen Fuß auf diesen von Exotik und vielen wundersamen Legenden geprägten Boden Nippons setzt. So ist das.«

»Ja, so ist das!« wütete mein Widersacher. »So ist das. Ich will Ihnen mal was sagen: Mit ihrer Kitsch-as-Kitsch-can-Metaphysik lullen Sie höchstens Kaffeetanten und Backfische ein. Und wenn Sie platzen: Die Umweltverschmutzung als ein typisches Merkmal der menschenmanipulierenden Ausbeutergesellschaft hat gerade in Japan – das können Sie unseren Zeitungen und Illustrierten entnehmen, ohne jemals in Tokio oder Osaka gewesen zu sein – katastrophale Formen angenommen. Sie wollen nicht gesehen haben, daß sich die Werktätigen dort in den Großstädten ohne Mundschutz, diese maskenähnlichen Gazebinden vorm Gesicht, nicht mehr auf die Straße trauen? Darüber hätten Sie schreiben sollen! Darauf kommt es an! So was wollen unsere Menschen lesen! Ihr großer Buddha von Kamakura, die Tempel und Goldfische ringsherum interessieren fortschrittliche Bürger einen feuchten Käse.«

»Ich habe in Osaka tatsächlich ein paar Leute mit Mundschutz gesehen, auch in Nagoya. Mit der Umweltverschmutzung, das ist, zugegeben, ein deprimierendes Problem in Japan. Andererseits, als ich neulich in Bitterfeld war, fand ich auch dort das Abgasaroma nicht gerade verführerisch.«

»Ich nehme Ihnen Ihren Vorwitz nicht einmal übel«, raunzte der Redakteur, »denn ich ahne, daß sich dahinter Unsicherheit, wenn nicht gar Hilflosigkeit gegenüber meinen Argumenten verbergen! Was Bitterfeld betrifft, so wissen Sie so gut wie ich, daß sich die Umweltverschmutzung im Sozialismus qualitativ von der Umweltverschmutzung im Kapitalismus unterscheidet. Unsere Umweltverschmutzung ist, vereinfacht gesagt, trauriger Überrest einer alten reaktionären Ordnung, während in den kapitalistischen Staaten Umweltverschmutzung zum System gehört. Der Himmel über Bitterfeld ist zudem schon viel sauberer geworden, und seine endgültige Säuberung entwickelt sich stürmisch vorwärts.«

»Würden Sie meine Geschichte drucken, wenn ich ein paar Striche machte und der Umweltverschmutzung Japans mittels einiger geschickt hineingearbeiteter Sätze gerecht würde?«

»Schelm, der Sie sind.« Der Redakteur kicherte mäßig amüsiert. »Die Geschichte ist ihrer ganzen idyllorientierten Tendenz wegen so oder so futsch, futschikato, futschijama!«

Na immerhin, wenigstens in dieser Gesprächsphase hatte der Klamaukermensch einen Funken Humor aufblitzen lassen. Ich griff das Stichwort auf: »Den Fudschijama, noch immer religiös verehrtes Heiligtum der Japaner, habe ich, das nur nebenbei, mit keiner Silbe erwähnt, obwohl er, wenn er Lava speit, was er seit einem Vierteljahrtausend gnädig unterlassen hat, ganz schöne Umweltverschmutzung anrichtet.«

»Jedenfalls sehe ich keine Möglichkeit, Ihren japanischen Eiapopeia-Schmarren durch irgendeinen Kunstgriff zu retten«, ignorierte der Redakteur meine halblauten Bemerkungen, »es sei denn ...«

»Es sei denn?«

»Vergessen Sie's!« murmelte mein Gegenüber. »Nur so eine flüchtige Erwägung: Es sei denn, wir drucken die Geschichte als Manuskript eines japanischen Autors.«

»Wie denn? Eines japanischen Autors? Und was ändert sich dadurch an der Substanz?«

»Nicht viel, genauer gesagt: gar nichts. Aber wenn ein Japaner das Dingsbums geschrieben hätte, brauchten wir uns wenigstens nicht damit zu identifizieren.«

»Das stimmt«, sagte ich.

»Nur der Haken ist der: Sie schreiben so ausgesprochen unjapanisch, daß jeder Leser unsern Schwindel sofort wittern würde. Sie sind von der Diktion her ein unverwechselbarer Zwischen-Warnow-und-Werra-Literat und nicht im geringsten Japaner!«

»Ich kein Japaner? Eine Woche Japan hat ausgereicht mich als Mensch und Dichter fernöstlich perfekt zu assimilieren. Ich kein Japaner! Ich werde Ihnen beweisen, daß ich einer bin!«

Mit diesen Worten griff ich zum Brieföffner, der auf dem Schreibtisch des Redakteurs lag, und verübte Harakiri.

»Großartig!« rief der Zeitungsmann schmunzelnd, »jetzt können wir die Geschichte ›Heimweh nach Sannomya‹ wenigstens so drucken, wie sie ist. Bei Veröffentlichungen aus dem Nachlaß sind wir nie pingelig gewesen.«

DER ABSCHIED VON JABAR

war für uns Quedlinburger allesamt ein schmerzliches Erlebnis. Im Kreis jener Zwischenpassagiere, die für einen kürzeren oder längeren Reiseabschnitt Freud und Leid mit uns Fernostschiffern teilten, hinterließ Jabar die deutlichsten und tiefsten Eindrücke.

Weder ein junges kalifornisches Ehepaar, das sich uns auf

der Rückreise von Kobe bis Antwerpen zugesellte, noch zwei meiner Berliner Landsleute, ein in Peking residierender Botschaftsangestellter mit seiner Frau (beide begleiteten uns von Hsinkiang bis Tschongtschin), belieferten die Bordbesatzung mit immer neuem Gesprächsstoff in solchem Maße, wie das Jabar tat. Die jabarianische Ära nahm ihren Ausgang in Singapur und erstreckte sich über ungefähr vierzehn Reisetage. Doch ich will die Sache der Reihe nach erzählen.

Als wir damals auf der Hinreise in Singapur festmachten, stand die halbe Crew an der dem Pier zugewandten Backbordseite des Schiffes und hielt die Nase über die Reling. Chefsteward Schrepper schnupperte und sagte nur: »Einwandfrei!«

Das Prädikat bezog sich auf den von den meisten Seeleuten abgöttisch geliebten spezifischen Singapurgeruch, einen aromatischen Cocktail aus Palmöl, Gewürzen und Fisch. Aber das Urteil des Schiffsoberkellners bezog sich auch auf eine Fünfergruppe attraktiver Damen, die so kontaktfreudig aussahen, als seien sie entschlossen, ja keine singapuritanischen Gedanken bei der Schiffsbesatzung aufkommen zu lassen.

Und siehe: Schon am nächsten Tag ging an Bord das Gerücht um, eine gewisse Anzahl unserer an Land weilenden Matrosen habe hautnahen Kontakt zu diesen Damen aufgenommen. Wer die Kontakteure im einzelnen waren, ließ sich zwar nicht ermitteln, doch wenigstens ein Dutzend Landgänger kokettierte mit solch lästerlichem Verdacht. Matrose Komitsch zum Beispiel verriet: »Der Kavalier genießt und schweigt!« An diesem 11. Februar gab es offensichtlich nur zwei Lager an Bord: Don Juans und mürrisch dreinblickende Mißgünstlinge.

Dann aber, kurz bevor wir uns auf Hongkong-Tour begeben wollten, bestieg Jabar die Gangway, um sich für seinen Abstecher nach Yokohama einzuschiffen. Eine Schar schöner junger Frauen begleitete ihn zum Abschied in seine Passagierkabine – just dieselben Grazien, deren leibliche Gunst genossen zu haben viele Quedlinburger sich rühmten oder zumindest den Anschein zu erwecken trachteten.

Unterwegs führten Neugierige Gespräche mit Jabar, der, indischer Abkunft, freimütig erklärte, er sei so eine Art Impresario eines singapurischen Happy Houses besonderer Art: In diesem exklusiven Puff, zu dessen Belegschaft, so enthüllte Jabar, auch jene reizenden Personen gehörten, die ihn an Bord geleiteten, werde zahlungskräftigen Kunden Transvestitenliebe gewährt und sonst gar nichts.

Na, das war vielleicht eine Eröffnung! In Windeseile verbreitete sich Jabars Enthüllung in allen Messen und Kabinen, und niemand mochte angesichts neuester delikater Tatbestände zum Zirkel jener Liebeswerber gerechnet werden, die es in Singapur mit den fünf Transvestiten, Männern in Frauenkleidern also, getrieben hatten.

Matrose Komitsch war einer der ersten, die den Ahnungslosen spielten und abwiegelten: »Ich? Ich bin doch noch normal!« Das war er zweifellos. Etwas jenseits der Norm, wenn auch nicht so fluchwürdig entartet, wie sexualkonservative Hexenjäger solche Neigung abkanzeln, bewegte sich dagegen Jabar. Er war selber Transvestit, reiste allerdings in männlichem Gewand und machte auch sonst einen maskulinen Eindruck.

Das Motiv der Reise Jabars nach Japan ließ sich nicht erschöpfend klären. Immerhin war seinen Worten zu entnehmen, daß er Engagements in irgendwelchen Nachtlokalen anpeilte, denn er neigte zu eintänzerischen Darbietungen einer Bajadere.

Jabar, der Mann, der sich so »ganz Frau« fühlte und kein Hehl daraus machte, war bereit, stehenden Fußes und Tanzbeines ein rhythmisches Solo zum besten zu geben. Da uns ein solcher spontaner Auftritt jedoch zu heikel erschien, reifte der zunächst nur spielerische Gedanke zu fanatischer Entschlossenheit: Die Durchführung einer karnevalistischen Jabar-Tanzshow wurde als freizeitlicher Schwerpunkt für die Überfahrt zwischen Hongkong und Yokohama in den Bordveranstaltungsplan aufgenommen. Das geschah fürs erste freilich mit dem Vorbehalt der noch zu erkämpfenden Zustimmung des Kapitäns, den wir nach eingehender Beratung zu Recht als die einzig kompetente richterliche Instanz in solchen Angelegenheiten erachteten. Der Bildung eines Jabar-Initiativkomitees folgte die Verteilung der Ämter: Storekeeper Hansi Schäfer sollte in Kooperation mit Eisbär Jochen Lemke für Auswahl und Einsatz solcher Tonbänder sorgen, deren Sound einen harmonischen Zusammenklang mit Jabars tänzerischen Etüden, namentlich indisch geprägten, erwarten ließ. Zum Protokollchef ernannten wir unseren Fernostzwischenpassagier Heinz Wahrenberger aus der Schweiz. Er war ein Muster an helvetischer Zuverlässigkeit und Gewissenhaftigkeit. Zudem zeichneten ihn ein etwas älpisch-rustikal gefärbter natürlicher Takt und zwanglose Beredsamkeit aus. Wahrenberger schien uns demnach der ideale Mann zu sein, die geplante Veranstaltung lenkend und moderierend angemessen über die Runden zu bringen. Ich selber verpflichtete mich, das sozusagen Alles-oder-nichts-Gespräch mit dem Kapitän zu führen.

»Und Sie können mir garantieren, Herr Stengel, daß alles im Rahmen bleibt und diese Sache keine größeren Kreise zieht?« fragte mich der Bordgewaltige, nachdem ich ihm treuherzig versichert hatte, es werde von den Initiatoren angestrebt, die Veranstaltung nur vor einer kleinen Anzahl interessierter Zuschauer abzuwickeln, und es sei nicht daran gedacht, für diesen Abend Propaganda zu machen. Zögernd entschloß sich der Kapitän nach längerem Disput, das Unternehmen zu gestatten, wenn auch natürlich nicht zu fördern, sondern eher im Gegenteil. »Machen Sie mir keinen Ärger!«

ermahnte mich der Treuhänder über zweiundvierzig Schiffskader und drei Passagiere noch einmal. »Daß mir aus dem Programm ja kein Remmidemmi und Tingeltangel wird!« Ich war überzeugt, dem Kapitän einen gediegenen und außerdem relativ seriösen Verlauf der Veranstaltung versprechen und garantieren zu können, und das tat ich denn auch mit messianischem Eifer und unverwüstlichem Gottvertrauen.

Das Initiativkomitee, als es aus meinem Munde die Nachricht von der positiven Entscheidung Kapitän Knobjuhns empfangen hatte, feierte mich wie Nelson nach der siegreichen Schlacht bei Trafalgar. Gemeinsam mit Jabar wurde der 23. Februar, Fastnachtsdienstag, 21.00 Uhr als Veranstaltungstermin festgesetzt.

Wir Initiatoren – das betone ich an dieser Stelle noch einmal nachdrücklich, um bösen Zungen die Zungenspitze abzubrechen – bemühten uns redlich, letzte Vorbereitungen für das Jahrhundertereignis in aller Stille zu treffen, damit die dem Kapitän von mir gegebenen Zusagen, bezüglich der Dämpfung von Spektakeltendenzen, treulich erfüllt würden. Schäfer und Lemke installierten Tonbandgerät und Lautsprecher klammheimlich zur Nachtzeit am vorgesehenen Auftrittsort, nämlich in einer für Jabars Show vorgesehenen Nische der Offiziersmesse.

Elektriker Franz Selz tat ein übriges: Er zog Strippen und errichtete aus farbigen Lämpchen ein ausgetüfteltes Beleuchtungskörpersystem von Trokadero-Niveau, um zu erwartende Tanzdarbietung ins rechte Rampenlicht rücken.

Am entscheidenden Tag deutete für Uneingeweihte – und das waren nach meiner Berechnung und Hoffnung viele, sehr viele – nichts darauf hin, daß Fastnacht auf der »Quedlinburg« mit einem solistischen Paukenschlag enden würde. Lediglich der Umstand, daß Heinz Wahrberger in dezentem Schwarz gekleidet sowie mit weißem Hemd und Krawatte bereits an der Mittagstafel saß, hätte scharfe Beobachter auf das Näherrücken eines Festaktes schließen lassen können. Doch so ungewöhnlich war solcher Aufzug am Fastnachtsdienstag nun auch wieder nicht. Deshalb sah das Jabar-Initiativkomitee (JIK) noch bis gegen zwanzig Uhr dem tänzerischen Begängnis als einer Veranstaltung unter weitestgehender Aussparung einer breiten Öffentlichkeit mit Zuversicht entgegen.

Wenig später allerdings nicht mehr. Ich glaubte, als ich kurz vor Veranstaltungsbeginn die Offiziersmesse betrat, mich tritt ein Seepferd: Dicht gedrängt belagerten Offiziere, Ingenieure, Maschinisten, Matrosen – es mochten fünfundzwanzig Figuren, mit Ausnahme der diensthabenden Genossen demnach fast alle, sein, einige mit schußbereiter Kamera bewaffnet – den nicht gerade üppig dimensionierten Zuschauerraum. So viele Häupter hatte man an diesem Ort bei noch keinem der jede Woche von Ingenieur Herbert Kollmorgen geleiteten EDV-Zirkel gezählt. Und noch immer drängten Schaulustige durch die Tür, bis sich in mir die bange Frage erhob, ob – ich zählte schließlich vierunddreißig Häupter – das Schiff nautisch wie maschinell als noch betriebssicher gelten konnte. Als letzter betrat den makabren Ort Kapitän Knobjuhn. Ich vermute, daß auch ihn der Flossenschlag eines mittelgroßen Seepferds traf, und vermutlich wäre ich im Visier des höchstwahrscheinlich konsternierten Kommandanten in den Schiffsboden versunken, hätte Selz in diesem Augenblick nicht geistesgegenwärtig die Deckenbeleuchtung ausgeschaltet und dem Protokollchef Wahrenberger damit das verabredete Zeichen zum Beginn der Feierlichkeiten gegeben.

»Meine Damen und Herren!« conferierte der Schweizer in würdevoll und anmutig klingendem Alemannisch. »Ich begrüße Sie auf das herzlichste zu unserem heutigen Tanzabend und danke Ihnen für Ihren zahlreichen Besuch!«

Wir behielten, wie man heutzutage formulieren würde, den Abend voll im Griff. Wahrenberger machte es möglich:

Mucksmäuschenstille im Auditorium, als er fortfuhr: »Unser Passagier Jabar« – geschickt vermied Wahrenberger eine exakte Geschlechtsbestimmung – »hat uns heute freundlicherweise für eine künstlerische Darbietung zur Verfügung gestellt, wofür er« (dieser Schnörkel war direkt poneskyreif) »einen besonders herzlichen Applaus verdient!« Unter stürmischem Beifall des Publikums trat Jabar, sich nach allen Seiten devot verbeugend, durch den Türrahmen. Wer den mittelgroßen, an Schiffsalltagen mit einem verwaschenen Hemd und einer Schlabberhose bekleideten Orientalen nun als Tanzgirl erblickte, fiel in Verblüffung. Jabar hatte sich die Haare kunstvoll hochgesteckt, braunes Gesicht mittels Schminke und Salben kosmetisch geschickt verweiblicht, den Leib in eine Art Etuikleid, wadenlang, gezwängt und goldglitzernde Ballettschuhe über die Füße gestreift. Kalkutta mit einem Schuß Pigalle, eine La Jana der unteren Preisstufe – dies war der erste Eindruck, den Jabar in die Manege warf. »Meine Damen und Herren!« verkündete Wahrenberger nun den versammelten offenen Mündern und langen Hälsen. »Jabar tanzt uns zuerst einen indischen Tanz!« Der Schweizer, Kavalier vom Scheitel bis zur Sohle, leitete Jabar zur Mini-Bühne, Hansi Schäfer fummelte am Tonbandgerät, und zur nicht geringen akustischen Überraschung der Zuhörer, einschließlich Horst Knobjuhns, erklangen aus dem Lautsprecher Hawaii-Gitarren. Mag sein, daß sich Schäfer und Lemke im Tonband geirrt oder – was ich für die wahrscheinliche Ursache hielt – partout keine den Wünschen und Tanzschritten Jabars sprechende musikalische Weise im Repertoire hatten – jedenfalls begann die tanzende Künstlerin ihren Körper in geradezu grotesk anmutender Disharmonie zu renken. Die indisch-hawaianische Interpretation geriet mehr und mehr zu einer gar bemitleidenswerten Parodie.

Die Verschlüsse der gezückten Fotoapparate klickten, da und dort ein hämischer Zwischenruf, bedrohlich anschwellendes Gelächter – doch der bittere Kelch eines nicht regulierbaren Tumults ging, o Wunder, an den Initiatoren des Abends vorüber. Der Tanz war zu Ende. Jabar knickste liebenswürdig, es gab sanften Applaus.

Wahrenberger, der stumm in seiner Ecke gekauert und nervös an seinen Nägeln gekaut hatte, gab sich einen Ruck und trat mit beneidenswerter Gefaßtheit die Flucht nach vorn an: »Meine Damen und Herren! Sie sehen nun einen nepalesischen Tanz!«

Ich hatte fast geahnt, daß die gespenstische Komik der ersten Tanzetüde eine choreographische Steigerung erfahren würde, und so war es in der Tat: Jabar wogte und webte, ein Tamburin schwenkend, hin und her und auf und ab. Ob das nepalesisch war, konnte bezweifelt und bestimmt nicht eindeutig ermittelt werden. Jedenfalls standen die Schritte der Solistin erneut in schreiendem Gegensatz zur Musik, die aus einer Neuauflage der altvertrauten Hawaii-Gitarren bestand, und um das Maß voll zu machen (Wahrenberger: »Jabar tanzt uns zuletzt einen malaiischen Tanz!«), begleiteten auch Jabars Tanzfinale diese schauerlich unmalaiisch schluchzenden Hawaii-Gitarren.

Hätten sich unter den Konsumenten der Einfrau-Show nicht inzwischen eine gewisse Gleichgültigkeit und Ermüdung eingestellt, wäre es noch im Endstadium dieses fatalen Augen- und Ohrenschmauses zu johlenden Protestkundgebungen gekommen. Aber das Schicksal war Jabar und seinen Trabanten gnädig. Wahrenberger konnte durch die Überreichung eines Tulpenstraußes an Jabar, wo immer diese Blumen aufgetrieben sein mochten, sogar einen für das ganze Unternehmen versöhnlichen Schlußakzent setzen: »Wir danken Jabar für diesen wunderbaren Tanzabend auf hoher See. Gute Nacht!«

Jetzt, wieder bei voller Beleuchtung, gab es für mich nicht die geringste Chance, den verächtlichen Blicken des Kapitäns auszuweichen. Bedeppert zuckte ich mit den Achseln und beteuerte: »Ich habe mein Bestes getan!« Der Kapitän verließ wortlos die Messe, mein gebrochenes Verhältnis zum Chef des Hauses war für den Rest der Reise besiegelt.

»Ihr Hunde!« schnauzte ich in einer für mich ganz untypischen vulgären Ausdrucksweise den Maschinisten und FDJ-Sekretär Klaus Schütt an. »Um ein Haar wäre das Jabar-Ballett mit fliegenden Fahnen untergegangen, weil ihr euch alle im Zuschauerraum rumlümmeln mußtet! Ich hatte nur mit einem kleinen Teilnehmerkreis gerechnet, denn laut Bordveranstaltungsplan war doch parallel FDJ-Versammlung angesetzt!«

»Na und?« maulte Schütt. »Wir haben die FDJ-Veranstaltung diesmal eben in Form eines folkloristisch betonten Kulturprogramms durchgeführt. So was muß auch mal sein!«

»Schön«, gab ich zu, »Folklore und Kultur, das klingt sehr bedeutungs- und anspruchsvoll. Aber was hat Jabars Auftritt mit der speziellen Verbandsarbeit der FDJ zu tun?«

»Allerhand!« entschied Schütt unbekümmert. »Wir haben FDJ anläßlich der Fastnacht wissenschaftlich neu interpretiert als ›Freude durch Jabar‹!«

JUBEL, TRUBEL, HEITERKEIT

und ähnliche einschlägige antidepressive Stimmungsbesserer sind unentbehrliche Schiffsreisebegleiter. Seefahrt ohne gelegentliche Zuflucht zu Jux und Tollerei ist eine tote Wasserhose. Nur wenigen Fahrensleuten gelang es, bei wochenlangen hafenfernen Trips auf hoher See Gefühl der Vereinsamung und Monotonie auf andere Weise zu entrinnen als durch nahezu täglich geübte feucht-fröhliche Geselligkeit. Einer der wenigen, die im großen ganzen ohne Feste und Feiern an Bord auskamen, war Bäcker Eberhard Binner. Er fand bei individueller Hingabe an die Kunst Ruhe und Geborgenheit. Binner webte in seiner Freizeit Teppiche, und alle vierzehn Tage war ein neues schönes Exemplar, die Musterung von Binner entworfen, fertig, und manchmal, wenn man mit Engels- oder Stengelszungen auf Binner einredete, konnte man eines seiner geschmackvollen Gewebe erwerben. Der Bäcker verrichtete seine Arbeit nach einem strengen Plan. Das Websoll des Tages wurde nie unterschritten. Ein geradezu pedantischer Fleiß war die Basis stolzer Produktionserfolge, und gäbe es diesen Orden überhaupt, dann hätte ich den emsigen Kunstgewerbler liebend gern mit dem »Binner der Arbeit« ausgezeichnet.

Auch der Zimmermann Harry Dorstmann gehörte zu den Ausnahmen im Freizeitbereich. Die Kammer Dorstmanns ähnelte einer Zoologischen Handlung: ein Vogelkäfig auf und neben dem andern. Das krächzte, zwitscherte und tremolierte auf so verblüffend vielfältige Geräusch- und Sangesweise, daß einem ornithologisch warm ums Herz werden konnte. Schwerpunkt der Zuchtanstalt Dorstmanns waren Kanarienvögel, und ich sollte (»Ehrenwort«) aus dem nächsten Schlupf von Dorstmann gratis beschenkt werden, doch dazu kam es leider nicht, weil der Geflügelzüchter von Dakar nach Rostock zurückgefordert wurde und ein treuhänderischer Käfighüter nicht über die gefiederten Sangesschwestern und -brüder verfügen konnte.

Wie gesagt, künstlerisch-kulturelle Selbstbetätigung (dazu gehören gewiß auch Beschäftigung mit Literatur oder etwa das Präparieren exotischen Meeresgetiers) findet nur selten statt. Typisch sind an Bord vielmehr bacchantische Begängnisse, meistens musikalisch gewürzte, mit ungeheuer großem Kommunikationswert.

Das Bordfest aller Bordfeste ist bei jeder äquatorüberschreitenden Reise natürlich die Äquatortaufe, auch Neptunfest genannt, um nicht die bei früheren Äquatortaufen üblichen Drangsalierungen ahnen zu lassen.

Diesmal traf es die Täuflinge auf der Rückreise, und zwar – ausgerechnet – am Karfreitag in Äquatornähe südlich der Malediven. Da ich bereits im Februar 1965 unweit der somalischen Küste getauft worden war und eine Fotokopie meines Taufscheins (»... vom Schmutz der nördlichen Halbkugel gereinigt und nach Unserem äquatorialen Ritus auf den Namen ›Tintenfisch‹ getauft«) vorweisen konnte, durfte ich mir die aktuelle Taufprozedur gelassen und aus sicherer Entfernung betrachten.

Namentlich Kapitän Knobjuhn machte am Ende der Veranstaltung drei Kreuze. Es war alles gut gegangen. Trotz aller Ermahnungen und Verweise auf historische Übertretungen ist so eine Äquatortaufe eben doch jedesmal eine Lustbarkeit mit zahlreichen Unwägbarkeiten. Deshalb: Die Exekutanten des Zeremonienmeisters, allesamt Neptuns Helfershelfer mit zum Teil ungelöschter Erinnerung an erlittene Täuflingsqualen, tun mitunter des Guten, besser: des Bösen einige Nuancen zuviel, bevor man den zu rüde amtierenden Fronvögten das Handwerk legen kann.

Bordfeste größeren Stils fanden während der viereinhalbmonatigen »Quedlinburg«-Reise ungefähr im Vierwochenabstand statt. Besonders schön war eine nächtliche Bordparty unter tropischem Sternhimmel in der Nähe von Luanda.

Bruno Eschner und ich hatten für diesen Anlaß vorsorglich ein Quodlibet gedichtet, dessen Inhalt hauptsächlich jener Nacht in Dakar gewidmet war, als unser Schiff bunkerte, also mit Treibstoff vollgepumpt wurde. In dieser Nacht, die im Zeichen regen Tauschhandels (Textilien gegen afrikanische Edelholzmasken und andere Holzplastiken) stand, erwarb auch ich Wohlfeiles: einen harthölzernen Löwen, bannig schwer, von dem Eschner schadenfroh behauptete, dieser Wüstenkönig sei lediglich eine bleibeschwerte und mit Schuhkrem angestrichene Großkatze. Wie dem auch sei: Mein Löwe – er hockte treu und oft bestaunt während der ganzen Reise auf dem Wandregal über meiner Koje, und er hatte ganze fünf holländische Gulden und ein ungeliebtes grünliches Dederonhemd gekostet.

Mit solchen Dakar-Erlebnissen im Rücken dichtete es sich angenehm:

Sofort nach der Entscheidung
»Wir bunkern in Dakar!«
taxierten wir die Kleidung,
die überflüssig war.

Vergangen, vergessen, vorüber,
vergangen, vergessen, vorbei ...
So nimm denn den Mantel, mein Lieber,
das Schmuckstück der Seereederei.

Kragenbinden und Krawatten,
alles, was wir übrig hatten,
Mützen, Socken zweiter Wahl
ließen wir in Senegal.

Ausgeschlossen hat sich keiner
von der Transaktion – nur einer,
der, das Fernglas in der Hand,
hinter der Gardine stand.

Sag mir, wo die Hemden sind,
wo sind sie geblieben?
Sag, wo die Pullover sind –
was ist geschehn?

Die Antwort, mein Kind,
weiß ganz allein der Spind,
in dem die Masken eingelagert sind.

So long!
Teure Changer, servus und au revoir!
Hongkong— und vielleicht dereinst wieder mal Dakar!

Es treibt
unsern Pott die Sehnsucht aufs weite Meer.
Euch bleibt
in Dakar die Hoffnung auf Wiederkehr.

Kehren wir einstmals wieder aus fernen fremden
Ländern, dann reich bestückt mit neuen Hemden!
Schnitzt Masken, Aschenbecher und Tabakdosen,
denn auch der Käptn hat noch drei Unterhosen.

Immer rund, immer rund um den Erdball.
Niemals hat ein Fahrensmann die Nase voll,
denn wir tragen die Masken im Herzen (und im Spind),
und das letzte Wort in Rostock spricht der Zoll.

Soweit ein Auszug aus der Dakar-Kantate, die von der ganzen Schiffsbesatzung, einschließlich des Kapitäns, des legendären Mannes hinter der Gardine, laut und freudig mitgesungen wurde, denn wir hatten den Text dutzendfach abgezogen. Instrumental wurde der Gesang begleitet von Elektroingenieur Hartmut Grommel (Trompete), Eisbär Jochen Lemke (Geräuschinstrumente) und Passagier Hansgeorg Stengel (Schifferklavier). Allerdings bediente ich das Akkordeon nur tastenmäßig. Den Blasebalg, da ich der Aus- und Einatmungstechnik nicht kundig war, bewegte behutsam Kabelgeist Bernd Henzel.

Einmal gab es auch – irgendwann und irgendwo im Indischen Ozean – eine große Bord-Diskothek mit Schlagerparade. Der Schlager mit den meisten Stimmen – es war »Good bye, happiness« – brachte denen, die für ihn gestimmt hatten, eine trinkbare Prämie ein. An zweiter Stelle im Wettbewerb lag die James-Last-Interpretation eines Seemannsliedes und auf dem dritten Platz ein Gesangstitel mit Ed Martin. Da wir, mitreisende und mitreißende Seemanns- sowie Passagier-Ehefrauen mitgerechnet, zeitweise fünf bis sieben Damen an Bord hatten, kam es, sehr selten, sogar zu tänzerischen Umtrieben.

Die häufigste kollektive Abendunterhaltung ging freilich von der Kinoleinwand aus. Es vergingen auf See nur wenige Tage ohne Filmvorführungen. Vom Polenstreifen »Republik der Amazonen« über »Die Olsenbande«, »Dr. med. Sommer 11«, »Liebe an der Seine« und »Mord vor der Kamera« bis hin zu »Große Freiheit Nr. 7« wurde alles gespielt und konsumiert, was damals verfügbar war. Einige Filme, die sich als Favoriten herauskristallisierten, wurden mehrmals und nicht selten vorm selben Publikum abgespult. Als absoluter Zelluloid-Superhit erwies sich »Der Hexer«. Elfmal ging die Hexerei über die Kinobühne, bevor Wallace und Drache ausgethrillert hatten.

Auch Populärwissenschaftliches gab es im Quedlinburg-Filmtheater zu sehen. Ich erinnere mich an Bilder einer sowjetischen Beuteltierexpedition kreuz und quer durch Neuseeland. Wellington und Umgebung – ich notierte mir diese Gegend in meinem Merkkalender, denn falls ich in den achtziger Jahren mal wieder auf Weltreise gehen wollen sollte und nicht wüßte, in welche Himmelsrichtung, wäre dies immerhin eine Möglichkeit.

Wie jedermann an sich selber und um sich herum beobachtet haben mag, leidet der Mensch an der Neigung, eine gewisse Zeitlang bestimmte Vokabeln und Klischees als neumodische Wörter und Wendungen mit Vorzug zu verwenden. Diese Tendenz prägt sich erst recht dort aus, wo eine Reisegruppe für Wochen und Monate gemeinschaftlich operiert und einer auf den andern angewiesen ist. Anfang der siebziger Jahre war das Allzweck-Adjektiv »einwandfrei«. Es gab nichts Gutes, Richtiges, Ordentliches, Schmackhaftes und, allgemein gesagt, Positives ohne das Prädikat »einwandfrei«.

Ohne es jemals angestrebt zu haben, steuerte ich zum fernöstlichen Seereiseunternehmen ein Klischee bei, welches aus einer zwanglosen abendlichen Unterhaltung mit Bruno Eschner keimte und schließlich eine im Bereich der Komik geradezu monströse Dimension annahm.

Die Geschichte, die ich Eschner erzählte, war eigentlich nichts anderes als der Zeitungsbericht über einen Vorgang purer Authentizität. Der Bericht handelte von zwei Personen. Die eine: DDR-Staatsratsvorsitzender, die andere: Landesbischof der Evangelisch-Lutherischen Kirche in Thüringen. Sie beide, Walter Ulbricht und D. Dr. Moritz Mitzenheim, trafen sich am 18. August 1964 in Eisenach auf der Wartburg zu einem »Gespräch über aktuelle politische und kirchliche Fragen«, also sozusagen zu einem Disput über Gott und die Welt.

Dieser Wartburgdialog auf hoher Ebene ist mir nicht nur wegen seiner unbestreitbaren politischen Bedeutung, sondern auch – und vor allem – wegen seiner skurrilen Akzente unauslöschlich im Gedächtnis haften geblieben. Der zeitliche Abstand zu damaligem Ereignis erlaubte und provozierte bei allem Respekt vor den Gesprächspartnern, den zwei großen alten Männern des Staates und der Kirche, heitere Reproduktion und Kommentierung namentlich jenes Gesprächsteils, der als Vorgeplänkel, als Abtasten der Kontrahenten vorm eigentlichen diplomatischen Schlagabtausch betrachtet werden kann.

Der Staatsmann W. U. aus dem Sächsischen und der Thüringer Gottesmann M.M. – gewissermaßen Sachs und Moritz – hackten strenggenommen viel rhetorisches Kleinholz, bevor sie sachte, sachte auf die Lebensfragen der Nation zu sprechen kamen. Das Protokoll hielt unter anderem solche bemerkenswerten Sentenzen fest:

W. U.: In der letzten Woche habe ich die schönen Wälder Thüringens durchwandert. Sehr viele Urlauber erholen sich hier in diesem herrlichen Land.

M. M.: Wenn mir in anderen Ländern das Schönste gezeigt wurde, war mein höchstes Lob, daß ich sagte: Beinahe so schön wie in Thüringen!

W.U.: Ich sehe, daß Sie Ihre Residenz gleich gegenüber haben. Von der Wartburg aus kann man Ihre Residenz sehen.

M. M.: Und umgekehrt sieht man von uns aus die Wartburg.

Die das Wesen des Umkehrprinzips auf entwaffnende Weise durchleuchtende bischöfliche Formulierung hat mich schon damals bei erstem Lesen im Blatt tief beeindruckt. Ich begriff, daß sich sogar komplizierte Dinge sehr einfach ausdrücken lassen. Und umgekehrt.

Jetzt nun, bei Wiedergabe historischen Gipfeldialogs, machte ich die überraschende Beobachtung, daß Eschner völlig vergeblich bemüht war, ernst und gelassen zu reagieren. Er, in seiner Nebenfunktion unentbehrlicher Bordsanitäter, wehrte sich verzweifelt gegen drohenden Erstickungstod durch lachkrampfbedingte Fehlkanalisierung seines Black & White.

»Und umgekehrt!« prustete Eschner, während er sich gesten- und gebärdenreich an immer neuen Zwiegesprächs-Beispielen mit Umkehr-Effekt versuchte. Kein Wunder, daß nach entsprechender weitgestreuter Agitation und Propaganda an Bord hinfort alles nur irgendwie Umkehrbare nach der Melodie »Kehr dich noch einmal um, eh' wir auseinandergehn!« um und um gekehrt wurde. Und umgekehrt.

Wenn man kurz nach dem Auslaufen aus Warnemünde und überhaupt in den ersten europäischen Wochen mittags mit dem Gruß »Mahlzeit!« die Messe betrat, hörte man entweder gar nichts oder womöglich eines höflichen Essers muffligen Gegengruß »Mahlzeit!«. Dieses Ritual änderte sich in der Umkehrphase durchgreifend. Dem Mahlzeiter, kaum hatte er sein konventionelles »Mahlzeit!« von den Lippen, scholl es vielstimmig gellend entgegen: »Und umgekehrt!« Im speziellen Fall war das sogar ein bißchen mehr als Alfanzerei und Alberei, denn eine beträchtliche Anzahl von Kritikern der kulinarischen Künste des Schiffskochs Detlev Walentowsky waren der nicht immer widerlegbaren Auffassung, die Speisen des Küchenmeisters provozierten geradezu einen Magenfahrplan-Pendelverkehr. Dieses harte Urteil fand auch in einem Vierzeiler, zu singen nach der Melodie »Unrasiert und fern der Heimat«, seinen Niederschlag:

> Wird uns von den Stewardessen
> Lungenfrikassee beschert,
> rinnt das delikate Essen
> magenwärts und umgekehrt.

Es kam so weit, daß nicht einmal die täglich um die Mittagsstunde durch den Bordlautsprecher in die Messen vermittelten Standort- und Temperaturangaben der Brückenwache vor faxenhaften Schlenkern sicher waren. Bei Erreichen japanischer Gewässer beispielsweise meldete sich Jochen Krämer, unser Dritter Offizier, über Bordfunk auf folgende laxe Weise: »Wir befinden uns auf Position hunderteinunddreißig Ost und dreißig Grad Nord, Wasser- und Lufttemperatur neunzehn Grad und umgekehrt.«

Ich sah, wie dem Kapitän angesichts und angehörs derartiger Verballhornung der Puddinglöffel aus der Hand fiel. Schließlich: So ganz ohne autoritären Widerspruch durfte allzu salopper Umgang mit amtlichen Bordinformationen keinesfalls hingenommen werden. Krämer wurde, wie wir hörten, zwar sanft (als humorlos und starrsinnig mochte unser oberster Ordnungshüter Knobjuhn durchaus nicht gelten), aber doch einprägsam zur Unterlassung solcher burlesker Lautsprecherdurchsagen gemahnt. Unbewiesen ist, daß Krämer den Befehl des Kapitäns mit den Worten quittierte: ›Jawohl, Genosse Kapitän, wird unterlassen und abgestellt und umgekehrt!« Wie ich Krämer kenne, war er zu so einer grob disziplinwidrigen Verstiegenheit nicht fähig, es sei denn, daß die Macht der Gewohnheit unserem Dritten wider dessen Vorsatz den Stereotyp hinterlistig in den Mund schob.

Vom fünfundsiebzigsten Reisetag an, nach Auslaufen aus dem koreanischen Hafen Tschongtschin, verlief die Schiffstour, ich kann es nicht anders ausdrücken, umgekehrt, wenn auch auf etwas modifizierter Route. Rostock–Fernost war abgehakt. Der aktuelle Kurs hieß Fernost–Rostock. Gegenkurs, Heimatkurs – nun war an Bord vom Umkehren auch in einem ganz und gar unschrulligen Sinn mehr und mehr die Rede. Mir, dem Passagier, paßte die nun eingeschlagene ganze Richtung selbstverständlich nicht. Die Erkenntnis, daß wir über dem Berg waren, erfüllte mich mit Melancholie. Die meisten Seeleute dagegen, vielleicht sogar alle, stimmte das mähliche Näherrücken afrikanischen und europäischen Kontinents fröhlich, bisweilen gar euphorisch. Und umgekehrt.

Die Quedlinburger fühlten sich in der Straße von Malakka, als es zu einer Begegnung mit unserem Japan anvisierenden Schwesterschiff »Blankenburg« kam, als Könige und Sieger. Und umgekehrt hatte ich bei einer kurzen Begegnung zweier Schiffsdelegationen – der Kontakt wurde mit einer Barkasse der »Blankenburg« hergestellt – den Eindruck, daß die Blankenburger uns Quedlinburger um unsere umgekehrte Route beneideten. Wer wüßte es nicht: Schiffspassagiere zieht es fremdwärts, Seeleute heimwärts. Dies ist mehr als eine Regel, das ist ein fahrensmännliches Gesetz, und da gibt es kein Ausnahmsweise und kein Umgekehrt.

Blödeleien alten oder neueren Typus prägten das Bordleben bemerkenswert auch während der Heimreisewochen.

Wer einen im Bereich der Humoristik spielerisch jonglierbaren Namen hatte, wurde natürlich besonders gern aufs Korn genommen. Chief Werner Hübsch wurde seines hübschen Namens nie recht froh, und weil des Chiefs Haupt gelichtet war, was man vom Maschinisten Schütt nicht behaupten konnte, ging an Bord der Spruch um: »Schütt ist hübscher als Hübsch, aber Hübsch ist schütterer als Schütt.« Bei einem Landausflug in Korea (die Regionalbehörden von Tschongtschin hatten für sieben Quedlinburg-Ausflügler zwei Wolgas zur Verfügung gestellt) war es außerdem zur hübschen Verwunderung Werner Hübschs geschehen, daß koreanische Kindergartenkinder ergriffen und winkend am Wegrand standen und beiden Wolgas, die offenbar für Staatskarossen mit hochoffiziellen Insassen gehalten wurden, artig Reverenz erwiesen. Später redeten wir dem Chief ein, die Reaktion der koreanischen Kinder sei auf die verblüffende Ähnlichkeit Werner Hübschs mit einer bekannten koreanischen Persönlichkeit zurückzuführen, und bei einem späteren abendlichen Zechgelage wurde folgendes Dichtwerk uraufgeführt:

Reist der Chief durchs Land per Wolga,
grüßt am Wegrand alt und jung,
denn der Chief ist unser Double
für Koreas Kim Il Sung.

So wenig wie Hübsch war Kapitän-Stellvertreter Helmut Kaiser schuld an seinem ominösen Familiennamen. Trotzdem: Der Name paßte wie die Faust aufs Auge, denn Kaiser erlag gern der Anfechtung, da und dort zu reglementieren und zu administrieren, wo geduldige Überzeugungsarbeit anstrengenden Einsatz von Zeit und Nervenkraft erfordert hätte. Nach der Melodie »Da drob'n auf dem Berge ...« wurde Kaiser entsprechend den geschilderten Umständen und Hintergründen so definiert:

Unser Schiff ist monarchistisch,
also reaktionär,
denn ein Kaiser ist Chief mate
und Parteisekretär.

Elektriker Franz Selz, dem persönliches Verschulden an einem Totalausfall, einem Blackout, der Schiffselektrik zugeschrieben wurde, mußte sich den Spitznamen Selzmademan gefallen lassen, und Hübschs Vize, der Ingenieur Bernd Just, wurde zum Erfinder des feudalabsolutistischen Just primae noctis gekürt.

Zu den beliebten Bordvergnügungen gehörten ferner Kleinkaliberschützenfeste sowie Skatturniere. Beim edlen Altenburger Wettbewerb vermochte ich – nach beschämend miserablen Schießresultaten – eine Silbermedaille, dotiert mit einer Flasche Weinbrand Edel, einzuheimsen. Doch ich erfreute mich der alkoholischen Prämie nur einen Nachmittag. Am Abend fanden sich sieben trinkfreudige Matrosen in meiner Kabine ein und ließen das edle Naß restalkoholrestlos durch ihre verdorrten Kehlen rinnen. Und umgekehrt.

AUF DEN SCHIENEN DER TOKAIDO-LINIE

durch Japan zu zischen – dieses Abenteuer gehörte zu den Prioritäten meines fernöstlichen Touristenprogramms. So himmeln die Japaner in vielen Reiseführern ihre 1964 in Betrieb genommene Errungenschaft an: »Japan's miracle of the 20th Century: the ›bullet express‹!« Nippons Jahrhundertwunder war natürlich auch mir nicht entgangen. Die Berichte über das Eisenbahnphänomen von Hondo, die in vielen Zeitungen und Illustrierten seit Beginn der sechziger Jahre abgedruckt waren, lasen sich wie Reportagen aus der Science-Fiction-Sphäre: Eine stählerne Raupe auf Schienen, ein personenbesetzter Blitz, der die über fünfhundert Kilometer große Entfernung zwischen den Millionenstädten Tokio und Osaka in Dreistundenfrist überbrückt. Das muß einfach gesehen und leibhaftig ausprobiert haben, wer dazu nur eben eine glückliche Gelegenheit grapschen kann.

In diesem Buch ist auch anderwärts von Zugverkehrsfragen die Rede, doch wäre es skandalös, ein dem japanischen Nationalstolz auf Gleisen gewidmetes Extra-Kapitel zu unterschlagen.

Ich hatte es, gebrannter DDR-Eisenbahnpassagier, der ich bin, hektisch eilig, in Osaka, von wo ich mit dem Superexpreß Hikari (»Blitzstrahl«) eine Teilstrecke der Tokaido-Linie bis Nagoya zu befahren beabsichtigte, eine gültige Fahrkarte zu lösen. Die von mir dem Schalterbeamten genannten Daten wurden, elektronisch verarbeitet, in Gestalt eines exakt informativ bedruckten Fahrscheins ausgespuckt und von mir zu einem Preis erworben, der buchstäblich nicht der Rede wert war: so um die zwanzig Mark für die knapp zweihundert Kilometer lange Schienenstrecke.

Ich war pünktlich, fünf Minuten vor Abfahrt des Zuges, der 14 Uhr 10 Osaka in Richtung Kioto-Nagoya-Tokio verlassen sollte, auf dem Tokaido-Bahnsteig des Startbahnhofs eingetroffen und bestieg den weißblauen Zug unverzüglich, um, falls der auf meinem Fahrschein aufgedruckte Sitzplatz irrtümlicherweise – man kennt solche Verwirrspiele zwischen Saßnitz und Suhl hinlänglich – versehentlich auch einem anderen Eisenbahnpassagier verkauft worden sein sollte, noch einen kleinen zeitlichen Spielraum zum Reklamieren oder Auffinden eines anderen Platzes zu haben.

Meine Sorge war unbegründet. Nicht nur der mir zugewiesene Sitz war verfügbar, sondern es gab in meinem Waggon und, wie ich mich später während der Fahrt überzeugen konnte, in der ganzen Hikari-Wagenschlange genügend freie Plätze, um noch mindestens fünfzig Familien bequem von einer Stadt zur andern zu befördern.

Und was für Plätze! Das waren eigentlich nur noch dem Namen nach Eisenbahnsitzplätze. Realiter waren in sämtlichen Waggons (zwei der ersten und zehn der zweiten Klasse) Sessel, verstellbar wie Flugzeugsitze, installiert. Da der klimageregelte Zug während der Fahrt luftdicht abgeschlossen ist, kommt es, etwa wenn der Hikari durch einen Tunnel rast, bei plötzlichen Luftdruckänderungen nicht zu diesem abscheulichen Druck auf die Ohren, dem der Insasse eines Flugzeugs beim Starten und Landen ausgesetzt ist.

Aber ich bin dem unaufgeklärten Leser noch die Erklärung dafür schuldig, warum mein Hikari – die Mitfahrt, wie wir hörten, finanziell durchaus erschwinglich – zwischen den Ballungszentren Tokio und Osaka dennoch nur zu drei Vierteln besetzt gewesen ist. Besonders verblüfft über das Passagier-Defizit mögen jene meiner Landsleute sein, die eine der japanischen Tokaido-Linie relativ gleich lange Strecke in unserem Heimatland dazu in Vergleich setzen und hiesige Sitzplatznachfrage zu beurteilen vermögen. Man kann wohl zwei Tassen lauwarmen Mitropa-Kaffees gegen zehn wirbelsäulenstauchende Schienenstöße wetten, daß ein Zug zwischen Dresden und Stralsund nicht nur hinsichtlich seiner Sitzplätze, sondern auch bezüglich seines Stehplatzkontingents ausgebucht ist. Und das nicht nur zur Sommerszeit und um die Weihnachtsfeiertage.

Aber die Erklärung für den mitteleuropäisch-fernöstlichen Unterschied ist einfach: Die Differenz besteht in der Frequenz.

Ich gestehe, daß ich, obwohl mit allen Weltwundern gewaschen, dennoch ein weiteres Mal das Wundern lernte, als ich auf meinem persönlichen Zielbahnhof Nagoya den Fahrplan der Tokaido-Linie in Augenschein nahm. Das Ergebnis meines Studiums:

Der tägliche Fahrbetrieb auf der doppelgleisigen Eisenbahntrasse dauert – Stand im Jahre 1971 – 19 Stunden. Nur nachts zwischen 1 und 6 Uhr wird während fünfstündiger Betriebsruhe von Hunderten emsigen Gleisarbeitern, Mechanikern, Putzteufeln und anderen dienstbaren Geistern alles getan, was zur Pflege, Erhaltung und Betriebssicherheit des Verkehrsweges nötig ist.

Neunzehn Stunden lang verkehren sie dann, die Hikaris und die Kodamas (»Blauer Pfeil«), in beiden Richtungen mit einem Zugabstand von – bitte behalten Sie Platz, falls Sie sich in einem unserer Reichsbahnzüge einen solchen erkämpft haben – zehn Minuten. Anders ausgedrückt: Zwischen Tokio und Osaka pendeln auf der Tokaido-Linie täglich und, wohlgemerkt, in beiden Richtungen mehr als hundertzehn Expreß-Züge. Diese Frequenz ist sogar für japanische Verhältnisse so üppig, daß vollbesetzte Hikaris oder Kodamas nur selten vorkommen. Der Hikari wird offiziell als Superexpreß bezeichnet, während sich der Kodama mit dem Titel »Expreß« bescheiden muß. Beide Zugtypen sind äußerlich und innerlich völlig gleich, aber der Hikari hält unterwegs lediglich in Kioto und Nagoya, während der Kodama dreizehn Zwischenaufenthalte hat und deshalb eine Stunde länger unterwegs ist. Die Höchstgeschwindigkeit der schnellen japanischen Züge liegt bei 210 Kilometern in der Stunde, der Durchschnitt beim Superexpreß beträgt 170 Stundenkilometer.

In den letzten fünf Abschnitten vor einer Haltestation wird das Tempo automatisch verringert: von 210 km/h auf 160, dann auf 110, auf 70, schließlich auf 30. In diesem Schneckentempo rollt der Zug in den Bahnhof Nagoya, um den Mitreisenden Stengel zentimetergenau an der Stelle des Bahnsteigs aussteigen zu lassen, wo das Stoppzeichen für den Wagen Nummer 7 angebracht wurde. Und was für eine Aussteige-Wohltat! Die Bahnsteigebene stimmt mit der Bodenhöhe der Wagen überein, so daß man ganz wörtlich aussteigen kann aus dem Hikari, ohne heruntersteigen zu müssen.

Bevor ich freilich den Zug verließ, wurde ich von genau jener Hikari-Stewardeß per Lautsprecher verabschiedet, die mich schon bei der Zugabfahrt willkommen geheißen hatte: »Auf Wiedersehen, liebe Reisende, und vielen Dank, daß Sie diesen Zug benutzten!« Die liebliche Stimme sagte es auf englisch, aber ich gebe ohne Mogelei ganz korrekt wieder, daß sich – und wenn Sie noch so skeptisch Ihr Haupt rotieren lassen – eine Eisenbahngesellschaft bei ihren Klienten durch artige Höflichkeiten erkenntlich zeigt für geneigte Inanspruchnahme eines Verkehrsmittels.

Das, was man, um damit die höhere Qualität einer Dienstleistung zum Ausdruck zu bringen, in aller Welt »Service« nennt, feiert auf der Tokaido-Linie wahre Triumphe. Alle Züge sind mit zwei Restaurantbüfetts, Verkaufsständen, einem Konferenzabteil, mehreren öffentlichen Telefonen und mit Uhren ausgestattet, die außer der Zeit auch die Zuggeschwindigkeit anzeigen. Neben den Toilettenwaschbecken findet der Reisende griffbereit Warmlufthandtücher. Zahlreiche Eiswasserspender spenden Erquickung an heißen Tagen.

Obwohl ich die von ambulanten Serviererinnen freundlich angebotenen Imbißhappen höflich, aber entschieden zurückwies, einfach deshalb, weil weder Linseneintöpfe noch grüne Klöße, sondern gewürzte Reisröllchen, rote Thunfischhappen, Garnelenschwänze, Seetangscheiben und andere Herausforderungen meines vogtländischen Gaumens feilgeboten wurden, gefiel mir die kulinarische Fürsorglichkeit des Hikari-Personals. Ich hielt mich an Obst, aromatischem Kaffee und einem Bier schadlos, das einem Wernesgrüner oder Radeberger in nichts nachstand.

In diesem Zusammenhang sei mir noch ein Lobeswort über japanische Bahnhöfe gestattet. Ganz allgemein ist festzustellen, daß jeder größere japanische Bahnhof dem Reisenden einen vom frühen Morgen bis spät in die Nacht geöffneten und dienstbereiten gastronomischen und Einkaufsladenbereich zu bieten hat. Kiosk-Schilder mit Aufschriften wie »Bin gleich wieder da!«, »Geöffnet nur 13 Uhr 17 bis 14 Uhr 51« oder »Nächste dienstbereite Bulettenverkaufsstelle siebzehn Kilometer von hier auf Bahnsteig 222« hat Japan nicht in seinem Service-Repertoire. Der Bahnhof Shinjuku in Tokio ist ein kolossaler moderner Häuserblock mit acht Stockwerken und drei Untergeschossen. Er ist mit zwei Großkaufhäusern verbunden und beherbergt selber mehr als zweihundert Läden, vierzig Restaurants, Snackbars und andere Wohltaten. Er hat außerdem eine Selbstbedienungsgaststätte für Massenbetrieb und einen Biergarten auf dem Dach. Für andere Beköstigungszwecke stehen dem Gast im Bahnhof reichlich Räume und Säle zur Verfügung, in denen je nach Bedarf und Bedürfnis Kunstausstellungen, Versammlungen oder Familienfeiern jeglicher Art und jeglichen Umfangs stattfinden können. Dabei ist Shinjuku »nur« ein innerstädtischer Umsteigbahnhof für mehrere S- und U-Bahnlinien, kein Fernbahnhof. Was ein so wichtiger Fernbahnhof wie der Personenverkehrsknotenpunkt Berlin-Schönefeld an Bequemlichkeiten aufweisen könnte, wenn die Japaner ihre Hände im Spiel hätten, kann das phantasiebegabte Schönefeld-Opfer – damit ist jeder gemeint, der, wann und wie oft auch immer, das deprimierende Mißvergnügen hatte, auf barhäuptigen Bahnsteigen bei Eis und Schnee und ohne jegliche Chance wartesaalähnlicher Zuflucht das Eintreffen des verspäteten D-Zugs abzuwarten – wehmutsvoll selber ausrechnen. Kehren wir indessen noch einmal zurück an die Bahndämme der Tokaido-Linie, und seien wir, während wir den siebenunddreißigsten Hikari – es heißt, der japanische Staat verfüge über 60 Hikaris und Kodamas – dieses Wochentags an uns vorüberhuschen lassen, der unglaublichen historischen Tatsache eingedenk, daß es Eisenbahnen vor wenig mehr als hundert Jahren in Nippon noch gar nicht gegeben hat. Erst 1872 wurde die erste Strecke eingeweiht: 29 Kilometer von Tokio nach Yokohama! Kaiser Meiji war bei dieser Jungfernfahrt (ob als Fahrgast oder nur als Kiebitz, ist nicht überliefert) zugegen, und die jubelnden Japaner dünkte diese Landespremiere wie ein erster Siebenmeilenschritt in die moderne Welt. Inzwischen, da die zweite Jahrtausendwende am Horizont bereits sichtbar wird, gilt japanischen Verkehrsplanern sogar der technisch ausgetüftelte Tokaido-Schienenverkehr als veraltet. Schon seinerzeit, als ich mal in Japan war, wurde eine günstigere Gleisverlegung zwischen Tokio und Osaka diskutiert, und man programmierte auf dem neuen Schienenweg mit Beginn der achtziger Jahre eine maximale Reisezeit von zweieinhalb Stunden. Das ist aber in den Augen des Raketenprofessors Hisanojo Ozawa von der Universität Nagoya immer noch eine lahme Ente, keinesfalls das, was der technischen Großmacht Japan in naher Zukunft zu höchster Ehre auf dem Felde des Personalbeförderungswesens gereicht.

Der allen Geschwindigkeitsgrenzen spottende Wissenschaftler projektierte einen Gleitkörper, der auf den Köpfen hoher Stützpfeiler, die in Abständen von hundert Metern aus der Landschaft ragen, dahinschießt. Diesem gleitenden Raketenzug – er soll 220 Meter lang sein, tausend Personen befördern und per Vierdüsentriebstrahl 1000 km/h erreichen – dienen Räder auf den Pfeilerköpfen als Führungsrollen, und der Reisende, der per Ozawa-Rakete von Osaka nach Tokio zu reisen begehrt, braucht für die Überfahrt (oder sollte man doch besser Überflug sagen?) nicht mehr als dreiunddreißig Minuten einzukalkulieren.

Bevor jedoch gleitende Raketen die weißblauen Hikari- und Kodama-Waggons verdrängen, wollen die Japaner ihre guten Erfahrungen mit der Tokaido-Linie allen japanischen Landesteilen zuteil werden lassen. Beispielsweise ist der Einsatz von Superzügen auch auf einer Superstrecke zwischen Tokio und der auf der Nordinsel Hokkaido gelegenen winterolympischen Millionenstadt Sapporo geplant. Um nicht weniger als dreizehn Stunden wird sich die Reise dorthin verkürzen, wenn die neuen Schienen liegen: In sechs Stunden sind sieben Breitengrade, wie die Filmregisseure sagen, gestorben.

Ich vergaß zu betonen, was sich der eine oder andere freilich ohnehin gedacht hat, daß sich der elektronisch dirigierte Hikari nicht verspätet. Pünktlichkeit ist – auch da, wo es sich nicht um so moderne Reptilien handelt, wie Hikari eins ist – japanisches Verkehrsprinzip. Verspätungen gelten, da mögen strenge religiös geprägte Ehrbegriffe eine anteilige Rolle spielen, als blamabel und nichtswürdig. Eine Anekdote, die vielleicht sogar eine wahre Geschichte ist, erzählte ich fachkundigem Publikum einer literarisch-kabarettistischen Veranstaltung in ein Reichsbahnausbesserungswerk nordöstlich von Berlin: 1903 traf ein japanischer Personenzug, in dem ein kaiserlicher Prinz reiste, mit dreizehn Minuten Verspätung am Zielbahnhof ein. Der Zugführer tat Buße auf japanisch: Er erdolchte sich unverzüglich.

Einige meiner Zuhörer sahen betroffen drein, so daß ich mich verpflichtet fühlte, den Verdacht beabsichtigter gleichnishafter Anspielung mittels einer hinzugefügten Fußnote zu zerstreuen. So sprach ich denn: Nun, liebe Kollegen, wer da glaubt, ich wolle mit dieser Story den Teufel an die Wand malen und hierzulande gewissermaßen den Eisenbahnertod am Schienenstrang provozieren, der mag allen in diese Richtung gehenden Beunruhigungen und Befürchtungen entrinnen in dem sicheren Bewußtsein, daß das Schienennetz unserer ehrlichen Deutschen Reichsbahn und das für sie kompetente Dienstpersonal weder japanischer Provenienz sind noch mit japanischen Maßstäben gemessen werden können. Gemäß diesem unwiderlegbaren Sachverhalt, so erklärte ich meinem Auditorium, ergebe sich aber, daß in unserem Land Selbstentleibung in Lokomotivführerkreisen überhaupt nicht auf der Tagesordnung steht. Bei uns nämlich, liebe Kollegen, gibt es – dies waren meine ermutigenden pathetischen Schlußworte – in den Köpfen der Werktätigen, auch in denen der Lokomotivführer selbstverständlich, keine religiös, pseudoreligiös und mythisch verquollenen rückständigen Auffassungen, sondern gesunde, realitätsbezogene Ansichten, die auch nur den blassen Gedanken an selbstmörderischen Vollzug ausschließen. Und außerdem, meine Freunde des Flügelrads, fehlen, wie ich vorhin geschildert habe, in unserem volkseigenen Gleisbetrieb die objektiven Voraussetzungen für einen Suizid japanischen Musters. Dreizehn Minuten Verspätung – solcher Anlaß zu pathologischer Selbstauslöschung eines Lokomotivführerlebens kommt in unseren Breiten so gut wie niemals vor. In unserer Republik geschehen Eisenbahnverspätungen, wie jeder Reisende weiß, in ganz anderen, nach Stunden zu messenden Zeitbereichen.

Und alle, die mir applaudierten (es applaudierten alle, denn allen war ein Stein vom Herzen gefallen), freuten sich sichtbar der Perspektive ihres unbedrohten Lebens. Und wenn sie nicht gestorben sind, leben und amtieren sie allen Zugverspätungen zum Trotz noch heute.

DIE BESTEIGUNG DES GROSSEN BERGES

der britischen Kronkolonie Hongkong fand im fünfköpfigen Seemannskollektiv statt, zu dem auch Bruno Eschner gehörte, der sich schon in Japan zur Teilnahme an dieser Exkursion verpflichtet hatte.

Der Große Berg – oder ortsüblich knapp »The Peak« genannt – ist eine der attraktivsten Touristenausflugsziele Hongkongs. Man sieht, wenn es nur einigermaßen spät am Tag ist, von weit oben aufs illuminierte Viermillionengemeinwesen herab »wie vom Zuckerhut auf Rio de Janeiro« (Zitat Eschner).

Das eigentlich Aufregende an der Bergtour ist die Auffahrt

per Drahtseilbahn. Ich kenne viele Drahtseilbahnen, aber diese Bahn, die einen Steigungswinkel aufweist, der an die bei Personenaufzügen geltenden Normen erinnert, ist die mörderischste, die mir je im Leben unterlief. Ängstlich bin ich im Grunde nicht, jedenfalls nicht ängstlicher als ein Durchschnittsangsthase. Doch mein beim Hochfahren dorthin geworfener Blick, wo die soeben zurückgelegte Strecke lag, ließ mich an alles Grauslige denken, was dem Menschen an den Abgründen seiner ohnehin gefährdeten Existenz widerfahren kann.

Eschners Hinweis, während es uns hochzog, die Drahtseilbahn habe, wie in einem Prospekt nachzulesen sei, gut hundert Jahre auf dem Buckel, ohne jemals von einem Unglück betroffen gewesen zu sein, hatte etwas Zynisches. Jedermann weiß, daß solche Bilanzen den Fahrgast eher stutzig machen als in Sicherheit wiegen, weil nach Erkenntnissen der Materialwirtschaftler und der Statistiker die von Beförderungsmitteln ausgehenden Risiken desto größer werden, je länger ein von Zwischenfällen ungetrübter Betriebsstand anhält. Gerade heute – neunzig Grad betrug die Steigung mindestens! – könnte, Tücke des Schicksals, die Ermüdung des Drahtseils an jenen Punkt gelangen, der den unheilvollen Riß auslöst, welcher fünf Fahrensleuten, wirbelsturmgeschüttelten und taifuntrotzenden, das Lebenslicht dort ausbläst, wo sich das Ableben für maritime Globetrotter eigentlich nicht gehört.

Oben also die Aussicht. Jedesmal wenn ich aus der Höhe ins Tal blicke, muß ich an eine Schulaufsatzformulierung meines Darmstädter Onkels denken. Wie noch heute, so wurden schon zu Beginn unseres Jahrhunderts Schüler mit Niederschriften geplagt, die gehabte Erlebnisse informativ und gefühlvoll beschreiben sollten. Von meinem Onkel war seinerzeit unter der Überschrift »Unser schöner Schulausflug« die Wanderung zum Kyffhäuserdenkmal und die Besteigung desselben zu reproduzieren. Mein Onkel, der die Turmbesteigung unterließ, weil er schon früher mehrere Male nach oben geklettert war, schrieb die Unterlassung neuerlichen Aufstiegs mit folgenden lapidaren Worten ins Aufsatzheft: »Ich blieb unten, weil ich schon oben war.«

Diesmal war ich oben, weil ich noch nicht oben war. Am Zuckerhut-Vergleich schien mir einiges dran zu sein, obwohl ich das Panorama Rios nur aus Bilderbüchern kenne. Unten im Hafen, deutlich an seiner schönen schnittigen unverwechselbaren Städteklasse-Anatomie zu erkennen, lag unser Schiff, umringt von unzähligen Dschunken, die allesamt und für meine Begriffe viel zu geschäftig bemüht waren, die »Quedlinburg« mit Frachtgut vollzustopfen. Schiffe über Schiffe lagen an den Piers, Kriegsschiffe auch der US-Navy darunter, die von der Küste des Kriegsschauplatzes Vietnam kamen oder vietnamesische Gewässer in der Illusion ansteuerten, diesen Krieg doch noch gewinnen zu können.

Dem Hongkong-Unkundigen muß erklärt werden, daß es Hongkong im engeren und Hongkong im umfassenden Sinn gibt, nämlich als Bezeichnung für den Stadtstaat Hongkong, bestehend aus der Insel Hongkong (mit Stadt Victoria) und dem festländischen halbinsularen Gebiet, zu dem die Stadt Kowloon und – zur Grenze der Volksrepublik China hin – die sogenannten New Territories mit 235 vorgelagerten Inselchen gehören. Die Insel Hongkong wurde 1842 britische Kronkolonie, 1860 kamen Kowloon und 1898 die »Neuen Gebiete« hinzu. Das 1898 als Pachtland erworbene Territorium könnte, wenn die früher geltenden Pachtfestlegungen noch gelten, 1997 von China zurückgefordert werden. Aber wird die Volksrepublik ihren Anspruch geltend machen? Wird sie eingliedern wollen, was außerhalb ihrer Grenzen als Umschlaghafen und Tor zur Welt für China von zumindest ökonomisch großer Bedeutung ist?

In Hsinkiang flüsterte mir ein Chinese hinter vorgehaltener Hand: »Gäbe es keine Kolonie Hongkong, müßte sie erfunden werden.« Ein offizieller Agitator Mao Tse Tungs erklärte mir im Seemannsheim dieser Hafenstadt das Verhältnis Peking-Hongkong anders: »Wenn wir den Zeitpunkt für gekommen halten, werden wir Hongkong befreien!«

»Wie das?« fragte ich zweifelnd.

»Nun, wir können, wenn wir wollen, Hongkong das Wasser absperren. Das ist es.«

Ich fürchte; der Missionar des großen Steuermanns glaubte selber, was er da zu Wasser brachte. Die Wahrheit aber ist, daß Hongkong Wasser- und Stromselbstversorger ist und daß der bisher unterbliebene und, wie ich glaube, noch längere Zeit unterbleibende Zugriff auf britischen Besitz schlicht die oben angedeuteten ökonomisch-strategischen Motive hat. Doch ich hüte mich, Urteile in politisch delikaten Bereichen zu fällen oder mich gar in die inneren Angelegenheiten einer Großmacht einzumischen.

Was ich in Hongkong gesehen und erlebt habe, beeindruckend oder ernüchternd, darf mir allerdings niemand verübeln.

Ich weiß nicht genau, wie groß in Hongkong der angestammte Chinesen-Anteil ist. Ich schätze, ein Viertel. Alle übrigen Chinesen (die wenigen Europäer, Inder, Malaien u.a. fallen nicht ins Gewicht), etwa drei Millionen also, sind aus dem Mutterland und einige wohl auch aus Singapur und Indochina zugewandert. Die aus der chinesischen 800-Millionen-Republik nach Hongkong übergewechselten Chinesen – mögen sie gekommen sein, weil ihnen Maos karges und asketisches Sozialmodell zu trist erschien oder weil sie in der Kronkolonie das große Geschäft witterten – sind für Hongkongs Aufnahmebehörden einerseits ein schier unlösbares Problem, andererseits das unentbehrliche Potential für die in Hongkong märchenhaft florierende Exportindustrie, die preisunterbietend den Weltmarkt mit hochwertigen Waren aller Art überschwemmt. Einen kleinen Nutzen hatte auch der Frachtschiffpassagier von den Billigangeboten Victorias und Kowloons. Ohne auf Erwerbungen im lukrativen HiFi-Bereich auszugehen (man bezahlte in Hongkong damals für erstklassige hochempfindliche Geräte halbe europäische Preise und auch bedeutend weniger als in Japan) leistete ich mir eine wunderschöne Krawatte für drei Mark, und beim Öffnen der Tüte stellte ich später fest, daß der Straßenhändler sogar noch ein Taschentüchlein als Werbewohltat hinzugefügt hatte.

Auch ließ ich mir in Hongkong einen Anzug schneidern. Das klingt in den Ohren des dienstleistungsgeschwächten Lesers absurd. Doch wer will, kann das dunkelblaue Textilerzeugnis in meinem Kleiderschrank besichtigen.

Auf seiner Visitenkarte steht hinter dem Namen George Wong in Klammern kleingeschrieben das deutsche Wort schneidermeister. George Wong (man beachte die angepaßte englisch-chinesische Legierung), wohnhaft in 172, Gloucester Road, 1/F Hong Kong, Telephone: H-732797. ist, auch das verrät die Visitenkarte, Chef der »eleganza co. (fashion centre)«. Nun handelt es sich bei einem als Centre beschriebenen Unternehmen oder Gebäude oft nur um einen mit großmäuliger Reklametüchtigkeit angepriesenen Hinterhofschuppen. In meiner Heimatstadt Greiz gab es Ende der zwanziger Jahre an der periphersten Peripherie der Stadt, dort, wo sich Eichhörnchen und Maulwurf gute Nacht sagten, einen geradezu lächerlich anmutenden winzigen Tabakladen. Seine historische Größe beschränkte sich aufs bombastische Firmenschild: Raucherzentrale.

Mit George Wongs fashion centre sah es gewiß buchstäblicher aus. Der Schneidermeister hatte wohl zwei Dutzend Direktricen, Modelleure, Zuschneider, Näherinnen – ein bienenfleißiges Gefolge, das, wenn auch zu niedrigen Löhnen, sein Nadel-und-Faden-Tagwerk ohne Tadel verrichtete, weil es, säße da ein Faulpelz in der Schneiderstube, genügend Zulauf aus Hongkongs Arbeitslosenreservearmee gäbe, der höhere Produktivität zu leisten verspricht.

George Wong war sofort nach Einlaufen unseres Schiffes in Hongkong an Bord geklettert. Er verstand sich als Spezialschneidermeister aller deutschsprachigen Seeleute und Schiffspassagiere. Sein Monopol wurde von keiner Seite angetastet. Wong sprach fließend deutsch, und er fühlte sich auf den Schiffen beider deutscher Staaten, wie ich erfuhr, so heimisch und notwendig, als hätten ihn Berlin und Bonn akkreditiert. Die Stoffmusterbücher, die Wong in der Mannschaftsmesse salopp auflblätterte, enthielten zirka hundert Vorschläge. Ich ließ mich nur aus Neugier, nicht jedoch als potentieller Kunde, in ein Gespräch mit dem schneidernden Chinesen ein. Als mir Wong freilich das zunächst unglaubhafte sensationelle Angebot machte, einen Anzug meiner Wahl für einen Preis um hundertfünfzig Mark bis zum Auslaufen des Schiffs – bereits morgen – zu schneidern, ließ ich Maß nehmen, tippte auf dunkelblauen Tropic und konnte, weil die Bezahlung erst nach Lieferung fällig war, in Ruhe und Gelassenheit der Realisierung eines Wunders entgegenfiebern.

Man verüble mir bitte nicht, daß ich bei kurzer Schilderung meiner Hongkong-Umtriebe schon wieder auf Schienenverkehrsfahrzeuge zu sprechen komme. Aber sie begegneten mir (oder besser: ich ihnen) an so vielen markanten Orten dreier Kontinente in so mannigfaltiger Weise, wie ich sie in schier fünfzig Lebensjahren zuvor nicht zu sehen bekam.

In der Queen's Road von Victoria – der sogenannten Hauptstadt des Stadtstaates Hongkong, der sich auf größerer Fläche ausdehnt als die Insel Rügen – gibt es Straßenbahnzüge wie Sand am Meer oder wenigstens wie Strandkörbe am Sommermeeresstrand von Warnemünde. Der über Straßenbahnfragen global informierte Berliner Bürger und Satiriker John Stave könnte in der Queen's Road und in weiteren fünfundsiebzig Straßen der Kolonie ein apartes Phänomen studieren: buntdekorierte Doppelstockstraßenbahnen in einem Fahrtrhythmus, der keine europäische Parallele kennt. Um es ohne Umstände zu sagen: Hongkonger Straßenbahnen fahren fahrplanlos im Nonstop-Betrieb. Eine Straßenbahn kommt immer, und wenn sie doch nicht kommt, kommt eine andere, und wenn nicht die andere, dann die nächste. Der Gedanke, daß die Doppelstöckigkeit dieser Verkehrsmittel nur eine Nachahmung des Doppelcharakters früherer Berliner Omnibusse ist, machte mich nicht stolzer, denn die Spreeathener Zweistöckigen sind dahingegangen wie ja leider auch schon die Mehrheit der Berliner Straßenbahnen. Ein horizontaler Paternoster – so etwas Ähnliches ist Hongkongs Fließband-Tramway.

Man kann nicht über das eine Verkehrsmittel des Stadtstaats reden, ohne zwei weitere für Hongkong lebenswichtige öffentliche Kommunikationsvermittler, die zu Wasser und in den Lüften, zu erwähnen.

Der Flugbetrieb Hongkongs erinnerte mich blaß an die freilich noch erheblich riskanteren Start- und Landebedingungen in einem anderen britisch kolonisierten Stadtstädtchen: in Gibraltar. Dort haben die Engländer mangels ausreichenden Geländes – der südspanische Affenfelsen hat nur kümmerliche sechs Quadratkilometer Fläche – eine Betonlandepiste weit ins Meer vorgetrieben, und Piloten ohne Millimetergefühl taugen nicht für den Einsatz in dieser Gegend. Der Flugplatz Hongkongs ist zwar besser dran, doch die Unaufhörlichkeit des Start und Landebetriebs, die ich vom Schiff aus wahrnehmen konnte, und die Begrenztheit des Flugfeld-Territoriums fordern nicht minder waghalsige Flugkapitäne.

Der womöglich wichtigste Faktor im Bereich des Personentransports ist für Hongkong ein unglaublich mobiler Fährbetrieb zwischen festländischem Terrain und einem Dutzend der zahlreichen Inseln. Unermüdlich pendeln vor allem Großfähren zwischen Victoria und Kowloon, und sie haben sich bei ihren Hafen-Passagen fast jedesmal mit Supertankern, dickbäuchigen Container- Schiffen und Raketenkreuzern auseinanderzusetzen. Schrammen gibt es da gar nicht so selten, aber ein größeres Fährunglück hat sich nur Mitte der siebziger Jahre zugetragen, als bei hohem Wellengang eine der Fähren umkippte und fünfzig Passagiere mit in die Tiefe zog.

Beinahe wäre ich in Hongkong gar nicht von Bord gekommen, denn (Einreisevisa für Länder, deren Häfen während der Schiffsreise angelaufen wurden, hatte ich ohnehin nicht) die Fremdenpolizei, auf deren Gnade und Barmherzigkeit ich überall dort angewiesen war, wo es diplomatische Beziehungen beziehungsweise ein Abkommen über den visafreien Verkehr zwischen ausländischen Staaten und der DDR damals nicht gab, nahm an mir, dem Bürger eines noch nicht respektierten Landes, zunächst Anstoß. Der Kapitän wurde angewiesen, über den mir verordneten stark beschränkten Aktionsradius zu wachen. Die Polizisten konnten sich, obwohl sie solche Auflage gewiß nicht streng zu kontrollieren trachteten, auf einen gewissen Gehorsam des Kapitäns verlassen, denn zuviel stand für einen lässigen Schiffskommandanten auf der Spiel: geharnischte Geldstrafen oder gar fürchterliche Sanktionen (in Form von zeitweiser Ankettung oder Vereinnahmung des Schiffes), die den wirtschaftlichen Nutzen einer Frachtschiffreise dezimieren und dem Kapitän einen Reederei-Rüffel garantieren.

Kapitän Knobjuhn hatte nur die Möglichkeit, das über mich verhängte Landgangsverbot als eine Beschränkung auf den Aufenthalt innerhalb des Hafengeländes zu interpretieren, denn so eindeutig war der Spruch der Immigrationsbehörde nicht, daß man ihn ganz zweifellos als Verurteilung zu strengem Bordarrest hätte verstehen müssen. Dank dieser salomonischen Auslegung meines obersten Gerichtsherrn entfernte ich mich also bis an die Grenzen des Hafengebiets, ohne jetzt noch einleuchtend beschreiben zu können, welches imaginäre Limit seinerzeit meiner Ausflugstätigkeit Grenzen zog.

Ganz allgemein besteht ein Unterschied zwischen Promenaden in Hongkong und etwa Tientsien (Tianjin) – hundertzwanzig Kilometer entfernt von Peking (Beijing) – wie zwischen Konfutse und Kapuze. Auch spärliche Reste schillernder europäisch-amerikanischer Optik samt Spurenelementen florierenden Shopping- und Amüsierbetriebs sind in Tianjin nicht auffindbar. Hongkong, eine Bastion buntscheckiger spätbürgerlicher Kultur und prickelnder Dekadenz, ist, versteht sich, eine unendlich viel größere Lockung für den Touristen als die – damals jedenfalls – völlig nach innen gewandte, ausländerfeindliche und puritanische chinesische Volksrepublik, wo der Alltag aufs Einfachste und Notwendigste reduziert erscheint und wo es für den Besucher nichts zu hören gibt als haarsträubende klischeehafte Thesen: »Wir haben einen Satelliten in den Weltraum geschossen« (natürlich den ersten im Weltmaßstab, und von einer amerikanischen Mondlandung hat in der »Volkszeitung« nie etwas gestanden), »Wir haben eine Atombombe gezündet, eine, wie nur wir Chinesen sie unter der weisen Führung Maos entwickeln konnten«, »Wir sind das Bollwerk des wahren Kommunismus gegen die hegemoniale Sowjetunion«.

Nach dem alten chinesischen Kalender befand ich mich zur Zeit meines China-Aufenthaltes im Jahr des Schweins. Eine Hongkonger Postwertzeichenserie zeigte in schöner, aber durchaus argloser Symbiose auf allen Marken von zehn Cents bis drei Dollar ein Schweineporträt und Ihre Majestät Queen Elizabeth II. Gewiß, den Engländern mögen philatelistische Kombinationen von Mensch und Tier in den Jahren des Löwen, des Tigers und des Elefanten sympathischer, weil königlicher, vorkommen, aber auch der patriotischste Brite wäre nie auf den Gedanken gekommen, die von den Hongkong-Chinesen in Auftrag gegebenen und in London gedruckten Schweinebriefmarken als Diffamierung mißzuverstehen. Sie wurden ebenso korrekt gedruckt wie die »Financial Times«, und die Queen hat durch ihre grafische Nachbarschaft mit grunzenden Specklieferanten keinen Schaden genommen.

Als der Morgen dämmerte und ich mir bewußt wurde, daß unser schönes Schiff schon um die Mittagszeit Abschied von Victoria zu nehmen gedenke, entlockte mir der Gedanke an rechtzeitige Fertigstellung meines Tropic-Anzugs ein sarkastisches Lächeln. Vor meinem geistigen Auge rollte, wie ein Dokumentarfilm, die Chronik meiner leidvollen Begegnungen mit dilatorischen Schneidermeistern und ihrem langzeitgeprüften Opfer ab. Seit ich Umgang mit Künstlern modischer Silhouetten und Konturen pflege, seit Kriegsende, hatte ich bis Hongkong zügige Inangriffnahme, flinken Zuschnitt und prompte Auslieferung von Maßkleidung nicht erlebt. Besonders in den ersten fünf Nachkriegsjahren erfolgte die Bearbeitung von Aufträgen im Schneiderhandwerksbereich derart zögernd, daß sich der Satiriker Erich Brehm einen Kabarett-Sketch ausdachte, in dem schlankweg behauptet wurde, bei Anproben im Berliner Maßatelier werde neuerdings ein Arzt hinzugezogen, der zu den aktuellen Kundenmaßen das durch steigenden Lebensstandard zu erwartende körperliche Mehrgewicht addiere, damit der Kunde tatsächlich maßgerechte Kleidung empfange, wenn er den Anzug in drei Jahren zum ersten Mal tragen darf.

Das Maßatelier protestierte damals gegen die aus der Luft gegriffene Behauptung Brehms. Es assistiere im Maßatelier kein Arzt. Nun, Satire ist, wie sich wiederum zeigte, nicht jedermanns Sache.

Als die elfte Morgenstunde vorüber war, hatte ich das Fünkchen Hoffnung, das für George Wong mühsam glomm, verlöschen lassen. Zu früh, wie sich eine Viertelstunde später herausstellte: Strahlend übers mondrunde Perry-Como-Gesicht, schwang sich, mit einem voluminösen Koffer bepackt, der Couturier aller Couturiers über die Gangway auf die Planken unserer schwimmenden Herberge. »Hier sind die vier Anzüge«, krähte er durchs Schiff. »In der Messe anprobieren und bezahlen – okay?«

Alle vier harrenden Wong-Anzugträger, ich der vielleicht neugierigste, eilten auf diesen Ruf herbei. Was soll ich noch sagen: Mein Anzug paßte wie angegossen, und alles am guten Stück war sauber genäht und gesäumt. Nicht die geringste Beanstandung meinerseits. Lächelnd kassierte Wong den um einen kleinen Rabatt verminderten Betrag von hundertvierzig Mark. Wir schieden als Freunde fürs Leben. Der Anzug, wie gesagt, ist noch vorhanden und noch gut. Der Hersteller ist eingenäht: G. Wong, Hongkong. Wer da behauptet, Wong habe mich nicht mit Maßkleidung, sondern Maßkonfektion beliefert, soll sich seine Anzüge sauerkochen lassen. Für mich ist George Wong ein Mirakel, eine Kreuzung aus Dior und Bellachini. Ehrlich.

BENELUX DE LUXE

pflege ich die Zollunion der drei Länder Belgien, Niederlande und Luxemburg zu nennen, weil zumindest die beiden ehemals mächtigen Kolonialgiganten Belgien und Holland jahrzehntelang Europas Schaufenster heimgebrachter asiatisch-afrikanisch-südamerikanischer Natur und Kulturschätze aller Art gewesen sind und weil auch nach dem Ende des kolonialen Zeitalters der Welthandel über die Mammuthäfen Rotterdam und Antwerpen so großen Umfang hat und für das Nationaleinkommen der Benelux-Verbandes von ökonomisch so unschätzbarer Bedeutung ist, daß sich der Tourist zwischen Groningen und Bettembourg einer Wohlhabenheit und Prosperität gegenübersieht, die einem sogar in den industriell hoch entwickelten Nachbarländern, in Frankreich und im bundesrepublikanischen deutschen Staat, in solcher Gleichmäßigkeit und Ausgewogenheit nicht begegnen.

Mein dritter Besuch Amsterdams war der bisher ergiebigste. Das erste Amstel-Rendezvous fand im Krieg statt. Ich wurde als frisch eingezogener Luftnachrichtensoldat im Mai 1941 von Dresden in die Nähe Amsterdams zur Rekrutenausbildung transportiert. Nach sechs Wochen Drill in der Bussumer Heide machte ich noch vier Wochen Funkmeßgerät-Wachdienst auf der Insel Schouwen und wurde Ende Juli wieder ins deutsche Binnenland, ins Mittelelbische, dirigiert. Die große schöne Stadt am Ijsselmeer alias Zuidersee sah ich damals nur zwei-, dreimal aus der Perspektive des zum Geländedienst kutschierten gestiefelten und gespornten Lastwagenlandsers. Die Bilder waren längst verblaßt, als ich 1964, am Schiffswege einer Sansibar-Reise, Amsterdam wiedersah. Diese Stadt gehört zu den (wenigen) Städten, die mit Fug und Recht von sich behaupten dürfen, sie seien unverwechselbar. Holland und Belgien, vor allem das flämische, sind gewiß reich an Städten und Gemeinden von urban-ländlichem Liebreiz, aber die Grachtenstadt ist, die nächstschönsten Antwerpen, Gent und Brügge nicht ausgenommen, die schönste im ganzen Dreiland Benelux. Ich genoß nun, gewissermaßen im dritten Anlauf, die Gastfreundschaft der holländischen Parlamentsmetropole zur Flieder- und Tulpenzeit. Mein Schiff lag solange in aller Ruhe – also derart mit Laden und Löschen beschäftigt, daß ich eine Woche lang unbekümmert beneluxisch schweifen konnte – im Waal-Hafen Rotterdams.

Ehe ich nach Amsterdam aufbrach, hatte ich, am Wochenende zuvor, einen Abstecher ins Großherzogtum Luxemburg gemacht, der völlig unerwarteten Gewinn brachte auf einer Ebene, die ich bei meiner Orientierung auf historische und städtebauliche Schwerpunkte nur zufällig tangierte: die kulinarische. Auf der Speisekarte des kleinen Restaurants, das ich eigentlich nur betreten hatte, um einen Löffel irgendwas zu suppen, nur um beim Marsch durchs hauptstädtische Zentrum nicht ganz und gar vom Fleisch zu fallen, stand – mein Leibgericht. An alles hätte ich in des Großherzogs Residenz gedacht, an Frikadellen, Mohrenköpfe, Schafskäse, Apfelstrudel, Weinbergschnecken, aber doch nicht mal in meinen komischsten Träumen an Flecke, Kuddelflecke – Pansen, Netzmagen, Schleudermagen, Labmagen, Blättermagen in Burgunder.

Zu Hause pfeife ich bei göttlicher Kuhmagenspeise auf Burgunder. Nun, hierzulande hielt man's eben mit der Rebe. Sei's drum. Ich bestellte mir eine Portion vom Köstlichsten, versöhnte mich sogar mit der luxemburgischen Variante der nicht kleingeschnitzelten, sondern großlappigen Kuddeln sowie mit den gesondert gereichten Pellkartoffeln (ich mag Flecke lieber eintöpfig), die Weinsoße indes überzeugte mich so minimal, daß ich ihre Geschmacksnote durch Hinzufügung von Essig und Zucker auf angemessen thüringisch-vogtländischen Standard brachte.

Außerdem fiel mir in Luxemburg auf, daß dieses in weiten Bevölkerungskreisen gesprochene Letzeburger Deutsch vornehmlich für eine Rotte sich balgender Schüler geeignet ist. Da es sich bei dieser Sprache um eine Mixtur aus schwäbisch-pfälzischem Deutsch und lothringischem Französisch handelt, wird die mehr zum Französischen tendierende galante Konversation bei brachialen Auseinandersetzungen von deutschen Passagen abgelöst. Die Schüler, die sich im Personenzug zwischen Mersch und Luxemburg eben noch mit französischen Wörtern über Schularbeitsprobleme ausgetauscht hatten, nahmen, als ein Streit ausbrach, plötzlich zu mir durchaus geläufigen rüden deutschen Kraftausdrücken Zuflucht. Eine praktische Sache.

Ostende – dort war ich, vom Amsterdamer Abstecher aus

betrachtet, vorgestern – gilt als Luxus- und Mode-Badeort Nummer eins am westlichen Nordseestrand. Die Haute-volee, die zugeben muß, noch nie in Ostende geluncht und gepanscht zu haben, ist keine solche.

Acapulco, St. Tropez und Ostende sind die Strandburgen ungekrönter und gekrönter Könige des irdischen Planeten. Nun also konnte ich von mir selber behaupten, den Fuß auf feudales Küstenland gesetzt zu haben, und ich kam mir beim Abschreiten der an Hotel- und Pensionsfassaden reichen Promenade Ostendes sehr aristokratisch vor. Ein mit Atzung zwangsläufig verbundenes Betreten einer dieser gastfreundlich kostümierten Moloche stand mir aber schlecht an. Mochte den Gulden rollen lassen, wer da wollte und konnte. Ich hielt ihn fest für Anlässe, die meinem Touristenhaushalt zugemutet werden durften.

In Leiden, der Stadt, die mindestens dem aufgeweckten Physikschüler als eine nach ihr benannter Flasche, der »ältesten Form des elektrischen Kondensators«, bekannt ist, in Leiden also, der hübschen Großstadt am Alten Rhein, war ein Griff ins dünne Portemonnaie schon eher vertretbar.

Ich war in dem Ort mit dem ächzenden Namen, der zu dem in hellen heiteren Farben gemalten Stadtbild so wenig paßt wie die Namen Sorge und Elend zu beiden freundlichen Harzgemeinden, nicht deshalb aus dem Zug gestiegen, weil Leiden so günstig auf der Strecke liegt zwischen Rotterdam und Amsterdam, sondern weil ich den in dieser Stadt etablierten Verlag A.W. Sijthoff aufzusuchen gedachte, der eins der von mir gereimten Kinderbilderbücher in holländischer Sprache und Lizenz herausgegeben hat. Es handelt sich um eine Neufassung des alten ruhmreichen und von mir überschwenglich geliebten Hoffmannschen »Struwwelpeters«, um eine zeitgemäße Adaption, die dem Berliner Kinderbuchverlag auch deswegen notwendig erschien, weil im alten, pädagogisch autoritär geprägten Jahrhundert zu sehr mit Rohrstock, Rute und einem Schuß Hitchcock-Schauder operiert wurde: Paulinchen verbrennt, des Daumenlutschers Konrad Daumen werden amputiert, und der Suppen-Kaspar war am fünften Tage tot.

Prinzipiell, wenn auch erheblich entbrutalisiert, haben ich und der neostruwwelpetergeniale Zeichner Karl Schrader klassische Kinderunarten und -widerborstigkeiten, wie sie vom Dr. Hoffmann angeprangert wurden, in gleicher Weise aufs Korn genommen. Nur zwei kindliche Tugendverstöße, die 1830 bei Kindern noch nicht registriert wurden, traten in der Neufassung hinzu: Unachtsamkeit im automobilbeherrschten Großstadtverkehr und Fernsehsucht zu nächtlicher Unzeit.

Die Beschreibung des Struwwelpeters, die beim Original den dann folgenden »lustigen Geschichten und drolliger Bildern« vorausgeht, ist in der Schrader-Stengel-Fassung nur modifiziert.

Hoffmann: Sieh einmal, hier steht er,
pfui, der Struwwelpeter!
An den Händen beiden
ließ er sich nicht schneiden
seine Nägel fast ein Jahr;
kämmen ließ er nicht sein Haar.
Pfui, ruft da ein jeder:
Garstger Struwwelpeter!

Stengel: Seht mal her, hier steht er,
so ein Struwwelpeter!
Haarschopf wüst und speckig,
Hemd und Hose fleckig.
Finger, Ohren und Gesicht
wusch er sich seit Wochen nicht.
Socken trägt er keine,

putzte niemals seine
schiefgelatschten Treter.
Schäm dich, Struwwelpeter!

In der holländischen Übersetzung Jaap Molenaars lautet diese Passage, die ich – wenn ich beim ersten Lesen auch nicht jedes Wort entschlüsseln konnte – nachfühlbar eindringlich und sehr rührend finde, folgendermaßen:

Kijk es, hier staat Kliederklaasje!
Jongens, wat een smerig baasje ...
Haren vuil en vet als spek.
Hemd en broek een vieze vlek.
Zwart von achteren en van voren
en het gras groeit uit zijn oren.
Nooit wast Kliederklaas zijn handen
of poetst hij zijn bruine tanden.
Laarzen als twee modderpramen.
Kliederklaas, je moest je schamen!

Jaap Molenaars herrliches Übersetzungswerk, das »kijk eens ... wat een kliederklaas« betitelt ist, hat gar ergötzliche (mindestens für deutsche Antennen) Vokabeln aufzuweisen, unter denen modderpramen noch nicht mal die schrulligste ist. Da gibt es noch gemekker, stinkdier, aardappelpuree, kwijlebabbel, trottwaar und die uitgedroogde oliebol.

Diesen Molenaar – das war das eigentliche Motiv für meinen Gang zum Leidener Sijthoff-Verlag – galt es aufzuspüren und zu befragen, welcher gnadenreiche Einfall ihn, den Jaap mit dem hollandisierten schlichten deutschen Müller-Nachnamen, ermuntert habe, meinen Struwwelpeter neuen Typs fürs Volk der Niederländer umzufummeln.

Beim Verlag erfuhr ich zu meinem Bedauern, daß Jaap Molenaar im Westfriesischen, unweit von Leeuwarden, ansässig ist. Immerhin gab mir ein Telefongespräch mit ihm Gelegenheit, aus dem Munde des Übersetzers zu meiner Freude zu erfahren, daß er meine Reime mehr aus großer Liebe und Wellengleichheit als aus kommerzieller Erwägungen (der finanzielle Ertrag war wegen der in einem verhältnismäßig kleinen Verbreitungsgebiet niedrig bemessenen Auflage gering) übersetzt habe und daß ich ihm, wenn ich den Weg nach dem Norden nicht scheue, herzlich willkommen sei. Ich mußte leider passen, denn heute abend, das hatte ich mir gemerkt, sollte unser Schiff von Rotterdam nach Antwerpen versegeln, und da war es zwingend erforderlich, zumal am Nachmittag noch Amsterdam zu besuchen war, rechtzeitig zum Schiffsliegeplatz zurückzukehren. Zwei Leidener Buchhandlungen suchte ich abschließend auf, um, wie man sich denken kann, zu ermitteln, ob der Kliederklaas dort auch vorrätig sei und zügig an den Holländer gebracht werde. Ich stieß wirklich und wahrhaftig auf den gesuchten Titel, doch hatte ich – wehe! – den gewiß nicht trügenden Eindruck, daß das in Berlin, Leipzig und Rostock so fanatisch gejagte Bilderbuch im Lande der Mühlen und Deiche ein Aschenputtel zu bleiben verdammt ist, weil die alarmierende Flut an Comics und kindertümelnden Eiapopeia-Druckerzeugnissen vieles vom ästhetisch und erzieherisch Zuträglichen überschwemmt.

Bevor ich um die Mittagszeit den Zug nach Amsterdam bestieg, lockte mich das Angebot eines auf dem alten Markt postierten Fischhändlers. Er offerierte Räucheraal, knusprigbraun geräucherten, für 46 Gulden das Kilo, für also 14 Gulden mehr als vor fünf Jahren. Mit Wehmut gedachte ich der angenehmen Räucheraal-Preisstabilität in meinem Heimatland. Während ich in Leiden für den Hundertgrammhappen des schlangenähnlichen Meerestiers einen Marktpreis von viersiebzig entrichten müßte, zahle ich in den mir vertrauten Fischverkaufsstellen der HO und des Konsums dafür heute wie gestern und vorgestern ganze zwovierzig, nicht mehr als den halben Holländerpreis also. Den Einwand, meine Rechnung sei ein rein theoretischer Kunstgriff und habe den Nährwert einer gaumenkitzelnden Fiktion, da es ja bekanntlich Räucheraal im Land zwischen Warnow und Werra so gut wie niemals gebe, lasse ich nicht gelten. Preisstabilität ist schließlich so etwas Ähnliches wie der kleine Finger, den man dankbar und wohlgemut ergreifen sollte, statt gleich nach der ganzen Hand mit dem Räucheraal im Griff zu lechzen. Ich kaufte mir, da es am Ort keinen billigeren gab, den sündenteuren Zehntelkilo-Fisch und war mir nach beendetem Festmahl durchaus bewußt, fürs doppelte Geld nur halb so lang geschwelgt zu haben, wie es mir in Pirna, Ludwigslust oder Zella-Mehlis möglich gewesen wäre, wenn es möglich wäre. Dann fuhr ich nach Amsterdam.

Ich nehme nichts zurück von dem, was ich vorhin über den Liebreiz dieser Stadt gesagt habe. Trotzdem wäre es eine Unterlassungssünde, eine Ordnungswidrigkeit, ein Vergehen sogar, wenn man verschweigt, daß Amsterdams Blüten und Grachten, städtebaulich behagliche und allgegenwärtige Bürgerfreundlichkeit eben doch deutlich überschattet werden von Aktivitäten (oder eher Passivitäten) wildgewordener (oder vielmehr gammelnder) Komparsen der sogenannten Drogenszene und von Polit-Rock-Scharlatanen, die sich bei Tag-und-Nacht-sit-ins (auf dem Domplatz) oder als Dauermieter auf ausgedienten Grachten-Schleppkähnen für maoistische und andere pseudosozialistische Weltverbesserung zur Schau stellen. Die Nähe Rotterdams, des größten europäischen Überseehafens, hat Amsterdam zum Zentrum der Fixer und Dealer werden lassen. Der Rauschgifthandel floriert. Auch die Vermarktung von Weib, Sex und Porno (Paris und Brüssel sind auf diesem Felde längst zu den linkischsten Waisenknaben degeneriert) schwärzt die blütenweißrotblaugelbe Weste der Rembrandt-Stadt.

Er, der Meister von Licht und Schatten, wohnte zwei Jahrzehnte in Amsterdam. Das Museum Rembrandthuis in der Jodenbreestraat besuchte ich im Anschluß an einen nachdenklichen Rundgang durch das in der Prinsengracht gelegene Anne-Frank-Haus. Hier verbargen sich Anne und einige ihrer Familienangehörigen von 1942 bis 1944 vor den Häschern, denen man nur eine Galgenfrist lang entrinnen konnte.

Drei Stunden später, nach einer Grachtenrundfahrt und einem Blick ins Niederländische Schiffahrtsmuseum kehrte ich per Eisenbahn in jene Hafenstadt zurück, bei der man sich schwer einigen kann, ob sie nun an der Maas, am Waal oder am Rhein gelegen sei. Ein fröhliches Lied aus dem »Fliegenden Holländer« pfeifend, begab ich mich, es war kurz vor achtzehn Uhr, an den angestammten Pier des mir zugeteilten Schiffes. Ich kam, sah – und erstarrte zur Salzsäule: Das Schiff war weg.

Es gibt nichts Schlimmeres in der großen weiten Welt als ein gähnendes Loch, ein nautisches Nichts ausgerechnet dort, wo ein schwimmendes Transportmittel, auf das man sich angewiesen wähnt, nach allen Regeln der Logik ankern müßte. Dieses nicht mal als Mikromöglichkeit einkalkulierte Vakuum traf mich ins Mark. Ich stürzte zur Hafenaufsicht und erfuhr, daß MS Quedlinburg siebzehn Uhr zur Revierfahrt nach Antwerpen abgelegt habe. Bei dieser Auskunft fiel es mir wie Schuppen von den Augen: Siebzehn Uhr (und eben nicht, wie ich's im Kopf hatte, sieben Uhr abends) war ETS = estimated time for sailing, voraussichtlicher Auslauftermin.

Mit kühlem Seemannsblick betrachtet, war meine Verspätung in diesem Benelux-Fall kein Bein- und Quedlinbruch. Auf der Schiene war ich meiner in Küstengewässern mit höchstens fünfzehn Knoten dahinplätschernden Schiffsmutter jederzeit überlegen. Der D-Zug Rotterdam-Antwerpen legte die Strecke in knapp einer Stunde zurück. Ich brauchte dem Schiff auf dem Landweg nur nachzureisen, und das tat ich dann am nächsten Morgen auch. Das Ärgerliche an meiner verspäteten Rückkehr vom Amsterdam-Ausflug war jedoch gar nicht so sehr der ungewöhnliche Vorgang an sich wie mein offen zutage getretener Verstoß gegen die im Reederei-Beförderungsvertrag für Passagiere enthaltenen Bestimmungen. »Jeder Passagier ist verpflichtet, den Anordnungen des Kapitäns überall nachzukommen.« Das war Gesetz. »Ich bin zwar nachgekommen, aber nicht nachgekommen.« Kapitän Knobjuhn machte, als ich mit diesem Wortspiel auf den Lippen in Antwerpen an Bord ging, ein finsteres Gesicht und behielt es bis zum Kap Finisterre.

DIE VERPASSTEN GELEGENHEITEN

und die genutzten wechselten zwischen Warnemünde und Yokohama ab wie Donner und Doria und himmelhochjauchzendzutodebetrübt.

Ich kann es heute noch nicht verwinden, daß der mühsam und listig an Bord gehievte Liliput-Hai – er maß eine Länge von etwa vierzig Zentimetern – die Reise nicht überlebte. Das wegen seines Babyalters noch völlig ungefährliche Tier befand sich unter den Gaben, die uns südlich von Teneriffa ein spanisches Fischerboot im Tausch gegen fünf Flaschen Weinbrand-Verschnitt (unter Brüdern ein ganz mieses Gesöff, Seemannstod genannt, aber mit einem exquisiten Etikett dekoriert) überließ. Wir hatten ein gutes Geschäft gemacht: Neben einer tüchtigen Portion Speisefisch führte unsere Barkasse attraktiven Beifang als Draufgabe, nämlich Korallen, Seesterne und besagten Hai heim.

Den Hai, von allen Shippern angestaunt, mochte am End keiner gern in Pflege nehmen. Diese Gleichgültigkeit kam mir gerade zupaß. Schon immer wollte ich beneideter Besitzer eines personengebundenen Haies sein, eines grimmigen Schutzpatrons, der alle die von mir längst registrierten mißliebigen und unbotmäßigen Bürger auf meinen heimlichen Wink hin kräftig dorthin beißt, wo ich es wünsche. Die Liste beißfälliger Personen ist lang, und mein Hai hätte Monate, wenn nicht Jahre zu tun gehabt, um sich in den Kolonnen der von mir ausersehenen Opfer durchzubeißen. Auch könnte schon das Gerücht, daß ich einen Hai mit mir führe, die Genossen der Zollverwaltung bei meinen zahlreichen Aus- und Einreisen kulant stimmen.

Ich tat alles, was ich für meinen Zögling tun konnte, um ihn am Leben zu erhalten. Die seewassergefüllte Zinkwanne, die mir von Storekeeper Hansi Schäfer besorgt worden war, stand, ein ideales Freizeitbassin für den munter planschenden Nachwuchsräuber, in meiner Kammer sowie unter meiner ständigen Beobachtung. Er war dennoch schon am Äquator tot, und ich schämte mich meiner Tränen nicht.

Eine weitere verpaßte Gelegenheit ereignete sich am atlantischen Badestrand von Sierre Leone. Charles – ich weiß nur den Vornamen meines zuvorkommenden afrikanischen Begleiters – war Sekretär oder Vizepräsident oder Bote oder Schofför irgendeiner in Freetown stationierten Import-und-Export-Firma. Er war nicht mit Gold und erst recht nicht mit Leones zu bezahlen, deren ich zu wenige besaß, um auf eigene Rechnung Freetown und seine Umgebung zu studieren.

Charles zeigte mir seine vollständigen und unvergilbten Zähne und fragte nur leutselig: »And now?« So fragte er immer, bevor ich einen neuen Exkursionswunsch geäußert hatte. Ich überlegte nicht lang und antwortete diesmal: »Beach!« Charles trat aufs Gaspedal seines undefinierbaren Kübelwagens, eines offenbar englischen Produkts, und eine halbe Stunde später waren wir an einem Strand – also, ein Strand war das. Wer, so frage ich, hat je so einen Strand gesehen? Denkt euch: ein Strand, so weit das Auge des Touristen reicht, weißkörnigen Sandes, das heißt, womöglich auch nicht weißer als in Zinnowitz, Zingst und Kühlungsborn, aber im Kontrast zu hellblauem Himmel, zur dunkelblauen See und zur grünen Hintergrund-Vegetation und wegen der an keinem Punkt von einem menschlichen Individuum getrübten Oberfläche eben doch weißer als jegliches Strandweiß zwischen Ahlbeck und Boltenhagen.

Dies war ein Panorama auf höherer künstlerischer Stufe, dies war ein Gemälde – zu schön für die urlaubsglücksgetrübten Sardinen am Ostsee- oder Schwarzmeerstrand. Die einzige menschliche Spur führte zu einem kleinen Strandcafé, dessen Terrasse von drei oder vier jüngeren Damen einen Cocktail lang besetzt war. Es mußte köstlich sein, von diesem Strand aus, der so völlig des Zulaufs badelustiger Menschen entbehrte, den Atlantik hinauszuschwimmen. Ich hätte es auch beinahe getan, doch als ich in meine Provianttasche griff, bemerkte ich das Fehlen meiner Badehose. Kein FKK-Anhänger, ob Profi oder Amateur, ja, nicht einmal ein eingefleischter textilbadelustiger Wasserfrosch hätte in Anbetracht dieses Strandes der Einsamkeit auch nur eine Sekunde gezögert, sich unbehost in die mäßig kühle Flut zu stürzen. Nicht so ich. Meine mir seit einem zu vermutenden frühen negativen Schlüsselerlebnis anhaftende Genierlichkeit verbot unbekümmerte Mißachtung eines Tabus. Erst als Charles mir gut zuredete, entschloß ich mich – er selber badete niemals im Meer, denn sechsundzwanzig Grad Wassertemperatur gelten allen Leoniden als arktisch – zu ausnahmsweise leiblicher Bloßstellung. Doch kaum hatte ich den radikalen Entschluß gefaßt lösten sich die Terrassendamen von ihren Sitzen und schritten mit deutlicher Badeabsicht dem Meere zu. Hastig gab ich dem von mir eingeleiteten Entkleidungsprozeß eine umgekehrte Richtung, zivilisierte mich stadtfein und erteilte Charles das Zurück-zur-Stadt-Kommando.

Diese in zwiefacher Hinsicht verpaßte Gelegenheit – ich hatte mich nicht nur um den Genuß eines erquickenden Bades gebracht, sondern vor meiner Abreise aus Freetown auch vergessen, bei Charles und seiner Exportfirma fünf Kilometer menschenleeren weißen Sierra-Leone-Meeresbadestrands zu ordern, um einem in heimatlichen Gefilden vielbeklagten Mangel abzuhelfen – gehört zu meinen ärgerlichsten Scharten in der fernöstlichen Chronik.

Wenn wir nun schon mal reinen Tisch machen, soll auch kurz die Rede sein von einer verpaßten Gelegenheit in Port Swettenham. Den Boden der Republik Malaysia betrat ich auf der Ostasien-Hinreise in Penang und, ebenfalls an der Straße von Malakka, bei der Rücktour in Port Swettenham. Ich weiß auch nicht mehr so genau, wie es kam, aber aus irgendwelchen metaphysischen Gründen war die Fremdenpolizei von Swettenham (ganz im Gegensatz zu den Behörden Penangs damals, die mich machen ließen, was ich wollte) nicht gut auf mich zu sprechen, und ehe ich mich versah, war ein Zertifikat geschrieben und dem Kapitän ausgehändigt worden, das ihm auferlegte, mich daran zu hindern, »to disembark your vessel, and you are requested to take necessary precautions to ensure that the passenger does not disembark«*. Da dieser Bannfluch, so ernst er auch immer genommen werden wollte, erst am späten Nachmittag über mich verhängt worden war, ist meine Wut wegen der am Vormittag versäumten Gelegenheit – unser Schiff war schon früh am Morgen in Swettenham eingetroffen, und kein behördliches Aas nahm von uns Notiz – jedem gewiß begreiflich. Nur einen Steinwurf entfernt von Swettenham liegt Malaysias Hauptstadt Kuala Lumpur. Hauptstädte sind in vielen Ländern, wie sollte ich das als naturalisierter Berliner nicht wissen, Paradepferde der Nation. In den Metropolen sind oft die Straßen etwas sauberer, die Häuser etwas höher und die Läden etwas voller als rundherum in der Provinz. Ob sol-

* »... Ihr Schiff zu verlassen, und Sie sind aufgefordert, zu garantieren, daß der Passagier nicht an Land geht.«

che Regel auch für Kuala Lumpur zutrifft – ich weiß es bis heute nicht.

Wäre ich noch vor dem Mittagessen abgereist, stünde ich heute um eine bestimmt sehenswerte Hauptstadt klüger da.

In der Erinnerung kommt plötzlich eins zum andern. Eine der klassischen verpaßten touristischen Gelegenheiten war auch meine in Yokohama zwar fest eingeplante, schließlich aber doch in der Hast des Tages unterlassene Teilnahme am »home visit system« oder zeitweise Belegung eines sogenannten Ryokans.

»Ryokan« – darunter versteht man in Nippon eine Pension im japanischen Stil. Der von den Herbergseltern nach Landessitte familiär gehegte, gepflegte und bewirtete Gast hat in einem derartigen Etablissement das Gefühl, ein Instant-Japaner zu sein. Vom Stäbchenessen bis zu kultischen Handlungen zeugt der Ryokan-Tag für fünfzig Mark ein ganz neues Japangefühl. Ich sage das so, weil ich die wichtigsten Ryokan-Daten dem Prospekt »Japan and the Orient« entnommen, wenn auch nicht in der Praxis überprüft habe. Weniger einbezogen in die japanische Lebensweise mag sich der Teilnehmer am gepriesenen home visit system fühlen: »For those who wish to pay a visit to a Japanese home, the home visit system has been established«* (Zitat aus dem Reiseführer für Yokohama). Einem dieser Aussage hinzugefügten Foto entnahm ich, daß eine größere Anzahl japanischer Familien, die einem kleinen täglichen Zuverdienst nicht abgeneigt ist, ihren vom Reisebüro delegierten Besuchern einen Hauch japanischen Alltags (oder Feiertag) zelebriert. Auf dem Lichtbild wird ein einheimisches Ehepaar, in exotische Tracht gehüllt und würdevoll hockend, von touristischen Mondkälbern begafft, und vielleicht zeigt das japanische Ehepaar noch wei-

* »Für jene Besucher, die den Wunsch haben, einmal bei einer japanischen Familie zu Gast zu sein, wurde das home visit system eingerichtet.«

tere Ausschnitte aus dem Eheleben, die jedoch auf der Prospekt-Fotografie nur zu ahnen sind. Wäre ich dem home visit system beigetreten (fünf Mark sind ein sozialer Preis, viel leichter erschwinglich als das Ryokan-Quartier), des Erzählens hinter vorgehaltene Hand wäre kein Ende.

Die Flasche Wodka mit der darin enthaltenen Schlange – eine typisch koreanische Schikane – ist auch so ein Fall, der in die Rubrik der verpaßten Gelegenheiten aufgenonmen zu werden verdient. Es muß ein höchst delikates Aroma von der Wodka-Schlange ausgehen, denn der Wodka wird bei Bedarf immer wieder nachgefüllt, die Schlange aber bleibt. Ich wollte nicht unbedingt kosten vom Schlangenschnaps (lieber führe ich ein Lotterleben als ein Otterleben), aber mich faszinierte der Gedanke, daß ich derartiges in meinem Besitz habe und bei Partys den erschauernden Gästen vorzeigen kann. Auch könnte man – vielleicht auf Wettbasis – schließlich doch Schlangenwodkatrinker zum Konsum verleiten und mit den geleerten Flaschen die spannendsten Experimente veranstalten. Ich denke erstens an diverse Nachfüllflüssigkeiten wie Kaffee, Milch, Pampelmusensaft (»Darf ich Ihnen noch ein Täßchen Schlangenkakao anbieten?«) und zweitens an gelegentlichen Austausch des Aromaspenders (warum sollten sich nicht auch Frösche, Weinbergschnecken oder gar mein Lieblingstier, der Räucheraal, als getränkewürzendes Elixier hervorragend eignen?) in zoologisch breiter Spannweite.

Ich hatte meine Wodkaflasche nebst Reptil-Einlage im Seemannsheim von Tschongtschin für ganze fünf Won erworben, danach, wohl um den Anblick der Kadaverkonserve besser ertragen zu können, noch mit einigen unvergällten Wodkas nachgespült und bin, so mutmaße ich, bei fröhlichem Aufbruch der trinkfreudigen Kohorte (wir waren fünfzehn Mann stark beim Zechgelage) ein wenig unkonzentriert gewesen. Und wenn sie, die Flasche, nicht inzwischen woandershin verkauft wurde, lauert sie auch jetzt noch an der ostkoreanischen Küste auf einen schlangenbeschworenen Kunden.

Zum Schluß erwähne ich eine verpaßte Gelegenheit, die mir zum Nutzen, nämlich zur Bewahrung meines konkreten Lebens gereichte. Die »Northern Enterprise«, ein britischer Mehrzweckfrachter mit fast doppelt so großer Tragfähigkeit wie unser Dampfer, rasierte, plötzlich aus einer Nebelwand bei Fehmarn schießend, Steven und Backbordseite der »Quedlinburg«. Ich erschrak fürchterlich, als ich bei einem zufälligen Blick aus dem Bulleye das tückische Phantom vorbeihuschen sah. Unsere Brückenwache war angesichts dieser unplanmäßigen Begegnung und der nur um Haaresbreite ausgebliebenen Kollision sehr blaß geworden und blieb es bis Warnemünde. Der Schuldige ist schwer zu ermitteln. Ich tippe auf den Nebel. Jedenfalls ein dramatisches Reisefinale, das sogar, wenn ich sie zur Hand gehabt hätte, einen tüchtigen Schluck aus der Schlangenbuddel wert gewesen wäre.

ANTWORTEN AUF NOCH OFFENE JAPANFRAGEN

wurden mir glücklicherweise am Ende einer Taxifahrt in Kobe zuteil. Schon halb aus dem Auto, hatte ich dem Fahrer, der die Transportkosten auf neunhundertfünfzig Yen bezifferte, mit dem in der übrigen Welt üblichen »stimmt so!« aufgerundete tausend Yen in die Hand gedrückt. Da es sich bei der japanischen Währung um eine Monowährung handelt, die keine zwei Währungseinheiten, also so etwas Ähnliches wie Mark und Pfennig, kennt, ahnt der nachdenkende Leser, wie gering mein Trinkgeld war: Ich gab – um es mit unseren Maßstäben zu messen – zehn Mark statt der geforderten neun Mark fünfzig.

Ich hatte merkwürdigerweise nicht die geringste Chance, den Fahrer zur Entgegennahme dieses Zuschlags zu bewegen. Mein Pilot machte mir mit Gebärden und sogar mit deutschen Worten klar, daß es unüblich sei in Japan und unredlich, Trinkgeld, egal, in welcher Höhe, zu akzeptieren. Schon hatte er die Verkäuferin eines nahen Zeitungskiosks am Wickel, ließ wechseln und gab mir korrekt fünfzig Yen zurück.

Das war mir noch nicht vorgekommen, nicht in Westeuropa, nicht in Afrika, nicht in Singapur, nicht in Hongkong, nicht in Leipzig, nicht in Budapest, nicht in Moskau, nicht einmal im Traum.

Ich war beschämt, weil ich das Gefühl hatte, einen Bürger Nippons mit meinem Trinkgeldangebot gedemütigt zu haben, und ging in der Überzeugung, irgendwas gutmachen zu müssen, zur Attacke über: »Darf ich Sie zu einem Drink einladen?«

Glück! Der Taxifahrer fuhr seinen Toyota in eine Parklücke und folgte mir in ein Restaurant, das einen dezenten Eindruck machte und nicht den Verdacht aufkommen ließ, dies sei eine Zuflucht für Habenichtse und Schotten. Diesem Taxifahrer galt es zu beweisen, daß ich ihn keinesfalls kränken wollte und daß ich ihm nur aus Gewohnheit ein bescheidenes Trinkgeld in die Hand gedrückt hatte.

»Was trinken Sie?« fragte ich meinen Gast, der sich ohne Zögern für ein Gläschen Sake entschied. Diese schnelle Entscheidung verblüffte mich weniger als seine deutschsprachige Gelenkigkeit. Es gab dafür eine überraschende Erklärung: Er war Student im fünften Semester und hatte, wenn auch nicht auf Germanistik spezialisiert, als zukünftiger Philologe ziemlich intime Beziehungen zur deutschen Sprache.

»Das trifft sich wunderbar«, sagte ich. »Ich habe noch ein dickes Bündel für mich ungelöster Japanfragen, und ich hoffe, daß Sie dank Ihrer Sprachkenntnisse etwas Licht in den Tunnel meiner diesbezüglichen Erkenntnis bringen.«

»Schießen Sie los«, sagte Herr Mikimoto, nachdem er sich namentlich artig vorgestellt hatte.

Wir stießen mit Sake an, und ich fragte: »Was ist das eigentlich?«

»Reiswein – sozusagen japanisches Nationalgetränk.«

»Na ja!«

»Schmeckt nicht besonders?«

»Reis mit Hühnerfrikassee ist mir lieber.«

»Mir auch«, pflichtete Herr Mikimoto meinem Urteil bei. »Aber das eine Glas, das ich mir als Kraftfahrer genehmige, muß nicht außergewöhnlich schmecken, sondern der Gesundheit dienen!«

»Sake ist gesund?«

»Wir Japaner glauben fest daran.«

»Nicht aber an Trinkgeld.«

»Die Zahl der Gläubigen nimmt zu. Europa und Amerika sind uns seit Weltausstellung und Olympia näher gerückt. Doch, doch. Nicht immer und überall wird Trinkgeld zurückgewiesen. Das ist der Fortschritt.«

»Was den Fortschritt betrifft, so müssen, scheint mir, die Japaner noch allerhand lernen. Wir haben uns, Herr Mikimoto, an diesen Tisch gesetzt, ohne vom Oberkellner plaziert worden zu sein. In Magdeburg oder Cottbus ist man da bedeutend weiter!«

»Plaziert?«

»Der Gast, der ein Lokal betritt, wird eingewiesen. Er bekommt den Stuhl, den das Bedienungspersonal zur Verfügung stellt.«

»Aha. Ich gebe zu: In diesem Punkt sind wir unterentwickelt. Bei uns muß sich der Gast dorthin setzen, wo er will. Das ist ...«

»... fast Anarchie, Herr Mikimoto.«

Mein Gast prostete mir zu, sozusagen von Schalk zu Schelm.

»Man sieht, um schnell noch ein paar Fragen zu stellen, bevor Sie wieder aufs Gaspedal treten, wenig Japanerinnen mit Kimono. Ist der Kimono zum Aussterben verurteilt?«

»Leider ja. Der Anteil der kimonotragenden weiblichen Bevölkerung liegt auf dem Lande unter zwanzig, in den Großstädten sogar unter fünf Prozent.«

»Kommt es noch oft zum Harakiri?«

»So gut wie gar nicht mehr. Auch in Japan hat sich die in anderen entwickelten Ländern moderne Bußregelung durchgesetzt. Man übt Selbstkritik, hat also eine Chance zur Besserung.«

»Das stimmt. Harakiri schließt wegen des damit verbundenen Ablebens Besserung leider aus. Apropos Ableben! Ist etwas dran an dem Gerücht, daß die Japaner ihre Toten in speziellen Toten-Hochhäusern bestatten?«

»Ja. Wegen der Bodenknappheit gibt es in Tokio, Osaka und auch hier in Kobe und anderswo solche Häuser. Der Ikko-In-Tempel in Tokio hat mehr als achttausend Krypten und 270 Urnen-Schließfächer.«

»Noch einmal, wenn Sie freundlich gestatten, Herr Mikimoto, zu den japanischen Damen: Ich sah in Tokio Blondinen. Könnte ich da und dort wohl auch legendären Luxusfrauen mit unter Bandagen verkrüppelten Minifüßchen sowie mit meterlangen ungeschnittenen Fingernägeln begegnen? Und tragen eigentlich noch viele japanische Mütter ihr Baby auf dem Rücken?«

»Der Reihe nach: Echte japanische Blondinen gibt es nicht. Blonde Perücken sind aber modisch im Vormarsch. Verkrüppelte Füße und ungeschnittene Fingernägel beeinträchtigen die selbstverständliche Werktätigkeit moderner Japanerinnen und kommen nur noch in historischen Filmen vor. Und das japanische Baby ist ziemlich allgemein vom Rücken der Mutter auf den Rücken der Großmutter umgesiedelt, denn Frauen, die mitten im Leben stehen, betrachten menschliche Rückenfracht als hinderlich. Vor allem Rückenschwimmerinnen.«

»Das versteht jeder«, räumte ich verständnisvoll ein. »Eine

letzte Frage an Sie, Herr Mikimoto, meinen liebenswürdigen und so geduldig auskunftswilligen Gast: Warum sind die Japaner eigentlich so höflich?«

»Vermutlich, weil es«, antwortete Herr Mikimoto nachdenklich, »wie Bert Brecht beim Anblick eines Grimassen schneidenden Dämons begriff, anstrengend ist, unfreundlich zu sein.«

EIN HALBES JAHRZEHNT UND EINE HALBE EWIGKEIT

nach Japan faßte ich während eines Warnemünder Urlaubsaufenthalts den Entschluß, meinen ehemals fernöstlichen Gebieter, den Kapitän Knobjuhn also, von dem ich erfahren hatte, er sei für immer an Land gegangen, an seiner neuen Wirkungsstätte aufzusuchen.

Er empfing mich, hinterm Schreibtisch seines Reederei-Dienstzimmers sitzend, unverzüglich und mit gemäßigter Freude (Zurückhaltung war geboten, weil eine überschwengliche Herzlichkeit der pommerschen Mentalität meines Gastgebers fremd war und weil ein staatlicher Angestellter lieber erst mal das Anliegen des Besuchers in Ruhe anhört, bevor er sich emotional festlegt), während ich, um meinem Gegenüber bei kommunikativen Lockerungsübungen behilflich zu sein, unverzüglich lossprudelte, Fragen, Erinnerungen und Erwägungen munter aneinanderkettend, und das Gespräch zu einem Monolog umfunktionierte.

Warum er, der höchste Wellenreiter unseres gemeinsamen meereskavalleristischen Ostasienausritts, dem Salzwasser entsage. Knobjuhn antwortete (oder deutete es nur an, so daß ich es als Aussage empfand?), der Zwiespalt Seefahrt-Familie habe sich als zu problematisch erwiesen, und seit endgültiger Etablierung an diesem Ort gehe fast alles seinen harmonischen Gang. Außerdem gebe es für einen leitenden Funktionär des Reederei-Sektors Ostasien mit dem Schwerpunkt Japan fortbestehende Beziehungen zu jenem fernöstlichen Land, das sich so tief in unser beider Gedächtnis geprägt habe. In der Tat wies Knobjuhns Dienstzimmer einige japanische Akzente auf, als deren auffälligster jene kleine Geisha-Puppe in einem Glaskästchen hervortrat, die von Knobjuhn in Kobe erstanden worden war und – so ein Bordgerücht – damals Objekt seiner täglichen Gebetsübungen gewesen ist.

»Ach ja, Ihre Geisha! Können Sie sich noch an den Vierzeiler erinnern, den Ihnen die Quedlinburger zu diesem Gegenstand widmeten?«

»Wie ging er doch gleich ?«

Ich zitierte aus schütterem Gedächtnis:

Geht die »Quedlinburg« unter,
brüllt der Chief mate ins Rohr:
Frau'n und Kinder bitte warten,
Käptns Geisha geht vor!

»Und ist dieses kleine Schnitzwerk, dieser Miniatur-Tempel aus Kork, das Souvenir da neben Ihrer Federschale auf dem Schreibtisch, nicht ein Mitbringsel aus Tschongtschin?«

Kapitän Knobjuhn nickte, und ich schob die Erinnerung ans koreanische Bankett-Martyrium gleich hinterher: »Meinen Sie nicht doch, daß es ein Hund gewesen ist?«

»Ich weiß nicht recht«, sinnierte der Ostasien-Experte, »aber locken wir mit solchen Spekulationen keine schlafenden Hunde mehr hinterm Ofen hervor!«

Sieh da: Kapitän Knobjuhn hatte Humor. Es überkam mich demzufolge, dem pensionierten Fahrensmann ein Kompliment zu machen: »Sie waren ein guter Kapitän, Kapitän! Wenn es brenzlig wurde mit meinen etwas am Rande der Legalität praktizierten Landgängen, haben Sie der kontrollierenden

Fremdenpolizei eingeredet, ich sei an Bord, aber zur Zeit in tiefen Schlaf versunken und wünsche nicht gestört zu werden. In Hongkong war das so und in Port Swettenham und ...«

»... in Hsinkiang!«

»Ja. Mit einem Wort, Kapitän: Der dankbare Passagier wünscht Ihnen alles Gute für die Zukunft, große Erfolge sowie auch in Ihrem persönlichen Leben!«

»Danke«, erwiderte Kapitän Knobjuhn liebenswürdig, »und umgekehrt!«

INHALT

Seegang, Satan, Sansibar

Als ich mal in Japan war

ISBN 3-359-01415-4

1. Auflage dieser Ausgabe

Rosa-Luxemburg-Str. 39, 10178 Berlin
Umschlaggestaltung: Jens Pockat, unter Verwendung
von Vignetten von Rolf F. Müller
Druck und Bindung:
freiburger graphische betriebe